实用法律常识

赵信会　周煜 ◎主编

人民日报出版社

北京

图书在版编目(CIP)数据

实用法律常识：问答版 / 赵信会，周煜主编 . ——
北京：人民日报出版社，2022.12
　　ISBN 978-7-5115-7630-9

　　Ⅰ.①实… 　Ⅱ.①赵… ②周… 　Ⅲ.①法律—中国—
问题解答 　Ⅳ.① D920.4

　　中国版本图书馆 CIP 数据核字（2022）第 235154 号

书　　　名：**实用法律常识：问答版**
　　　　　　SHIYONG FALÜ CHANGSHI：WENDABAN
主　　　编：**赵信会　周　煜**

出 版 人：刘华新
责任编辑：季　玮

出版发行：**人民日报**出版社
社　　　址：北京金台西路 2 号
邮政编码：100733
发行热线：（010）65369509　65369527　65369846　65369512
邮购热线：（010）65369530　65363527
编辑热线：（010）65369523
网　　　址：www.peopledailypress.com
经　　　销：新华书店
印　　　刷：大厂回族自治县彩虹印刷有限公司
法律顾问：北京科宇律师事务所　（010）83622312

开　　　本：710mm×1000mm　1/16
字　　　数：258 千字
印　　　张：18
版次印次：2023 年 2 月第 1 版　　2023 年 2 月第 1 次印刷

书　　　号：ISBN 978-7-5115-7630-9
定　　　价：59.00 元

主编：

赵信会　周　煜

参与编写（按姓氏笔画）：

马致兴　王雪颖　王钰雯　王焕云

车婉茹　朱茹洁　李　盈　李彦会

李逸群　李紫璇　吴　岩　张　茜

赵信会　周　煜　康　宁　魏天辉

　　党的二十大报告提出："全面依法治国是国家治理的一场深刻革命，关系党执政兴国，关系人民幸福安康，关系党和国家长治久安。必须更好发挥法治固根本、稳预期、利长远的保障作用，在法治轨道上全面建设社会主义现代化国家。"2020年11月召开的中央全面依法治国工作会议对推进全面依法治国的重点工作提出了"十一个坚持"的要求，明确指出要坚持抓领导干部这个"关键少数"。领导干部要做尊法的模范，带头尊崇法治、敬畏法律；做学法的模范，带头了解法律、掌握法律；做守法的模范，带头遵纪守法、捍卫法治；做用法的模范，带头厉行法治、依法办事。

　　在新时代全面推进国家治理体系和治理能力现代化，建成法治国家、法治政府、法治社会的背景下，领导干部对于中国特色社会主义法治体系中重要法律的内涵和重点问题的理解和把握显得尤为重要。法律的生命力关键在于实施，依法行政是法治的关键和核心，这内在要求领导干部解决问题需要以法律制度为基本准绳，了解立法体系中重要法律制度的规定和思想，准确理解和适用法律，强化法治在化解社会矛盾、维护社会和谐稳定中的重要作用，不断提高社会治理的法治化水平。

　　社会发展日新月异，关乎国家安全、科技创新、公共卫生、生物安全、技术治理、数据规制、生态文明、防范风险、涉外法治等重要领域面临的治理挑战陆续显现，这就要求领导干部在日常工作和学习法律的过程中与时俱进，不断跟进学习一些重点领域中的相关法律规定。

本书旨在为广大党员干部特别是领导干部进行习近平法治思想和重要法律知识的普及为目的，以提高其懂法、用法能力为方向，通过对相关法律知识进行梳理和解读，为他们打造一本通俗易懂、可读性强的学习读本。

第五章　市场经济法治篇 / 141

第六章　预防职务犯罪篇 / 179

第八章 社会安全与保障制度篇 / 221

第九章 国际法治和国际法篇 / 241

第十章　网络法治与数据合规篇 / 251

第一章　习近平法治思想引领
法治中国建设

习近平法治思想内涵丰富、论述深刻、逻辑严密、系统完备，是马克思主义法治理论中国化最新成果，是全面依法治国的根本遵循和行动指南。习近平法治思想从历史和现实相贯通、国际和国内相关联、理论和实际相结合上深刻回答了新时代为什么实行全面依法治国、怎样实行全面依法治国等一系列重大问题。本章作为全书的开篇，从全局性、系统性角度概括性介绍习近平法治思想。其中，包含习近平法治思想的重要内容和全面依法治国总目标、中国特色社会主义法治体系、全民法治观念等主要问题。

一、习近平法治思想包含哪些重要内容？

坚持党对全面依法治国的领导，是中国特色社会主义法治的本质特征和内在要求。党政军民学、东西南北中，党是领导一切的。中国共产党的领导是中国特色社会主义最本质的特征，是社会主义法治最根本的保证，是社会主义法治之魂。全面依法治国决不是要削弱党的领导，而是要加强和改善党的领导，不断提高党领导依法治国的能力和水平，巩固党的执政地位。必须推进党的领导制度化、法治化，不断完善党的领导体制和工作机制，把党的领导贯彻到全面依法治国全过程和各方面，具体落实到党领导立法、保证执法、支持司法、带头守法的各环节。

坚持以人民为中心，是全面推进依法治国的力量源泉。人民是国家的主人，是依法治国的主体。社会主义法治建设必须为了人民、依靠人民、造福人民、保护人民。人民幸福生活是最大的人权。推进全面依法治国，根本目的是依法保障人民权益。要依法保障全体公民享有广泛的权利，保障公民的人身权、财产权、基本政治权利等各项权利不受侵犯，保证公民的经济、文化、社会等各方面权利得到落实，不断增强人民群众获得感、幸福感、安全感，用法治保障人民安居乐业。公平正义是我们党追求的崇高价值。要牢牢把握社会公平正义这一法治价值追求，努力让人民群众在每一项法律制度、每一个执法决定、每一宗司法案件中都感受到公平正义。

坚持中国特色社会主义法治道路，是全面推进依法治国的必然要求和正确方向。方向决定道路，道路决定前途。中国特色社会主义法治道路本质上是中国特色社会主义道路在法治领域的具体体现。全面推进依法治国必须走对路。我们既不走封闭僵化的老路，也不走改旗易帜的邪路，而要从中国国情和实际出发，传承中华优秀传统法律文化，从我国革命、建设、改革的实践中探索适合自己的法治道路，为全面建设社会主义现代化国家、实现中华民族伟大复兴夯实法治基础。我们要学习借鉴人类法治文明的有益成果，但决不能照搬别国模式和做法，决不能走西方"宪政""三权鼎立""司法独立"的路子。

坚持依宪治国、依宪执政，是全面推进依法治国的工作重点。宪法是国家的根本大法，是治国安邦的总章程，是党和人民意志的集中体现，具有最高的法律地位、法律权威、法律效力。坚持依法治国首先要坚持依宪治国，坚持依法执政首先要坚持依宪执政。党领导人民制定宪法法律，领导人民实施宪法法律，党自身必须在宪法法律范围内活动。要坚持宪法确定的中国共产党领导地位不动摇，坚持宪法确定的人民民主专政的国体和人民代表大会制度的政体不动摇，加强宪法实施和监督，推进合宪性审查工作，维护宪法权威。

坚持依法治国是实现国家治理体系和治理能力现代化的必由之路。坚持全面依法治国，是中国特色社会主义国家制度和国家治理体系的显著优势。法治是国家治理体系和治理能力的重要依托。宪法是国家根本大法，是国家制度和法律法规的总依据。通过宪法法律确认和巩固国家根本制度、基本制度、重要制度，并运用国家强制力保证实施，保障了国家治理体系的系统性、规范性、协调性、稳定性。实现国家治理现代化，必须推进国家治理的制度化、程序化、法治化，在宪法范围内和法治轨道上推进国家治理体系和治理能力现代化，充分实现国家和社会治理的有法可依、有法必依、执法必严、违法必究。

坚持建设中国特色社会主义法治体系，是全面推进依法治国的发展目标和总抓手。依法治国各项工作都要围绕这个总抓手来谋划、推进。必须抓住建设中国特色社会主义法治体系这个总抓手，努力形成完备的法律规范体系、高效的法治实施体系、严密的法治监督体系、有力的法治保障体系，形成完善的党内法规体系。实现依法治国和依规治党有机统一，确保党既依据宪法法律治国理政，又依据党内法规管党治党、从严治党。坚持依法治国和以德治国相结合，法安天下，德润民心，实现法治和德治相辅相成、相得益彰。

坚持依法治国、依法执政、依法行政共同推进，法治国家、法治政府、法治社会一体建设，是全面推进依法治国的战略布局。全面依法治国是一个系统工程，必须统筹兼顾、把握重点、整体谋划，更加注重系统性、整体性、协同性。依法治国、依法执政、依法行政是一个有机整体，关键在于党要坚持依法执政、各级政府要坚持依法行政。法治国家、法治政府、法治社会三者各有侧重、相辅相成，法治国家是法治建设的目标，法治政府是建设法治国家的主体，法治社会是构筑法治国家的基础。法治政府建设是重点任务和主体工程，要重点推进，率先突破。

坚持全面推进科学立法、严格执法、公正司法、全民守法，是新时代法治建设的"十六字"方针。在全面推进依法治国的工作格局中，科学立法是前提条件，严格执法是关键环节，公正司法是重要任务，全民守法是基础工程。开启全面依法治国新征程，要完善中国特色社会主义法律体系，加强重点领域、新兴领域、涉外领域立法，提高依法行政水平，完善监察权、审判权、检察权运行和监督机制，促进司法公正，有效发挥法治固根本、稳预期、利长远的保障作用。全面推进依法治国需要全社会共同参与，需要增强全社会法治观念，必须深入开展法治宣传教育，在全社会弘扬社会主义法治精神，建设社会主义法治文化。

坚持统筹推进国内法治和涉外法治，是建设法治强国的必然要求。法治兴则国兴，法治强则国强。面对世界百年未有之大变局，必须统筹推进国内法治发展和涉外法治建设，积极参与全球治理体系改革和建设，加强涉外法治体系建设，加强国际法运用，维护以联合国为核心的国际体系和以国际法为基础的国际秩序，共同应对全球性挑战。中国走向世界，以负责任大国形象参与国际事务，必须善于运用法治，加强国际法治合作，推动全球治理体系变革，构建人类命运共同体。

坚持建设德才兼备的高素质法治工作队伍，是全面推进依法治国的基础性工程。全面推进依法治国，必须着力建设一支忠于党、忠于国家、忠于人民、忠于法律的社会主义法治工作队伍，推进法治专门队伍正规化、专业化、职业化，提高职业素养和专业水平。坚持立德树人、德法兼修，努力培养造就一大批高素质法治人才及后备力量。

坚持抓住领导干部这个"关键少数"，是全面推进依法治国的关键问题。领导干部具体行使党的执政权和国家立法权、行政权、监察权、司法权，是全面依法治国的关键。全面推进依法治国必须抓住领导干部这个"关键少数"，不断提高他们运用法治思维和法治方式深化改革、推动发展、化解矛盾、维护稳定的能力，要求他们做尊法学法守法用法的模范。要坚持依法治权，用宪法和法律法规设定权力、规范权力、制约权力、监督权力，把权力关进法律和制度的笼子里。

二、为什么要坚定不移走中国特色社会主义法治道路?

（一）道路问题是最根本的问题

习近平总书记指出，要坚持中国特色社会主义法治道路。中国特色社会主义法治道路本质上是中国特色社会主义道路在法治领域的具体体现。既要立足当前，运用法治思维和法治方式解决经济社会发展面临的深层次问题；又要着眼长远，筑法治之基、行法治之力、积法治之势，促进各方面制度更加成熟更加定型，为党和国家事业发展提供长期性的制度保障。

要传承中华优秀传统法律文化，从我国革命、建设、改革的实践中探索适合自己的法治道路，同时借鉴国外法治有益成果，为全面建设社会主义现代化国家、实现中华民族伟大复兴夯实法治基础。

道路问题是最根本的问题，道路决定命运。中国特色社会主义法治道路，是中国特色社会主义道路在法治领域的具体体现，是社会主义法治建设成就和经验的集中体现，是建设社会主义法治国家的唯一正确道路。在坚持和拓展中国特色社会主义法治道路这个根本问题上，我们要树立自信、保持定力。

（二）以习近平同志为核心的党中央坚持和拓展了中国特色社会主义法治道路

党的十八大以来，以习近平同志为核心的党中央站在实现党执政兴国、人民幸福安康、国家长治久安的历史高度，全面推进依法治国，把法治的一般规律与我国实际情况有机结合，坚持党的领导，坚持中国特色社会主义制度，贯彻中国特色社会主义法治理论，确立了良法善治的法治格局，开拓了中国特色社会主义法治道路。中国特色社会主义法治道路，具有鲜明的实践特征和丰富的理论内涵。正确认识和把握其核心要义、本质特征和基本原则，是我们坚定不移走中国特色社会主义法治道路的基本前提和基本遵循。

（三）中国特色社会主义法治道路的核心要义规定和确保了中国特色社会主义法治体系的制度属性和前进方向

中国特色社会主义法治道路的核心要义是：坚持党的领导，坚持中国特色社会主义制度，贯彻中国特色社会主义法治理论。习近平总书记在关于《中共中央关于全面推进依法治国若干重大问题的决定》的说明中强调："党和法治的关系是法治建设的核心问题。全面推进依法治国这件大事能不能办好，最关键的是方向是不是正确、政治保证是不是坚强有力，具体讲就是要坚持党的领导，坚持中国特色社会主义制度，贯彻中国特色社会主义法治理论。"并明确指出："这三个方面实质上是中国特色社会主义法治道路的核心要义，规定和确保了中国特色社会主义法治体系的制度属性和前进方向。"

在这三个方面中，坚持党的领导是根本，中国特色社会主义制度是基础，中国特色社会主义法治理论是支撑。党的领导是中国特色社会主义最本质的特征，是社会主义法治最根本的保证。中国特色社会主义制度是中国特色社会主义法治体系的根本制度基础，是全面推进依法治国的根本制度保障。中国特色社会主义法治理论是中国特色社会主义法治体系的理论指导和学理支撑，是全面推进依法治国的行动指南。

走中国特色社会主义法治道路是一个重大课题，有许多内容需要深入探索，但基本的内容、基本的原则必须长期坚持。党的十八届四中全会提出，坚持中国特色社会主义法治体系、建设社会主义法治国家，必须坚持中国共产党的领导，坚持人民主体地位，坚持法律面前人人平等，坚持依法治国和以德治国相结合，坚持从中国实际出发。这"五个坚持"就是中国特色社会主义法治道路的基本原则。坚持党的领导、人民当家作主、依法治国有机统一，是我国社会主义民主法治建设的基本经验，是中国特色社会主义法治道路的本质特征。在中国，发展社会主义民主政治，保证人民当家作主，保证国家政治生活既充满活力又安定有序，关键是要坚持党的领导、人民当家作主、依法治国有机统一。

三、我国为何能开辟不同于西方的法治现代化道路？

法治兴则国兴，法治强则国强。习近平总书记指出："法治和人治问题是人类政治文明史上的一个基本问题，也是各国在实现现代化过程中必须面对和解决的一个重大问题。综观世界近现代史，凡是顺利实现现代化的国家，没有一个不是较好地解决了法治和人治问题的。相反，一些国家虽然也一度实现快速发展，但并没有顺利迈进现代化的门槛，而是陷入这样或那样的'陷阱'，出现经济社会发展停滞甚至倒退的局面。后一种情况在很大程度上与法治不彰有关。"①近代以来，伴随着民族国家的建构过程，国家现代化与法治化成为国家和社会生活变革与发展的主旋律。这一进程在不同的国度形成了各具特色的法治现代化道路。

1978年12月党的十一届三中全会胜利召开，以此为标志开启了改革开放新的伟大征程，开辟了中国特色社会主义法治道路。作为一场新的伟大社会变革，当代中国的改革开放极大地推动了中国国家制度与法律制度的历史性变革。党这次全会，讨论了民主和法制问题，确立了当代中国法治建设的指导方针，强调"为了保障人民民主，必须加强社会主义法制，使民主制度化、法律化，使这种制度和法律具有稳定性、连续性和极大的权威，做到有法可依、有法必依，执法必严，违法必究"②。中共中央于1979年9月专门向全党发出了《关于坚决保证刑法、刑事诉讼法切实实施的指示》，第一次明确提出"实行社会主义法治"，并把这两部法律能否严格执行上升到"直接关系到党和国家信誉"的高度来加以强调③，其中的意义重大而深远。1982年12月4日，五届全国人大五次会议通过的新宪法，把十一届三中全会以来我们党推进法治建设的成功经验上升为宪法规范，确立了国家法制统一的原则，有力推动了当代中国法治现代化的时代进程。在"八二宪法"的指引下，当代中国法治发展大踏步地前进。"八二宪法"及其五个宪法修正案构建了发展社会主义市场经济、建设社会主义法治国家的根本法基础，进而形成了当代中国第二次法治革命。1997年9月召开的党的十五大，在中国共产党和中华人民共和国的历史上第一次郑重提出坚持依法治国、建设社会主义法治国家的基本方略。这无疑是当代中国法治现代化进程中的一个具有里程碑意义的重大法治事件。党的十六大以来，我们党基于对改革和完善党的领导方式和执政方式、巩固党的执政地位的战略考量，提出依法执政的

①　《习近平关于全面依法治国论述摘编》，中央文献出版社2015年版。

②　《习近平关于全面依法治国论述摘编》，中央文献出版社2015年版。

③　《改革开放以来历届三中全会文件汇编》，人民出版社2013年版。

重大命题，提出要加强和谐社会的法律制度建设。经过新中国成立以来特别是改革开放以来持续不断的努力，2011年3月10日，十一届全国人大四次会议正式宣布中国特色社会主义法律体系已经形成。对此，习近平总书记指出："这是一个了不起的重大成就。"[①]

党的十八大以来，中国的国家与社会生活领域发生了历史性变革，中国特色社会主义进入了新时代。习近平总书记强调，"新时代中国特色社会主义是我们党领导人民进行伟大社会革命的成果，也是我们党领导人民进行伟大社会革命的继续，必须一以贯之进行下去"。以习近平同志为核心的党中央坚持和拓展中国特色社会主义法治道路，开辟全面依法治国理论和实践新境界，开拓建设社会主义法治国家新局面，开启中国法治现代化建设新时代。实现经济发展、政治清明、文化昌盛、社会公正、生态良好，完善和发展中国特色社会主义制度、实现国家治理体系和治理能力现代化，必须更好发挥法治引领、规范和保障作用。全面推进依法治国，推进科学立法、严格执法、公正司法、全民守法。进入新时代，我国的依法执政能力不断提升，科学立法、严格执法、公正司法、全民守法深入推进，法治国家、法治政府、法治社会建设相互促进，中国特色社会主义法治体系日益完善，全社会法治观念明显增强。国家监察体制改革取得实效，行政体制改革、司法体制改革、权力运行制约和监督体系建设有效实施。面对具有许多新的历史特点的伟大斗争，以及适应坚持和发展中国特色社会主义的需要，党中央从确保党和国家长治久安的战略高度加强国家制度和国家治理体系建设的战略谋划。十八届三中全会第一次提出"推进国家治理体系和治理能力现代化"的重大命题，开启了全面深化改革、系统整体设计推进改革的新时代，开创了我国改革开放的新局面。十八届四中全会第一次对全面推进依法治国若干重大问题进行专门系统的战略部署，这在当代中国法治现代化进程中具有重大的里程碑意义。

党的十九大报告强调，"坚持以人民为中心"。全面依法治国，必须坚

[①] 《改革开放以来历届三中全会文件汇编》，人民出版社2013年版。

持以人民为中心，把以人民为中心作为推进新时代法治现代化建设的切入点、着力点、突破点、增长点。要坚持人民主体地位，坚持法治为了人民、依靠人民、造福人民、保护人民，以保障人民根本权益为出发点和落脚点；把体现人民利益、反映人民愿望、维护人民权益、增进人民福祉落实到依法治国全过程，使法律及其实施充分体现人民意志。坚持以人民为中心推进新时代法治现代化建设，让人民群众享有广泛参与决策制定、监督权力运行、享受公平正义的权利，让人民群众拥有更多法治获得感。十九届二中全会审议通过了《中共中央关于修改宪法部分内容的建议》，这是中国共产党对新时代坚持全面依法治国做出的又一次重大战略谋划，旨在为新时代坚持和发展中国特色社会主义提供坚强的宪法保障。十九届四中全会对坚持和完善中国特色社会主义制度、推进国家治理体系和治理能力现代化作出重大战略部署，强调"坚持和完善中国特色社会主义法治体系，提高党依法治国、依法执政能力"[①]。这既体现了新时代中国国家发展及其现代化的内在需要，又表达了新时代伟大社会革命的法治逻辑，还展示了中国法治现代化的时代价值。

新中国成立以来，特别是改革开放40多年来探索中国法治现代化道路的艰辛实践，生成了法治现代化的中国方案的总体性特征。这主要表现在：第一，在当代中国，中国共产党是最高政治领导力量，在整个国家和社会生活中处于领导地位。坚持和加强党对全面依法治国的领导，是中国法治现代化的根本政治保证，也是中国特色社会主义制度体系的最大制度优势。"中国最大的国情就是中国共产党的领导。什么是中国特色？这就是中国特色。中国共产党领导的制度是我们自己的，不是从哪里克隆来的，也不是亦步亦趋效仿别人的。"[②]第二，全面依法治国的每一步新进展，都伴随着马克思主义法治思想中国化的理论成果的新飞跃。坚持以当代中国马克思主义法治思想为指导，这是中国法治现代化的理论指南。20世纪以来，马克

---

① 《中国共产党第十九届中央委员会第三次全体会议文件汇编》，人民出版社2018年版。
② 《习近平关于社会主义政治建设论述摘编》，中央文献出版社2017年版。

思主义在中国大地上广泛传播、深入发展。"马克思主义为中国革命、建设、改革提供了强大思想武器，使中国这个古老的东方大国创造了人类历史上前所未有的发展奇迹。"第三，全面依法治国，建设法治中国，必须坚持"以人民为中心"的法治理念，切实维护和促进社会公平正义。这是中国法治现代化的基本价值取向。中国特色社会主义法治区别于资本主义法治的根本所在，就是法治的人民性。第四，全面依法治国与实现国家治理现代化之间有着紧密的联系，推进法治发展，从国家治理层面说，就是要实现向法治型的国家治理体系的历史性转变，牢牢把握建设中国特色社会主义法治体系这个总目标，推进当代中国国家制度与法律制度现代化。

四、中国特色社会主义法治体系的科学内涵是什么？

习近平总书记指出，要坚持建设中国特色社会主义法治体系。中国特色社会主义法治体系，是推进全面依法治国的总抓手。要加快形成完备的法律规范体系、高效的法治实施体系、严密的法治监督体系、有力的法治保障体系，形成完善的党内法规体系。要坚持依法治国和以德治国相结合，实现法治和德治相辅相成、相得益彰。要积极推进国家安全、科技创新、公共卫生、生物安全、生态文明、防范风险、涉外法治等重要领域立法，健全国家治理急需的法律制度、满足人民日益增长的美好生活需要必备的法律制度，以良法善治保障新业态新模式健康发展[①]。

法治体系是由相互联系的法治基本要素按照一定的逻辑构成的体系，这个体系内含的法治基本要素需要满足两个条件：一是能够构建法治体系的框架和主体；二是彼此之间应该具有一定的相关性，能够相互联系和配合。党的十八届四中全会报告指出："坚持依法治国、依法执政、依法行政共同推进，坚持法治国家、法治政府、法治社会一体建设，实现科学立法、严格执法、公正司法、全民守法，促进国家治理体系和治理能力现代化。"

---

① 习近平：《中央全面依法治国工作会议上的讲话》。

其中的科学立法、严格执法、公正司法、全民守法则基本满足以上两个条件，因此这四个方面构成了中国特色社会主义法治体系的科学内涵。

党的十八届四中全会提出全面推进依法治国，总目标是建设中国特色社会主义法治体系，建设社会主义法治国家。而中国特色社会主义法治体系的科学内涵是科学立法、严格执法、公正司法、全民守法。科学立法是前提，严格执法是关键，公正司法是保障，全民守法则为法治体系构建创造最基础的社会环境，四者之间相互联系、相互配合。十八届四中全会在总结党领导社会主义法治建设的经验基础上，从当前我国面临的形势、任务以及社会急需解决的矛盾和纠纷出发，更加强调执法的严格规范，更加强调法治体系诸要素之间的协调配合。这是我党依法治国理论在新形势下的又一次重要发展。

（一）科学立法

科学立法是建设中国特色社会主义法治体系的重要前提。党的十八届四中全会报告指出："建设中国特色社会主义法治体系，必须坚持立法先行，发挥立法的引领和推动作用，抓住提高立法质量这个关键。要恪守以民为本、立法为民理念，贯彻社会主义核心价值观，使每一项立法都符合宪法精神、反映人民意志、得到人民拥护。"古人云："立善法于天下，则天下治；立善法于一国，则一国治。"立法不是简单地罗列法条，而应当是科学的制定良法，使其在价值、内容、体系、功能等方面优良，在内容上反映最广大人民群众的根本利益和切实需求，符合公平正义要求，维护个人的基本权利，反映社会发展规律。立法应当具有时效性和针对性。要发挥立法的引领和推动作用，把每部法律制作成精品，形成法律规范体系。法律并非越多越好，繁杂而又不实用的法律，不仅会耗费大量的立法资源，而且可能使有些法律形同虚设，影响法律的权威和人们对法律的信仰。党的十九大报告提出的完善以宪法为核心的中国特色社会主义法律体系，重在立良法，求善治，这使法治体系的形成具备了基础和前提。依法治国就是要通过科学立法和民主立法，不断提高立法质量，引领和推动我国法治体系的建立。

（二）严格执法

严格执法是中国特色社会主义法治体系关键所在。法律的生命力在于实施，法律的权威也于实施。如果有了法律而不实施，束之高阁，或者实施不力、做表面文章，那制定再多的法律也无济于事。因此，全面推进依法治国的重点应该是保证法律严格实施。党的十八届四中全会提出了"坚持依法治国首先要坚持依宪治国，坚持依法执政首先要坚持依宪执政"的具体要求，提出要健全宪法实施和监督制度。行政执法是运用法律的强制力把法律条文变为现实法律关系的过程，是维护宪法法律权威和政府形象的根本举措。依法执政要做到公正文明，这是法律面前人人平等的宪法原则和以人为本的执政理念的基本要求。但是，我们必须指出的是，公正文明必须以严格规范为基础，缺乏严格规范的依法执法，就不会有公正的结果，更难以形成文明的执法环境和和谐的社会关系。政府是执法主体，对执法领域存在的有法不依、执法不严、违法不究，甚至以权压法、权钱交易、徇私枉法等突出问题，老百姓深恶痛绝，必须下大力气解决。各级政府必须在法治轨道上开展工作，创新执法体制，完善执法程序，加快建设职能科学、权责法定、执法严明、公正公开、廉洁高效、守法诚信的法治政府。总之，要严格执法，做到"法立，有犯而必施；令出，唯行而不返"。

（三）公正司法

公正司法是中国特色社会主义法治体系的重要保障。党的十八届四中全会报告指出："公正是法治的生命线。司法公正对社会公正具有重要引领作用，司法不公对社会公正具有致命破坏作用。必须完善司法管理体制和司法权力运行机制，规范司法行为，加强对司法活动的监督，努力让人民群众在每一个司法案件中感受到公平正义。"公正司法既是以人为本、保障公民权利的重要制度，也是依法治国、建设法治国家的一个重要标志。只有公正司法，才能做到保证人民享有广泛权利和自由，才能使司法取信于民，树立和维护司法的权威和公信力，并从根本上维护宪法法律的权威，形成良好的法治环境。权力运行的规范化、公开化和透明度在很大意义上取决于法律监督，而法律监督的一个重要制度是司法监督。根据十八届四中全会的要求，进一步加强对依法履行职权的监督，贯彻落实行政权力清单制度；建立并完善公众参与、专家咨询和政府决定相结合的决策机制，进一步加强对政府决策合法性的审查，全面推进政务公开，加大对违法、失职行为的追惩力度。最后，法律能否真正地发挥功效，大部分取决于司法的权威性和公正性。司法机构是社会纷争的最终解决机构，是维护社会正义的最后一道屏障，为此，要进一步推进司法改革，提高司法效率，保障司法公正。

（四）全民守法

党的十八届四中全会报告提出："法律的权威源自人民的内心拥护和真诚信仰。人民权益要靠法律保障，法律权威要靠人民维护。必须弘扬社会主义法治精神，建设社会主义法治文化，增强全社会厉行法治的积极性和主动性，形成守法光荣、违法可耻的社会氛围，使全体人民都成为社会主义法治的忠实崇尚者、自觉遵守者、坚定捍卫者。"全民守法是依法治国的应有内涵和基本要求，也是落实人民当家作主地位的重要途径，更是社会和谐和国家长治久安的重要保障。守法就是遵守法律，具体来说守法包括运用法律实现自己的权利和遵守法律义务两项基本内容，两者缺一不可。要想实现全民守法，首先要做的就是必须继续深入开展法治宣传教育，让人们弘扬社会主义法治精神，树立社会主义法治理念，增强全社会尊法、学法、守法、用法意识。全民守法的前提是尊法学法知法，对法律有一个基本的了解和认识。在此基础上，形成全社会遵守法律和运用法律维权的行动。十八届四中全会还提出建立完善的党内法规体系，对推进依法治国具有重要意义。一方面，这是全面从严治党的要求。宪法、法律是保证党依法执政的依据，党内法规则是管党、治党的依据。通过建设完备的党内法规体系，有效约束各个党员的行为，使党员干部遵纪守法、以身作则，有效防止任何党员以权代法、以权压法、以权废法。另一方面，有利于与法律规范体系的有效衔接，有助于弥补法律规定的不足，形成国家法律法规和党内法规制度相辅相成、相互促进、相互保障的格局。

习近平总书记将全面依法治国新理念新思想新战略核心要义概括为"十一个坚持"。其中，"坚持建设中国特色社会主义法治体系"也可以从形成完备的法律规范体系、高效的法治实施体系、严密的法治监督体系、有力的法治保障体系，形成完善的党内法规体系等方面来理解。

努力形成完备的法律规范体系。良法是善治的前提。建设中国特色社会主义法治体系，首要的任务是完善以宪法为核心的中国特色社会主义法律体系。目前，我国现行有效法律292件、行政法规598件，中国特色社会主义法律体系已经形成，但还需适应中国特色社会主义进入新时代的要求进一步完善。今后，我们要紧紧围绕提高立法质量和立法效率，坚持科学立法、民主立法、依法立法，坚持立改废释并举，增强法律法规的及时性、系统性、针对性、有效性，提高法律法规的可执行性、可操作性。加强重点领域立法，及时反映新时代党和国家事业发展要求，回应人民群众关切期待。

努力形成高效的法治实施体系。法律的生命力和权威在于实施，而法律的有效实施，是全面依法治国的重点和难点。目前，我国在法律实施过程中还存在许多不适应、不符合的问题。今后我们要加快完善执法、司法、守法等方面的体制机制，坚持严格执法、公正司法、全民守法。各级政府必须在法治轨道上开展工作，创新执法体制，完善执法程序，推进综合执法，严格执法责任，建立权责统一、权威高效的依法行政体制，加快建设职能科学、权责法定、执法严明、公开公正、廉洁高效、守法诚信的法治政府。

（五）努力形成严密的法治监督体系

没有监督的权力必然导致腐败。为什么有的党内高级干部走上犯罪的道路？根本原因在于理想信念动摇了。铲除不良作风和腐败现象滋生蔓延的土壤，根本上要靠法规制度。今后，我们要以规范和约束公权力为重点，构建党统一指挥、全面覆盖、权威高效的监督体系，把党内监督同国家机关监督、民主监督、司法监督、群众监督、舆论监督贯通起来，增强监督合力，强化监督责任，提高监督实效，做到有权必有责、有责要担当、失责必追究。

（六）努力形成有力的法治保障体系

没有一系列的保障条件，法治就难以实现。建设中国特色社会主义法治体系，建立有力的法治保障体系至关重要。我们要切实加强党对全面依法治国的领导，提高依法执政能力和水平，为全面依法治国提供有力的政治和组织保障。加强法治队伍建设，为全面依法治国提供有力的队伍保障和坚实的物质经费保障。改革和完善不符合法治规律、不利于依法治国的体制机制，为全面依法治国提供完备的制度保障。弘扬社会主义法治精神，增强全民法治观念，完善守法诚信褒奖机制和违法失信行为惩戒机制，使尊法守法成为全体人民的共同追求和自觉行动。

（七）努力形成完善的党内法规体系

治国必先治党。党内法规既是全面从严治党的重要依据，也是全面依法治国的有力保障。党的十八大以来，我们出台了一批标志性、关键性、基础性的法规制度，有规可依的问题基本得到解决，下一步的重点是执规必严，使党内法规真正落地。今后，我们要坚持依法治国与制度治党、依规治党统筹推进、一体建设，注重党内法规同国家法律的衔接和协调，构建以党章为根本，以民主集中制为核心，以准则、条例等中央党内法规为主干，由各领域各层级党内法规制度组成的党内法规制度体系，切实提高党内法规执行能力和水平①。

---

① 习近平：《加强党对全面依法治国的领导》，载《求是》，2019年第4期。

五、怎样理解法治体现社会主义的核心价值追求？

法治是社会主义核心价值观的基本内容，而核心价值观承载着国家、民族的精神追求，体现着社会评判是非曲直的价值标准。因此，法治是中国特色社会主义的核心精神追求和价值标准，在实践当中是治国理政的基本方式。法治是指一个国家依法治理的系统和状态，涵盖经济、政治、社会、文化、生态等各个领域。建设中国特色社会主义法治体系、建设社会主义法治国家是坚持和发展中国特色社会主义的内在要求。

（一）法治是社会主义本质的价值要求最深刻的反映

社会主义的本质和价值需求是社会主义制度能实现生产力的解放和发展，人民日益增长的物质文化需要得以满足，还带来社会公正与公平，实现全体人民共同富裕。当代中国法治的重要作用是能够发展生产力，带来社会正义，在公平与效益的关系上实现二者的平衡发展，为当代中国法治建设奠定稳固的价值支撑。法治建设在当代中国社会发展进程中时代使命重大。一方面，法律的主要职能是提高效率、发展生产力。另一方面，中国法治在变革过程中，把社会正义问题作为始终关注和解决目标，提高效率、发展生产力需要社会正义作为价值目标。因此，在当代中国，一个全新的法律价值系统的建构是社会主义本质的充分彰显，使中国法治进程前景越来越广阔。

（二）法治深刻反映了社会主义市场经济的法权要求

在当代中国，全面推进依法治国，现代法治意识确立起尊重法律、依法办事，现代法治社会的构建，要实现从传统的计划经济体制转变为社会主义市场经济体制。法治国家和法治社会转型是社会经济文明领域中的一场深刻革命，它构成了这一法律革命的深厚的社会经济基础。现代市场经济与法治密切相连。所以，法律是现代市场经济生活的统治形式和调控手段。市场社会运作的规则和原则由法律来设定。而衡量市场社会关系主体行为的基本标准是法律，法律规范制约市场主体的各种行为；在市场社会生活中，在法律面前所有公民一律平等，都要遵守法律秩序。综上所述，现代市场经济是本质上的法治型经济，法治是现代市场经济得以建立的坚实的基础，需要得到法治的保障。

社会主义市场经济体制在中国的逐步确立，带来了当代中国的法治广阔的发展。因此，良好的法律秩序是建立现代市场经济的需要的，不但能实现经济文明变革，还是当代中国法律变革的基本条件。新型现代化法治的重建，不是在过去小农经济的自给自足经济轨道上的爬行，更不是原有体制法权系统的简单翻版，是要在现代市场经济发展的大背景下实现现代法律秩序系统建设。

（三）法治还深刻反映了社会主义民主政治的内在需要

在社会主义国家，人民是国家和社会的主人，国家的一切权力属于人民。社会主义民主政治的本质意义就在于坚持人民主体地位，保障人民当家作主，维护人民根本权益。因此，作为社会主义核心价值观构成要素，法治的价值意义就在于依法确立和保障人民的广泛的自由和权利，推进社会主义民主政治的法治化建设。

在当代中国的改革开放的进程中，依法治国的不断推进是当前中国在法制现代化建设中面临的一项时代命题。牢固建立在法治的基础之上的全过程人民民主是实行法治、坚持依法治国的关键之点。在当代中国，全面推进依法治国，加快建设社会主义法治国家，乃是当代中国现代化建设的一个历史性重大战略抉择，成为中国法制现代化进程的奋斗目标。

实现中华民族伟大复兴的中国梦，全面建成小康社会，全面深化改革、完善和发展中国特色社会主义制度，提高党的执政能力和执政水平，必须全面推进依法治国。所以，法治集中体现了中国特色社会主义的核心价值追求。

六、为什么依法治国是坚持和发展中国特色社会主义的本质要求和重要保障？

全面依法治国是坚持和发展中国特色社会主义的本质要求和重要保障，事关我们党执政兴国，事关人民幸福安康，事关党和国家事业发展。

（一）中国共产党历来重视法治建设

习近平总书记在中央全面依法治国工作会议上的讲话中强调，我们党历来重视法治建设。党的十八大以来，党中央明确提出全面依法治国，并将其纳入"四个全面"战略布局予以有力推进。党的十八届四中全会专门进行研究，作出关于全面推进依法治国若干重大问题的决定。党的十九大召开后，党中央组建中央全面依法治国委员会，从全局和战略高度对全面依法治国又作出一系列重大决策部署，推动我国社会主义法治建设发生历史性变革、取得历史性成就，全面依法治国实践取得重大进展。党的十八大以来，习近平总书记围绕全面依法治国作出的一系列重要论述立意高远、内涵丰富、思想深刻，对于我们深刻理解全面依法治国的重大意义，系统把握全面依法治国的指导思想、总目标、基本原则和总体要求，协调推进"四个全面"战略布局，具有十分重要的政治意义、理论意义和实践指导意义。

改革开放40多年的经验告诉我们，做好改革发展稳定各项工作离不开法治，改革开放越深入越要强调法治。要完善法治建设规划，提高立法工作质量和效率，保障和服务改革发展，营造和谐稳定社会环境，加强涉外法治建设，为推进改革发展稳定工作营造良好法治环境。

（二）法治是国家治理体系和治理能力的重要依托

习近平总书记指出，要坚持在法治轨道上推进国家治理体系和治理能力现代化。法治是国家治理体系和治理能力的重要依托。只有全面依法治国才能有效保障国家治理体系的系统性、规范性、协调性，才能最大限度凝聚社会共识。在统筹推进伟大斗争、伟大工程、伟大事业、伟大梦想的实践中，在全面建设社会主义现代化国家新征程上，我们要更加重视法治、厉行法治，更好发挥法治固根本、稳预期、利长远的重要作用，坚持依法应对重大挑战、抵御重大风险、克服重大阻力、解决重大矛盾。

"立善法于天下，则天下治；立善法于一国，则一国治。"推进国家治理体系和治理能力现代化，当然要高度重视法治问题，采取有力措施全面推进依法治国，建设社会主义法治国家，建设法治中国，在这点上，我们不会动摇。

（三）依法治国的作用无法替代

依法治国是坚持和发展中国特色社会主义的本质要求和重要保障，是实现国家治理体系和治理能力现代化的必然要求。我们要实现经济发展、政治清明、文化昌盛、社会公正、生态良好，必须更好发挥法治引领和规范作用。

全面推进依法治国是关系我们党执政兴国、关系人民幸福安康、关系党和国家长治久安的重大战略问题，是完善和发展中国特色社会主义制度、推进国家治理体系和治理能力现代化的重要方面。我们要实现党的十八大和十八届三中全会作出的一系列战略部署，全面建成小康社会、实现中华民族伟大复兴的中国梦，全面深化改革、完善和发展中国特色社会主义制度，就必须在全面推进依法治国上作出总体部署、采取切实措施、迈出坚实步伐。

全面推进依法治国是贯彻落实党的二十大精神的重要内容，是顺利完成各项目标任务、全面建成小康社会、加快推进社会主义现代化的重要保证。全面推进依法治国也是解决我们在发展中面临的一系列重大问题，解放和增强社会活力、促进社会公平正义、维护社会和谐稳定、确保国家长治久安的根本要求。要保持我国经济社会长期持续健康发展势头，不断开拓中国特色社会主义更加广阔的发展前景，就必须紧密结合全面深化改革工作部署，夯实党和国家长治久安的法治基础。

（四）面对新挑战，依法治国的作用更加突出

全面推进依法治国，是全面建成小康社会和全面深化改革开放的重要保障。现在小康社会已经全面建成，改革进入攻坚期和深水区，国际形势复杂多变，我们面对的改革发展稳定任务之重前所未有，矛盾风险挑战之多前所未有，人民群众对法治的要求也越来越高，依法治国在党和国家工作全局中的地位更加突出、作用更加重大。我们必须坚定不移贯彻依法治国基本方略和依法执政基本方式，坚定不移领导人民建设社会主义法治国家。

全面推进依法治国，是以习近平同志为核心的党中央从坚持和发展中国特色社会主义全局出发，为更好治国理政提出的重大战略任务，是解决党和国家事业发展面临的一系列重大问题，确保党和国家长治久安的根本要求，也是事关我们党执政兴国的一个全局性问题。落实好这项重大战略任务，对推动经济持续健康发展、维护社会和谐稳定、实现社会公平正义，对全面建成小康社会、实现中华民族伟大复兴，都具有十分重大的意义。

七、怎样全面推进依法治国总目标的实现？

全面依法治国，是新时代治国理政的基本方略，是坚持和发展中国特色社会主义的本质要求和重要保障。党的十八届四中全会通过的《中共中央关于全面推进依法治国若干重大问题的决定》明确提出全面推进依法治国的总目标，即建设中国特色社会主义法治体系，建设社会主义法治国家。为顺利实现全面推进依法治国总目标，党的十八届四中全会《决定》明确提出了必须坚持的五个重要原则，即坚持中国共产党的领导、坚持人民主体地位、坚持法律面前人人平等、坚持依法治国和以德治国相结合、坚持从中国实际出发。这五个重要原则，回答了社会普遍关心的法治领域许多重大问题，是全面推进依法治国的重要遵循。

党的二十大提出，我们要坚持走中国特色社会主义法治道路，建设中国特色社会主义法治体系、建设社会主义法治国家，围绕保障和促进社会公平正义，坚持依法治国、依法执政、依法行政共同推进，坚持法治国家、法治政府、法治社会一体建设，全面推进科学立法、严格执法、公正司法、全民守法，全面推进国家各方面工作法治化。

坚持中国共产党的领导。这个原则强调的是政治保证问题。习近平总书记指出，"把坚持党的领导、人民当家作主、依法治国有机统一起来是我国社会主义法治建设的一条基本经验"①，全面依法治国，核心是坚持党的领导、人民当家作主、依法治国有机统一。党的领导是中国特色社会主义最本质的特征，是社会主义法治最根本的保证。坚持党的领导，是社会主义法治的根本要求，是党和国家的根本所在、命脉所在，是全国各族人民的利益所系、幸福所系，是全面推进依法治国的题中应有之义。全面推进依法治国，要有利于加强和改善党的领导，有利于巩固党的执政地位、完成党的执政使命，决不是要削弱党的领导。把坚持党的领导贯彻到依法治国全过程，体现在党领导立法、保证执法、支持司法、带头守法。

坚持人民主体地位。这个原则强调的是力量源泉问题。人民是我们国家和社会的主人，是全面推进依法治国的主体，必须坚持法治建设为了人民、依靠人民、造福人民、保护人民。要把体现人民利益、反映人民愿望、维护人民权益、增进人民福祉落实到依法治国全过程，使法律及其实施充分体现人民意志。要保证人民在党的领导下，依照法律规定，通过各种途径和形式管理国家事务，管理经济文化事业，管理社会事务。要充分调动人民群众投身依法治国实践的积极性和主动性，使尊法、信法、守法、用法、护法成为全体人民的共同追求。

坚持法律面前人人平等。这个原则强调的是价值追求问题。平等是社会主义法律的基本属性，是社会主义法治的基本要求。全面推进依法治国，必须把法律面前人人平等体现在立法、执法、司法、守法等各个方面，维

---

① 习近平：《关于〈中共中央关于全面推进依法治国若干重大问题的决定〉的说明》。

护国家法制统一、尊严、权威。任何组织和个人都必须尊重宪法法律权威，都必须在宪法法律范围内活动，都必须依照宪法法律行使权力或权利、履行职责或义务，都不得有超越宪法法律的特权。要以约束和规范公权力为重点，加大监督力度，做到有权必有责、用权受监督、违法必追究，坚决纠正有法不依、执法不严、违法不究行为。

坚持依法治国和以德治国相结合。这个原则强调的是精神支撑问题。法律是成文的道德，道德是内心的法律，两者都具有规范社会行为、维护社会秩序的重要作用。全面推进依法治国，必须坚持一手抓法治、一手抓德治，实现良法和美德相辅相成、法治和德治相得益彰。要重视发挥法律的规范作用，通过法律强制力来确保道德底线，以法治体现道德理念、强化法律对道德的促进作用。要重视发挥道德的教化作用，大力培育和践行社会主义核心价值观，弘扬中华传统美德，以道德滋养法治精神、强化道德对法治文化的支撑作用。

坚持从中国实际出发。这个原则强调的是现实选择问题。建设什么样的法治体系，实现什么样的法治目标，是由一个国家的基本国情所决定的。"全面推进依法治国，必须从我国实际出发，同推进国家治理体系和治理能力现代化相适应，既不能罔顾国情、超越阶段，也不能因循守旧、墨守成规。"[1]全面推进依法治国，必须以习近平新时代中国特色社会主义法治思想为根本遵循，立足我国基本国情，认真总结和运用党领导人民建设法治的成功经验，围绕社会主义法治建设重大理论和实践问题，推进法治理论创新，发展符合中国实际、具有中国特色、体现社会发展规律的社会主义法治理论。要汲取中华法律文化精华，借鉴国外法治有益经验，但绝不照搬外国法治理念和模式。

全面推进依法治国是国家治理领域一场广泛而深刻的变革，需要付出长期艰苦努力。只要我们把思想和行动统一到全会的重大决策部署上来，在党的领导下坚持依法治国、厉行法治，就一定能实现全面推进依法治国

---

① 习近平：《加快建设社会主义法治国家》，载《求是》，2015年第1期。

总目标，开创法治中国的新境界。

八、全面依法治国的基本框架和总体布局是什么？

党的十八大以来，习近平总书记对法治在国家治理体系和治理能力现代化中的地位进行了全面论述，提出了全面依法治国的基本框架：依法治国是核心，科学立法是前提，严格执法是关键，公平正义是防线，守法是基础，法治是保障，法治精神和文化是灵魂。中国法治建设将呈现出全面综合的格局和新气象。

党的十八大提出了"科学立法、严格执法、公正司法、全民守法"的十六字方针。党的十八届四中全会对依法治国作出了更加具体的部署。科学立法。"天下立良法，治天下；国立良法，则治国"，法是治国的重要工具，立法是法治的主导环节。严格执法。天下事不难立法，难则必行，法律的生命力在于执行，权威在于执行。公正司法。"治国之道，关键在于公平与廉洁"，司法是法治的生命线，是司法活动的最高价值追求，维护社会公平正义的最后一道防线。全民守法。法律中最重要的不是刻在大理石或青铜表上，而是刻在公众心中。法律的权威来自人们内心的支持和真诚的信仰。

科学立法是前提。完善以立法权主导立法工作的人大体制机制，充分发挥人大及其常委会在立法工作中的主导作用，加强和完善政府立法体系建设，完善行政法规、规章的制定程序，完善公众参与政府立法的机制。严格执法是关键。严格执法主要包括六个方面：全面依法履行政府职能，完善依法决策机制，深化行政执法体制改革，严格规范公平文明执法，加强对行政权力的制约和监督，全面推进政务公开。公正司法是防线。完善司法体制，科学配置司法权，建立科学的权力运行机制，完善人权司法保障体系。全民守法是根本。加强道德对法治文化的支撑作用，弘扬社会主义法治精神，建设法治文化。要充分发挥公民公约、乡镇规章、行业规章、团体章程等社会规范在社会治理中的积极作用，坚持系统治理、依法治理、综合治理、源头治理，提高社会治理法制化水平①。

九、全面依法治国，为什么要坚持中国共产党的领导？

（一）党的领导是推进全面依法治国的根本保证

习近平总书记强调，要坚持党对全面依法治国的领导。党的领导是推进全面依法治国的根本保证。国际国内环境越是复杂，改革开放和社会主义现代化建设任务越是繁重，越要运用法治思维和法治手段巩固执政地位、改善执政方式、提高执政能力，保证党和国家长治久安。全面依法治国是要加强和改善党的领导，健全党领导全面依法治国的制度和工作机制，推进党的领导制度化、法治化，通过法治保障党的路线方针政策有效实施。

党的领导是社会主义法治最根本的保证。全面依法治国决不是要削弱党的领导，而是要加强和改善党的领导，不断提高党领导依法治国的能力和水平，巩固党的执政地位。

（二）党的领导是中国特色社会主义最本质的特征

《中共中央关于全面推进依法治国若干重大问题的决定》提出"党的领导是中国特色社会主义最本质的特征，是社会主义法治最根本的保证"，把坚持党的领导作为建设中国特色社会主义法治体系，建设社会主义法治国家的基本原则，把党的领导贯彻到依法治国全过程和各方面作为我国社会主义法治建设的一条基本经验，确立了党在推进全面依法治国中的领导地位和决定性作用。同时，我国宪法以根本法的形式反映了党带领人民进行革命、建设、改革取得的成果，反映了在历史和人民选择中形成的党的领导地位。

中国共产党的领导是中国特色社会主义最本质的特征，最新的宪法修

---

① 王晨：《习近平法治思想是马克思主义法治理论中国化的新发展新飞跃》，载《中国法学》，2021年第2期。

改建议将这个内容明确载入宪法总纲。坚持党的领导是社会主义法治的根本要求，是全面依法治国题中应有之义。我们是中国共产党执政并长期执政，坚持依宪治国、依宪执政，首先就包括坚持宪法确定的中国共产党领导地位不动摇，任何人以任何借口否定中国共产党领导和我国社会主义制度，都是错误的、有害的，都是绝对不能接受的，也是从根本上违反宪法的。

中国特色社会主义最本质的特征是中国共产党领导，中国特色社会主义制度的最大优势是中国共产党领导。党的十八届四中全会审议通过的《中共中央关于全面推进依法治国若干重大问题的决定》提出，"全面推进依法治国，总目标是建设中国特色社会主义法治体系，建设社会主义法治国家"。实现这个总目标，必须坚持一系列原则，其中首要原则就是"坚持中国共产党的领导"。2018年8月习近平总书记在中央全面依法治国委员会第一次会议上强调，党的十八大以来，党中央对全面依法治国作出一系列重大决策，提出一系列全面依法治国新理念新思想新战略，并列举了"十个坚持"，其中居首位的是"坚持加强党对依法治国的领导"。2020年11月，在中央全面依法治国工作会议上，习近平总书记对当前和今后一个时期推进全面依法治国要重点抓好的工作提出了11个方面的要求，其中第一个就是"坚持党对全面依法治国的领导"，强调"党的领导是推进全面依法治国的根本保证"。

（三）中国共产党是中国特色社会主义事业的领导核心

中国共产党是中国特色社会主义事业的领导核心，处在总揽全局、协调各方的地位。全面依法治国是一项系统工程，涉及政治、经济、文化、生态文明等各个领域，涉及内政外交国防、治党治国治军等各个方面，需要充分发挥党总揽全局、协调各方的领导核心作用。中国特色社会主义进入新时代，对中国特色社会主义法治也提出了新的要求。党的十九大报告提出，要"坚定不移走中国特色社会主义法治道路""建设中国特色社会主义法治体系，建设社会主义法治国家，发展中国特色社会主义法治理论""建设社会主义法治文化"。只有坚持党的领导，才能坚守中国特色社会主义法治道路、法治理论、法治体系、法治文化的方向与性质，才能保证法治建设符合时代发展规律与人民利益。坚持党的领导是中国特色社会主义法治的核心。推进全面依法治国，要坚持党对法治工作的绝对领导，坚持中国特色社会主义制度，坚定不移走中国特色社会主义法治道路，发展中国特色社会主义法治理论，建设中国特色社会主义法治体系，弘扬中国特色社会主义法治文化。核心的关键在于坚持党领导立法、保证执法、支持司法、带头守法[①]。

十、全面依法治国，为什么必须坚持以人民为中心?

(一) 全面依法治国最广泛、最深厚的基础是人民

习近平总书记强调，要坚持以人民为中心。全面依法治国最广泛、最深厚的基础是人民，必须坚持为了人民、依靠人民。要把体现人民利益、反映人民愿望、维护人民权益、增进人民福祉落实到全面依法治国各领域全过程。推进全面依法治国，根本目的是依法保障人民权益。要积极回应人民群众新要求新期待，系统研究谋划和解决法治领域人民群众反映强烈的突出问题，不断增强人民群众获得感、幸福感、安全感，用法治保障人民安居乐业。

(二) 保护人民利益是法治的根本目的

习近平总书记指出，保护人民权益，这是法治的根本目的。坚持以人民为中心是习近平法治思想的根本立场，是落实全面依法治国战略，建设社会主义法治国家、实现国家治理体系和治理能力现代化的重要要求。2020年12月7日，党中央印发《法治社会建设实施纲要（2020—2025年）》

---

① 陈惊天：《推进全面依法治国必须坚持党的领导——习近平新时代法治思想体会之七》，载《人民法治》，2018年第11期。

（以下简称《纲要》），着眼"人民对美好生活的向往"，从切实保障公民基本权利出发，在法治社会建设顶层设计中推出了一系列重要举措，彰显了中国共产党人的初心使命，体现了鲜明的人民性。《纲要》针对法治社会建设实践中的难点和问题，描绘了从法治观念培育到诚信守法行为选择，从指导思想到工作举措的法治社会建设总布局，这是"十四五"我国法治社会建设路线图和施工图。

（三）法治社会建设要依靠人民

法治是被世界各国长期的历史实践所证，《法治社会建设实施纲要（2020—2025年）》首次定义了"法治社会"，提出，建设信仰法治、公平正义、保障权利、守法诚信、充满活力、和谐有序的社会主义法治社会，是增强人民群众获得感、幸福感、安全感的重要举措。

人民始终是法治社会建设的主体。只有全体社会成员积极参与到法治社会的建设之中，法治精神和法治文化才能在全社会生根发芽。《纲要》提出，要引导社会各方面广泛参与立法，把立法过程变为宣传法律法规的过程。要坚持法治宣传教育与法治实践相结合，以法治实践促观念革新，以党的依法执政、政府依法行政、社会依法治理和公正司法带动全社会厉行法治的积极性和主动性。要加强对社会热点案（事）件的法治解读评论，传播法治正能量，增强全民法治观念。

（四）党在任何时候都把群众利益放在第一位

我们党没有自己特殊的利益，党在任何时候都把群众利益放在第一位。这是我们党作为马克思主义政党区别于其他政党的显著标志，人民是我们党执政的最大底气。我们党必须把为民造福作为最重要的政绩。我们推动经济社会发展，归根到底是为了不断满足人民群众对美好生活的需要。要始终把人民安居乐业、安危冷暖放在心上，用心用情用力解决群众关心的就业、教育、社保、医疗、住房、养老、食品安全、社会治安等实际问题，一件一件抓落实，一年接着一年干，努力让群众看到变化、得到实惠。我们党要做到长期执政，就必须永远保持同人民群众的血肉联系，始终同人民群众想在一起、干在一起、风雨同舟、同甘共苦。

总之，法治社会建设体现以人民为中心的指导思想。只有全体社会成员积极参与到法治社会的建设之中，法治观念才能逐渐在人们心中生根发芽，法治才能在社会各个领域落地开花。依靠人民进行法治社会建设，要引导社会各方面广泛参与立法，把立法过程变成凝结法治共识，宣传法律法规的过程。既要以法治实践促观念革新，以党的依法执政、政府依法行政、社会依法治理和公正司法带动全社会厉行法治的积极性和主动性，还要以执法普法、社会热点案件宣传法治，传播法治正能量，增强全民法治观念，更需要公民、法人和其他组织以高度的主人翁责任感，强化规则意识，在享有宪法和法律规定的权利的同时，履行宪法和法律规定的义务。法治社会建设积极回应人民群众新要求新期待，系统研究谋划和解决社会建设领域人民群众反映强烈的突出问题，用法治保障人民安居乐业。法治社会建设人民参与，成效人民评价，成果人民共享，增强人民群众的获得感、幸福感、安全感。

要坚持在法治轨道上统筹社会力量、平衡社会利益、调节社会关系、规范社会行为、化解社会矛盾，以良法促发展、保善治，让人民群众在每一个司法案件中感受到公平正义，使尊法学法守法用法成为广大人民群众共同追求，确保社会在深刻变革中既生机勃勃又井然有序。

十一、为什么要坚持抓住领导干部这个"关键少数"？

2020年11月，习近平总书记在中央全面依法治国工作会议上强调要抓住领导干部这个"关键少数"。"各级领导干部要坚决贯彻落实党中央关于全面依法治国的重大决策部署，带头尊崇法治、敬畏法律，了解法律、掌握法律，不断提高运用法治思维和法治方式深化改革、推动发展、化解矛盾、维护稳定、应对风险的能力，做到尊法学法守法用法的模范。要力戒形式主义、官僚主义，确保全面依法治国各项任务真正落到实处。"

（一）领导干部是全面依法治国的关键

领导机关是国家治理体系中的重要机关，领导干部是党和国家事业发展的"关键少数"，对全党全社会都具有风向标作用。政治路线确定之后，干部就是决定的因素。习近平总书记在部署全面建设社会主义现代化国家、全面深化改革、全面依法治国、全面从严治党等各方面工作中都一以贯之、始终强调必须抓住"关键少数"。习近平总书记指出："现在，一些党员、干部仍然存在人治思想和长官意识，认为依法办事条条框框多、束缚手脚，凡事都要自己说了算，根本不知道有法律存在，大搞以言代法、以权压法。"①"如果我们的领导干部不能尊法学法守法用法，不要说全面推进依法治国，不要说实现'两个一百年'奋斗目标、实现中华民族伟大复兴的中国梦，就连我们党的领导、我国社会主义制度都可能受到严重冲击和损害。"②

（二）领导干部在全面依法治国中起着以上率下的作用

领导干部用法的关键，在于提高运用法治思维和法治方式的能力，把对法治的尊崇、对法律的敬畏转化成思维方式和行为方式，做到在法治之下、而不是法治之外、更不是法治之上想问题、作决策、办事情。习近平总书记指出："当前，一些领导干部还不善于运用法治思维和法治方式推进工作，领导干部心中无法、以言代法、以权压法是法治建设的大敌。"③很多出了问题的领导干部，法律是学过的，法律知识也是有的，但都不过心，不过脑子，到了实际问题面前就忘得一干二净。这些人不仅害了自己，也

---

① 习近平：《加快建设社会主义法治国家》（2014年10月23日），载习近平：《论坚持全面依法治国》，中央文献出版社2020年版。

② 习近平：《在省部级主要领导干部学习贯彻党的十八届四中全会精神全面推进依法治国专题研讨班上的讲话》（2015年2月2日），载中共中央文献研究室编：《习近平关于全面依法治国论述》，中央文献出版社2015年版。

③ 习近平：《推进全面依法治国，发挥法治在国家治理体系和治理能力现代化中的积极作用》（2020年2月5日），载习近平：《论坚持全面依法治国》，中央文献出版社2020年版。

贼害党和人民事业。现在，广大干部群众的民主意识、法治意识、权利意识普遍增强，全社会对公平正义的渴望比以往任何时候都更加强烈，"如果领导干部仍然习惯于人治思维、迷恋于以权代法，那十个有十个要栽大跟头"[①]。领导干部作为法治工作的重要参与者，必须起到带头、表率作用。

各级领导干部在推进依法治国方面肩负着重要责任，全面依法治国必须抓住领导干部这个"关键少数"。领导干部要做尊法学法守法用法的模范，带动全党全国一起努力，在建设中国特色社会主义法治体系、建设社会主义法治国家上不断见到新成效。

十二、怎样增强全民法治观念？

法治兴则国家兴，法治衰则国家衰。增强全民法治观念，推进法治社会建设是一项长期系统的工程，尤其是在新时代，我国的法治建设必然会面临诸多新任务新挑战。党的二十大提出，加快建设法治社会，弘扬社会主义法治精神，传承中华优秀传统法律文化，引导全体人民做社会主义法治的忠实崇尚者、自觉遵守者、坚定捍卫者，努力使尊法学法守法用法在全社会蔚然成风。因此，在遵循依法治国的重要部署的同时，结合我国现实社会实际情况和未来发展规划，探寻出适合我国国情的增强全民法治观念，推进法治社会建设的发展路径。

（一）推动全社会树立法治意识

推动全社会树立法治意识，增强全社会法治观念是法治社会建设的重要思想前提。人民只有将法治观念真正内化成为法治信仰，全民守法氛围才能真正建立，法治社会建设才能持续进行。推动全社会树立法治意识重点在于：一要抓住领导干部这个"关键少数"。是全面依法治国离不开领

---

① 习近平：《各级领导干部要做尊法学法守法用法的模范》（2015年2月2日），载习近平：《论坚持全面依法治国》，中央文献出版社2020年版。

导干部的实践和推动，其对法治的态度影响着人民群众对法治的态度。二要重视法治的宣传和教育。普法工作不只是向公民宣传法律条文、解读法律内涵，更需要在法治实践过程中与全社会保持良性互动，使法治实践成为法治宣传教育的最佳途径。坚决贯彻落实"谁执法谁普法"，切实推进"八五"普法全面落实，坚持"以案释法"，从不同群体的特点出发，因地制宜开展有特色的法治宣传教育。重视高校和青少年法治教育，完善学校、家庭、社会一体化法治教育网络。充分运用大数据、互联网以及"两微一端"等新媒体技术进行法治宣传。坚持法治教育与道德教育相结合，大力弘扬社会主义核心价值观。

（二）建设完备的法律服务体系

法治社会建设的目标之一就是要使公民在日常生活中学法、尊法、守法、用法，因此完备的法律服务体系不可或缺。一是建立起统筹覆盖城乡的公共法律服务体系，均衡配置法律资源，建立健全公共法律服务平台，实现法律资源共享和跨区域法律服务。二是拓宽法律服务的范围，不拘泥于传统的民商事法律服务，结合"一带一路"的发展需要，着重提升融资合资、海外合作、知识产权等法律服务需要。注重提升民众日常生活的食品、医疗、养老等法律服务品质。三是完善司法救助制度，扩大法律援助覆盖范围，降低法律援助门槛，使每一个困难或特殊案件的当事人都能在案件中感受到公平正义。四是提升法律专业人员的综合素质，通过专门的学习和培训，使法律服务人员的思想政治素质、业务工作能力、职业道德水准不断提高，加快高、精、尖专业法律人才的培养，保障法律服务队伍的持续发展。

（三）健全依法维权和化解纠纷机制

制度和机制的完善，对法治社会的建设同样具有重要作用，用制度和机制依法推进社会治理是依法治国的应有之义。一是出台执法司法便民利民措施。着力解决"立案难"和"执行难"问题，总结立案登记制实施三年以来的经验，根据实践中发生的问题来寻求制度的不断完善。运用大数据和信息共享平台，进一步推进司法公开工作，加强司法保障人权力度。依据社会经济现实发展需求，积极探索新的诉讼方式，成立专门法院，如知识产权法院和互联网法院，为知识产权和互联网健康发展提供司法保障。二是积极推动在派出所、信访等部门和基层人民法院设立人民调解组织，加强人民调解与行政调解、司法调解之间的联动工作体系，完善各类调解制度之间的有效衔接，多元化地满足社会各界的合理诉求，使人民群众遇事找法，进而提升全民法治素养、建设法治新社会。

十三、如何统筹推进国内法治和涉外法治？

在中央全面依法治国工作会议上，习近平总书记强调："要坚持统筹推进国内法治和涉外法治。要加快涉外法治工作战略布局，协调推进国内治理和国际治理，更好维护国家主权、安全、发展利益。要强化法治思维，运用法治方式，有效应对挑战、防范风险，综合利用立法、执法、司法等手段开展斗争，坚决维护国家主权、尊严和核心利益。要推动全球治理变革，推动构建人类命运共同体。"党的十八大以来，习近平总书记围绕涉外法治和国际法治发表了一系列重要论述，不仅对中国特色社会主义法治理论作出重大贡献，而且对国际法理论和实践也具有重要意义。

国内法治与国际法治的互动，从国内法治角度讲，构成国内法治内涵的一部分；从国际法治角度讲，也构成国际法治内涵的一部分。习近平总书记强调，"立善法于天下，则天下治；立善法于一国，则一国治"[①]。国内法治与涉外法治在国内治理和国际治理上具有一致的价值取向，其许多论述中体现出的国内法治与国际法治互动理念，也是习近平法治思想的重要部分。

----

① 习近平：《加快建设社会主义法治国家》，载《习近平谈治国理政》（第二卷），外文出版社2017年版。

国内法治和涉外法治是两个方面，而国内法治和国际法治是全球法治的两个方面，都不可或缺。涉外法治在国内法治和国际法治之间发挥着桥梁纽带、互动融通的作用。统筹国内国际两个大局是我们党治国理政的基本理念和基本经验，在法治建设和法治发展领域，体现为统筹推进国内法治和涉外法治，更好维护国家主权、安全、发展利益。为此，一方面要加快建设中国特色社会主义法治体系，加强涉外法治体系建设。推进涉外法治重要领域立法，完善涉外法律法规体系，完善涉外经贸法律和规则体系，加快推进我国法域外适用的法律体系建设，积极参与执法安全国际合作，深化司法领域国际合作，强化涉外法律服务。另一方面，强化法治思维，运用法治方式处理国际事务、参与全球治理体系改革和建设。始终做多边主义的践行者，积极参与全球治理体系改革和建设，积极参与并努力引领国际规则制定，推动形成公正合理透明的国际规则体系，推动依法处理涉外经济、社会事务，增强我国在国际法律事务和全球治理体系变革中的话语权和影响力，运用法律手段维护我国主权、安全、发展利益，推动构建人类命运共同体。习近平总书记指出："我国已经进入了实现中华民族伟大复兴的关键阶段。中国与世界的关系在发生深刻变化，我国同国际社会的互联互动也已变得空前紧密，我国对世界的依靠、对国际事务的参与在不断加深，世界对我国的依靠、对我国的影响也在不断加深。"

当今和未来的世界，全球化日益扩展且不断深化，国家间相互依存不断增强，没有任何一个国家能够脱离国际社会的发展趋势，独善其身地获得长远发展。由于法治是世界各国通行的治理手段，是国际社会公认的全球治理方式，更是国内国际交往中的"共同语言"，所以中华民族实现伟大复兴，不仅要推进国内法治以获得国内民众的广泛支持，而且要推进涉外法治以获得国际社会的普遍认同，二者相辅相成。统筹国内法治与涉外法治是实现中华民族伟大复兴的要素之一。

十四、如何全面推进科学立法？

习近平总书记在中央全面依法治国委员会第一次会议上强调，要坚持全面推进科学立法、严格执法、公正司法、全民守法。这一重要论述是习近平总书记全面依法治国新理念新思想新战略的重要组成部分，是指引我们走向法治中国的新时代社会主义法治建设方针。党的二十大提出，我们要完善以宪法为核心的中国特色社会主义法律体系，加强宪法实施和监督，加强重点领域、新兴领域、涉外领域立法，推进科学立法、民主立法、依法立法。

立法，是国家有权机关制定法律、法规和规章行为及过程的总称。立法—执法—司法—守法，是一个国家法治建设工作的基本环节。立法是第一个环节，是法治过程的起点和法治工作的前提。没有立法，政府机关就无法可执，人民法院审理和裁判案件就没有依据和标准，全民遵守法律就无从谈起。

从"有法可依"到"科学立法"，是我们党对立法工作的要求从"数量型"向"质量型"转变的标志。1978年，党的十一届三中全会提出法制建设的十六字方针，第一句便开宗明义地提出要"有法可依"，这一主张完全符合当时的中国实际。经过30多年的努力，中国特色社会主义法律体系已经形成，总体上解决了"有法可依"问题后，提出"科学立法"，这是一个重大的提升和转型。党的十九大报告指出："推进科学立法、民主立法、依法立法，以良法促进发展、保障善治。"

习近平总书记明确指出："科学立法的核心，在于立法要尊重和体现客观规律"，"科学立法是处理改革和法治关系的重要环节"。因此，立法必须从中国的国情和实际出发，尊重和体现社会发展的客观规律、尊重和体现法律所调整的社会关系的客观规律以及法律体系的内在规律。科学立法不仅指向立法的内容，而且指向立法程序以及立法技术。在立法中坚持科学立法，最根本的是方法和技术问题，通过这些方法和技术去发现法律和表述法律，使制定的法律理性化、合理化。从实际出发是科学立法的灵魂。

从实际出发，最根本的是从我国的国情出发，必须立足于中国的现实。从实际出发，必须深入实际，调查研究，全面、深入地了解社会发展的立法需求。

"法与时转则治。"①2014年3月9日，全国人民代表大会常务委员会的工作报告指出，科学立法，就是要尊重和体现客观规律。在具体的立法实践中，要进一步完善立法程序、规范立法活动，健全中国特色的立法体制。抓好立法项目论证，科学确定立法项目，健全法律出台前评估和立法后评估制度。综合运用制定、修改、废止、解释等多种形式，增强立法工作的协调性、及时性、系统性。加强立法调查研究，找准立法重点难点，探求科学应对之策，切实增强法律的可执行性和可操作性②。党的十八届四中全会强调，要深入推进科学立法，健全立法起草、论证、协调、审议机制，健全向下一级人大征询立法意见机制，建立基层立法联系点制度，推进立法精细化。完善立法项目征集和论证制度。党的十九届四中全会提出要全面推进科学立法，健全保证宪法全面实施的体制机制、完善立法体制机制。伴随着科学立法要求的逐步提升，制度的完善与建构也向纵深扩展。在中央全面依法治国工作会议上强调，要坚持推进科学立法，要继续推进法治领域改革，解决立法等领域的突出矛盾和问题，这也为继续推进立法提出了新的任务。

十五、党内法规是什么？

党内法规由党的中央组织以及中央纪律检查委员会、党中央工作机关和省、自治区、直辖市党委制定，是体现党的统一意志、规范党的领导和

---

① 习近平：《充分认识颁布实施民法典重大意义依法更好保障人民合法权益》，载《求是》，2020年第12期。

② 张德江：《全国人民代表大会常务委员会工作报告——在第十二届全国人民代表大会第二次会议上》（2016年3月9日）。

党的建设活动、依靠党的纪律保证实施的专门规章制度。种类上包括党章、准则、条例以及规则、规定、办法、细则等。

党内法规既是管党治党的重要依据，也是建设社会主义法治国家的有力保障，党章是最根本的党内法规，全党必须一体严格遵行。治国必先治党，治党务必从严，从严必依法度。加强党内法规制度建设，是全面从严治党、依规治党的必然要求，是建设中国特色社会主义法治体系的重要内容，是推进国家治理体系和治理能力现代化的重要保障，事关党长期执政和国家长治久安。

首先，党规党纪严于国家法律，党的各级组织和广大党员干部不仅要模范遵守国家法律，而且要按照党规党纪以更高标准严格要求自己，坚定理想信念，践行党的宗旨，坚决同违法乱纪行为作斗争；其次，对违反党规党纪的行为必须严肃处理，对苗头性、倾向性问题必须抓早抓小，防止小错酿成大错、违纪走向违法；最后，注重党内法规同国家法律的衔接和协调，提高党内法规执行力，运用党内法规把党要管党、从严治党落到实处，促进党员、干部带头遵守国家法律法规。

第二章　　　法治基础篇

一、为什么说领导干部具备法治思维非常重要？

法治思维是在法治理念的指导下，自觉运用法律规则和原则，对相关问题进行分析、综合、判断和推理，从而得出符合法治逻辑结论的过程。

领导干部是全面推进法治建设，把以人为本的发展思想贯彻到各项决策部署和实际工作中的重要组织者和实践者。他们是否具备法治思维会直接对全面深化改革的进程造成影响。新时期对领导干部需要具备的能力提出了很多要求，而法治思维是其中极为重要的一部分，法治思维要求领导干部们依法办事、运用法治思维去化解和解决问题与冲突，在管理社会事务中实现法治。

首先，领导干部要有法治思维，这是全面推进法治现代化和执政能力建设的需要。领导干部要遵循法律、学习法律、服从法律和运用法律。只有以身作则，才能充分发挥领导干部的领导作用，推进依法治国进程，在一切社会事务中实现法治。建设法治国家、推进国家治理体系和治理能力现代化的过程中，作为"关键少数群体"的领导干部，必然需要从根本上转变思维方式。

其次，领导干部只有具备法治思维，才能最大限度地凝聚共识和认同。法治思维力求协调私益与公益的平衡，不仅要限制私益，防止其过度扩张，也要遏制公益，避免其无限扩大而侵犯私益。从此角度而言，法治思维不断引导多元主体之间的共识，从而达成公益与私益的平衡。作为公权力行使的主体，在从事可能影响相对人利益的行为或作出相关决策之前，运用法治思维进行思考，形成思维认同，避免因行为、决策不当而损害相对人的合法利益。

最后，领导干部具备法治思维是深化改革的必然要求。作为深化改革的领头人，领导干部只有提高法治能力，加强法治素养培育，将法治思维与行政手段相结合，才能在改革发展的管理上做到有法可依，从而使改革顺利进行，社会发展更加迅速。通过运用法治思维和法治方式，做好"六稳"，落实"六保"，化解矛盾，全面落实党中央的决策部署，是各级领导干部在新时期坚定制度自信，增强发展信心的必备素养。

二、领导干部如何形成法治思维？

领导干部法治思维的形成可从以下两方面进行。

1.提高个人法律素养

首先，加强规则意识的培养。学习各种规章制度和法律法规，培养与增强规则意识，在工作中落实法律面前人人平等的原则，同时注重决策的科学性与民众的参与，培育依法办事的思维，不断提高领导干部运用法治思维解决各种工作中新老问题的能力。

其次，加强契约精神的培养。只有当契约精神成为社会普遍认同的基本概念时，广大民众才能拥有坚实的法律基础与精神支持，这种精神的培育对于我国法治国家的建设和完善具有重要作用。契约精神的核心是守约精神，以我国为例，我国法律规定领导干部在任职之前均需进行任职宣誓，这种宣誓是他们对于国家与人民的庄严承诺，承诺其依法办事，为人民服务，这便是契约。领导干部们只有坚持契约精神，全心全意干实事，忠于国家与人民，才能赢得人民的信任，得到人民的支持。

最后，提高法学理论素养。坚持学习法律知识，夯实法治基础理念，加强法学理论培训，使领导干部深刻接受这些知识和观念，并在自己的行为中贯彻落实，逐渐形成惯性思维。通过向领导干部传授知识和观念，来提高其法治思维能力。因此，理论知识与素养的重要性不言而喻。

2.贯彻落实法治理念

首先，领导干部要坚持合法底线，遵守法定程序。一方面，要认真依法履行职责，杜绝不作为与推脱现象；另一方面，又要严格遵守权力界限，坚决防止滥用权力的行为。领导干部在作出重大决策和履行职务过程中，要严格遵循法定程序，不徇私不妄为，加强坚守法定程序的思维方式，不放过任何一个细节，不遗漏或者混杂任何一个程序。

其次，领导干部要按照法律的明确规定进行决策。在平时的工作过程中依法严格执行相关的工作流程，包括提高公众参与程度、及时进行风险评估、集体讨论决定等机制，养成依法决策、依法办事的良好习惯。

再次，领导干部应当坚持权利本位。法治思维实质上就是权利思维，领导干部在工作中要始终牢记将广大人民群众的利益作为出发点，处理涉及百姓利益的事项时，应当站在人民的角度去分析解决问题，保障其合法权利。

最后，领导干部应当创新工作方式。一味采用旧的工作方式难免会发生流于形式的现象，通过不断创新工作方式，可以提高学习能力，从而尽快转化为更有效率地处理问题的办法。领导干部可以采用类似于案例教学的形式，通过多途径，如旁听案件、网络实时转播等方式进行学习，既可以增强学习兴趣，又能提高法治意识与素养。

三、法治是怎样保障人权的

人权是每个人作为社会主体所应当享有的权利。尊重和保障人权，是尊重和坚持人民在社会主义事业建设中主体地位的核心内容，更是全面深化改革、建设社会主义现代化强国，实现中华民族伟大复兴的动力支持，同时也是全面依法治国，建设社会主义法治国家的题中应有之义。只有依托法治建设，人权才能从社会意识领域外化于社会实践中的权利义务关系当中，真正为社会主体所享有和尊重。法治对人权的保障主要体现于以下几个方面。

首先，立法是人权的保障书。通过对宪法和法律的制定和修改，将人民群众的意愿与诉求纳入其中，使其由社会意识形态上升为法律规范，同时对人民群众的合法权益规定了确认与保障，从而为权利的保全与妨害的排除提供了法律依据。2004年我国《宪法》修正案正式提出"国家尊重和保障人权"，使人权立法保障在宪法中有了明确的依据。

其次，严格执法是法治保障人权的传输带。一方面，法律明确规定了公权力与公民权利的边界，从而使国家机关在行使职权时尽可能弱化甚至消除对公民权利的影响与干预；另一方面，通过执法行为肯定与保护公民的合法权益，同时对侵害他人合法权益的违法、不当行为进行惩戒，能够使公民的权利在社会实践中更好地得以实现。

再次，公正司法是法治保障人权的防护网。这首先体现在司法的程序公正上，任何社会主体不论个人状况、职业、地域等因素，都应受到同等对待，享有同等参与司法活动、获取司法救济的权利，从而为发动司法途径救济公民权利提供了制度保障；同时，司法保障人权还体现在实体公正上——审判人员依法、中立、公正裁判，并得出公道合理的审判结果，从而能使当事人的权利借助司法活动得以复原和实现。

最后，全民守法是法治保障人权的动力源泉。人权的实现最终要依靠作为社会进步的先导力量的广大人民群众将法治观念内化于心、外化于行。具体而言，广大群众对法律有了更深入的了解与认识后，将会更重视、珍惜自己所享有的法律权利，并且为了避免承担法律责任，合理安排自己的行为，在这种环境下，法治从"应然"走向"实然"，个人权利之间的伤害和冲突大为减少，人权也就能得到更加充分的保障。

四、我国的国体、政体是什么？

国体即国家的性质或阶级本质，反映社会各阶层在国家中的地位。《中华人民共和国宪法》第一条第一款规定，我国是以工人阶级为领导，工农联盟为基础的人民民主专政的社会主义国家。

首先，我国是社会主义国家，实行社会主义制度，在经济生活中坚持以公有制为主体，而在治国理政中坚持人民当家作主。社会主义制度是我国的根本制度，只有坚持走社会主义道路，我们才能实现中华民族伟大复兴的中国梦。

工人阶级是国家的领导阶级，这是由工人阶级的革命性、组织性、纪律性以及其所代表的生产关系的先进性所决定的。历史经验表明，只有工人阶级的领导才能使中华民族走上解放和富强的道路，只有工人阶级才是改革创新、促进社会经济稳中求进的排头兵。工农联盟是工人阶级与农民阶级的联盟，是我国政权的基础，农民阶级不仅在革命战争阶段是工人阶级的可靠同盟军，在新时代重农固本则更是安民之基、治国之要，在社会主义现代化建设中占据举足轻重的地位，因此党和国家才一直重视三农问题。

人民民主专政体现为两个方面，一是人民在国家中处于当家作主的地位，在最广大人民内部实行社会主义民主政治，广大人民群众按照宪法和法律的规定有序参与国家政治生活，管理国家事务；同时对于极少数社会有害势力实行专政，依法打击危害国家安全、公共安全、侵害社会公共利益及公民合法权益的违法犯罪行为，维护社会秩序。民主与专政在社会治理中相辅相成，不可分割。

政体是政权组织的形式，我国的政体也就是人民代表大会制度，这一制度的要义在于各级人民代表大会由人民选举产生，对人民负责并受社会各界监督，各级国家机关由人民代表大会产生并对其负责。实践证明，人民代表大会制度确保了国家机构运行的高效与稳定，实现并保障了人民管理国家事务的政治权利，经得起历史的考验，是具有中国特色，符合我国国情，适合中国特色社会主义现代化建设之需要的好制度。

五、国家机构的设置及功能是什么？

国家机构是指为实现阶级统治的维护以及社会事务的管理，而在国家范围内建立起的职能机关的总和。作为一国上层建筑的重要组成部分，国家机构具有鲜明的阶级性、严密的组织性、特殊的国家强制性以及与其相对应的职权性。

人民代表大会是我国的国家权力机关，这是由我国人民民主专政的社会主义根本制度所决定的，各级人民代表大会由广大人民群众通过民主选举产生，代表人民的利益行使国家权力，决定立法、监督、任免等重大事项，对人民负责，受人民监督。

国家主席是我国的国家元首，享有选举权与被选举权且年满四十五周岁的我国公民可以被选为中华人民共和国国家主席。国家主席、副主席均由全国人大选举产生，并依据全国人民代表大会以及全国人大常委会的决定，行使外交，人事任免，颁布法律法规、特赦，荣誉颁发等方面的职能。

国务院及地方各级人民政府是我国的行政机构。国务院由总理全面领导国务院工作，总理代表国务院对全国人大及其常委会负责，并且由总理提名审计长、秘书长及各部委负责人员的人选，对于重大事项，国务院总理有最后决策权并对决策结果负责。地方各级人民政府负责执行国务院、全国人大及其上级政府部门的决定和政策，依法处理本地事务，同时有权按照本地区的实际情况制定规章等法律规范性文件。

中央军事委员会是我国的国家军事机关，领导全国武装力量。中央军事委员会实行主席负责制。中央军委主席由全国人民代表大会选举或罢免，对全国人民代表大会和全国人民代表大会常务委员会负责。其他组成人员由全国人民代表大会或全国人民代表大会常务委员会，根据中央军事委员会主席的提名决定或罢免。

监察委员会是我国的监察机关，其设立和建制源于《宪法》2018年修正案，是对公职人员腐败现象的零容忍以及党对反腐工作全面领导的体现。中华人民共和国国家监察委员会为我国的最高监察机关，设主任一人，副主任若干人，其职权主要在于负责全国监察反腐工作并领导地方各级监察委员会开展监察工作，由全国人大选举产生，并对全国人大负责。地方各级监察委员会是行使国家监察职能的专责机关，依照《中华人民共和国监察法》对所有行使公权力的国家工作人员进行监察，调查职务违法和职务犯罪，开展廉政建设和反腐败工作，在工作中接受上级监察委员会的领导，并对产生它的国家权力机关负责，受其监督。

人民法院、人民检察院是我国的司法机关。其中人民法院为我国的审判机关，其职责在于依法独立行使审判权，维护公民的合法权益，维护宪法、法律权威和尊严。最高人民法院是最高审判机关，设院长一人，副院长、审判委员会委员等若干人，由全国人大产生，受全国人大监督。地方各级法院负责本地方的司法审判工作，对选举它的权力机关负责，并受上级法院的指导和监督。人民检察院是我国的法律监督机关，主要职责在于对其他国家机关及其工作人员进行法律监督，对违法犯罪行为进行纠正和预防，向其他司法机关提出案件处理的建议等。最高人民检察院是国家最高法律监督机关，由全国人大产生并对其负责；地方各级人民检察院负责本地区的法律监督及司法侦查等事务，并接受上级人民检察院的领导和监督，对上级人民检察院和选举它的权力机关负责。

六、我国司法体系的构成是什么？

司法体系是指以司法机关为中心的多个相关机关之间划分相关职能及其组织，从而形成的一个相互联系配合的整体。我国的专门行使审判与检察权的机关有人民法院和人民检察院。但司法体系中并不只有这两者，公安机关、国家安全机关、司法行政机关虽然属于行政机关，但也承担部分的司法职能。在报告工作的制度安排上，检察机关和审判机关直接报告工作给人大，而其他机关的报告体现在政府工作报告中。

1.人民法院

人民法院是国家的审判机关，审判权由人民法院单独行使。最高人民法院由全国人民代表大会产生，对全国人民代表大会及其常委会负责并受它监督。地方各级人民法院由同级人民代表大会产生，对同级人民代表大会及其常委会负责并受它监督，上下级人民法院属于监督与被监督的关系。

我国法院体系由最高人民法院、地方各级人民法院和专门人民法院组成。地方各级人民法院包括基层、中级、高级人民法院。专门人民法院包括军事、海事法院等。人民法院可以设刑事、民事、行政审判庭，中级以上人民法院还可根据需要设其他审判庭。各级人民法院设有执行机构对需要执行的民事和经济案件判决及裁定的执行。

2.人民检察院

人民检察院是国家的法律监督机关。我国宪法规定，最高人民检察院由全国人民代表大会产生，对全国人民代表大会及其常委会负责并受它监督。地方各级人民检察院由同级人民代表大会产生，对同级人民代表大会及其常委会负责并受它监督。下级人民检察院还要对上级人民检察院负责。

最高人民检察院领导地方各级人民检察院和专门人民检察院的工作，上级人民检察院领导下级人民检察院的工作。

3.公安机关

我国的公安机关兼具行政与司法属性，既是行政机关，又是侦查机关。

国务院设公安部，组织和管理全国的公安工作。各省、自治区、直辖市设公安厅（局），省辖市和自治区辖市、地区、自治州、盟设公安局（处），县、市、旗设公安局，市辖区设公安分局。城市街道和县属区、乡、镇设公安派出所，作为县（区）公安机关的派出机构，由公安机关直接领导和管理。公安机关负责维护国家安全与社会治安，保障公民的人身与财产安全，集预防、惩治犯罪活动于一体。

4.国家安全机关

国家安全机关负责办理危害国家安全的刑事案件，行使与公安机关相同的职权，即在国家安全工作中依法行使侦查、拘留、预审和执行逮捕以及法律规定的其他职权。国务院设国家安全部，各省、自治区、直辖市设国家安全厅（局），其他地方可根据需要设置国家安全机构或者人员。

5.司法行政机关

我国司法行政机关同公安机关一样具有行使行政与司法属性，在行政司法方面具有行政管理权，在辅助国家执行刑罚时，具有司法属性。

国务院设司法部，主管国家司法行政工作。各省、自治区、直辖市设司法厅（局），省辖市和自治区辖市、地区、自治州、盟设司法局（处），县、市、市辖区、旗设司法局。城市街道和县属区、乡、镇设司法助理员。

香港、澳门特别行政区司法体制与内地不同，其司法权与终审权独立于中央。

七、法律是什么？

法律反映统治阶级的意志，该统治阶级由特定的社会物质生活条件所决定，其建立国家并通过国家的强制力来制定、认可法律并对法律的实施提供保障。具体来看，其规范体系的内容表现为对不同的社会阶级和成员规定权利与义务。

首先，法律以规范人的行为的模式来规范社会关系，但并不规范人的所有行为，其内容具有规范性、一般性，可以在生效期间反复适用于不同主体，具有预测、教育等规范作用。

其次，法作为一种社会规范，来自国家的制定与认可。制定是指之前没有相关规定，国家通过立法程序制定法律；认可是指已经存在某些社会规范，国家通过认可的方式赋予其法律效力。

再次，权利与义务始终是法律的内容。权利给予人们一定的自由，使其可以基于自己的自由意志实施相应行为，从而获得利益。义务的设立给予人们一定的限制，例如纳税、服兵役等，虽然限制了人们的一定自由，但履行义务有利于更好的保障权利的实现与社会安定。

最后，法律依靠国家强制力保障实施。强制力表现为：制裁违法行为、保护合法行为、国家机关依法行使权力、公民合法权利受到侵害后可以请求国家保护，但法律的强制性并不会直接作用于每一个参与活动的主体，只有其侵害他人权利或者违反相关义务的时候其强制力才会显现出来。

在历史发展的进程中，法律在维护社会稳定、促进各项社会事业发展中发挥着重要作用，在维护社会稳定和发展的过程中始终是不可替代的角色。在现如今的社会里，法律更成为我们国家繁荣复兴的一项保证。随着中国现阶段法律体系的不断完备，中国人口素质的不断提升，我国的法律也从简略到不断详尽，法律囊括的方面也越来越多样化，社会生产力也有了飞跃的进步。在我国，法律维护着我们的合法权益，规范着人们的言行举止，使得中国社会真正成为一个法治社会，人人学法是我们每位公民的应尽义务。在法律的约束和指引下，中国的社会变得越来越和谐繁荣。因为有着法律的保护，使得公民能够在社会中有保障地生活，不断激发公民投身社会主义建设的积极性。

八、怎样理解宪法具有国家根本法的地位

宪法具有国家根本法的地位，是一切机关、团体以及公民的最高行为准则，这是由宪法的根本性、最高性、纲领性、原则性与稳定性所决定的。

宪法的根本性是指其在内容上规定了国家事业建设中最根本、最重要的问题，如国家发展历程及未来规划、国家的性质和结构形式、公民的权利与义务、国家机构的建制，等等。宪法对这些问题的容纳、整合与解决，其本质解决的都是我们要建设一个什么样的国家、为什么要这样建设我们的国家以及如何建设我们的国家的问题。我国通过对宪法的制定以及不断修改完善，逐步确立了人民民主专政的社会主义制度作为国家的根本制度，以人民代表大会制度为核心的政体以及中国共产党领导的多党合作与政治协商制度、民族区域自治、基层群众自治等基本政治制度。

宪法的最高性体现为其在法律体系中处于最高的法律位阶，具有最高的法律效力。首先，宪法是制定其他法律与法规的基础和依据，任何法律、法规、规章以及其他规范性文件在制定与修改上都必须遵循宪法及其相关法的要求，在内容上更不得与宪法相抵触；其次，宪法也是一切社会力量的根本遵循与最高行为准则，任何组织、机关和公民都不能拥有逾越宪法的特权，任何违反宪法的行为都应当受到纠正与追究。

宪法的纲领性和原则性体现在宪法对其他法律规范的制定与社会各界的活动具有宏观指导意义。我国宪法主要规定了国家制度运行以及公民政治生活的重要原则，如人民主权原则、民主集中制原则、国家机关责任制

原则，等等。这些原则对于各项制度的产生与运行都起到了宏观性、纲领性的指导作用——在这些原则的框架内，通过合宪性的立法、司法等活动的进行，才能使上述原则的内容与精神得以具体实现。

宪法的稳定性是指宪法的形式和内容具有相对持久性。宪法的形式和内容能够保持相对持久，这是宪法内容的根本性以及维护法制统一的要求所决定的，只有宪法保持相对稳定，其他以宪法为依据的制度涉及才能整齐划一地发挥作用。但稳定性并不等于一成不变，宪法作为社会上层建筑的重要部分，必须随着社会实践的进步、经济基础的变革而进行调整与完善，以此保持先进性，为法治建设与社会进步持续发挥作用。

九、国家工作人员为什么在就职时需要宪法宣誓？

宪法是国家的根本法，是治国安邦的总章程，具有最高的法律地位、法律权威、法律效力。国家工作人员必须树立宪法意识，恪守宪法原则，弘扬宪法精神，履行宪法使命。为彰显宪法权威，激励和教育国家工作人员忠于宪法、遵守宪法、维护宪法，加强宪法实施，全国人民代表大会常务委员会决定实施宪法宣誓制度。

首先，宪法宣誓可以增强公职人员依法履行职责的观念。贯彻落实宪法权威要重视作为"关键少数"的领导干部的宪法意识和法治观念。他们承担着司法和执法的重要任务。他们能否依法履行职责，直接关系到宪法的权威。对宪法的宣誓就是对人民的宣誓，宣誓的过程就是向人民作出承诺的过程，这意味着宣誓的每一个行为都必须受到宪法的约束，要求宣誓者明白自己享有的一切权力来自人民，切实保护公民的合法权益。同时，宪法宣誓是宣誓效忠国家，认同和遵守宪法，坚持维护宪法尊严，更好地履行国家赋予的职责。

其次，宪法宣誓可以增强人们的宪法情感和法律意识。每个国家工作人员在任职之前都进行宪法宣誓，可以让人民群众了解国家对于广大人民权利保障的重视程度，增强百姓对于国家公职人员的认同感。宪法宣誓同时也是普及宪法知识的有效方式，在此过程中，塑造了宪法文化，让人民群众更为尊重与信仰宪法，从而为以后运用法律而非暴力解决问题打下良好的基础。

最后，宪法宣誓能增强宪法权威。宪法宣誓是履职的前置性必经程序仪式，如果宪法宣誓无效，即意味着履职未获成功，这强化了宪法在国家工作人员心中的地位，进而提升宪法的权威性。在全面推进依法治国，建设社会主义法治国家的过程中，国家工作人员处于重要地位，需要他们忠于党和国家、忠于法律、忠于人民，宪法宣誓意味着对宪法的忠诚和政治的认同。国家是一个统一整体，而宪法作为治国安邦的总章程，在宪法中规定宪法宣誓制度，进行宪法宣誓，形成统一的奋斗目标，能够起到国家统合的作用。

十、法律怎样起到促进经济发展和弥补地区差距的作用？

中国特色社会主义事业进入新时代，我国社会主要矛盾已经转变为人民日益增长的美好生活需要和不平衡不充分的发展之间的矛盾。促进经济发展，弥补地区差距，使社会文明进步的成果惠及更多群众，最终实现协调发展、共同富裕显得尤为重要。实现平衡、充分的发展，必须以法治建设筑牢制度保障。法律对于促进经济发展、弥补地区差距的作用主要体现在以下方面。

首先，法律通过保护公民、法人及其他组织在人身、财产等方面的合法权益促进实现社会的平衡、充分发展。一方面，人民群众是社会历史的创造者，也是生产力发展中最进步的因素；另一方面，只有民众的切身利益得到保护，才能有获得感、幸福感和安全感，进而在获得感、幸福感和安全感的支撑下为社会主义现代化事业而奋斗。因此，法律一方面肯定和支持公民享有合法权益，并随着社会的发展将公民所应当享有的新兴权利纳入其中，如居住权被纳入《民法典》就是最好的典例；另一方面，法律为公民的合法权益排除其他社会主体的不法侵害与公权力的不法干预。通过立法、执法和司法，调节过高收入、取缔不法收入，并积极惩治贪污贿赂、制假售假、涉黑涉恶等为广大群众所深恶痛绝、影响社会稳定与和谐的违法失德行为，为经济社会的充分、平衡发展扫清障碍。

其次，法律对市场主体参与经济活动予以规制，为实现充分、平衡的发展提供了制度防护。缩小区域间发展差距，实现经济健康发展并最终实现共同富裕，公平、有序的市场经济环境是不可或缺的，而这种环境的形成，法治的地位和作用可谓不可或缺。随着改革开放的深入和法律的不断修订和完善，法律不仅体现出对新型市场主体、新型业态的鼓励与帮扶，持续发挥引导市场主体良性运转，迸发创新创业活力的效用，并且也对市场环境中出现的欺诈舞弊、地域歧视、垄断经营和限制竞争等现象予以坚决的制止和制裁，从而为协调区域间的发展、促进市场主体公平与充分竞争进一步铺平了道路。

最后，面对区域的发展不平衡与市场主体情况的千差万别，法律尊重市场主体的积极性与主观能动性，有针对性地分析和解决问题。例如，近年来通过扶贫政策的兜底以及地方性法规因地制宜的引导，再通过实地考察、因地制宜的实践方法以及易地搬迁、产业建设等有效方针的实施，彻底扭转了一些地区深度贫困的旧况，向着共同富裕的宏伟目标迈进了重要的一步。

十一、法的层级与效力是什么？

目前，我国经过长期的法治建设，已形成了以宪法为核心，以法律为主干，以行政法规、地方性法规为重要组成部分，由宪法及其相关法、民商法、经济法、社会法、刑法、程序法等多个法律部门有机统一组合的中国特色社会主义法律体系。

宪法在我国法律体系中处于核心地位，这是由于其规定了国家的存在和运转中最根本、最重要的问题，是亿万人民当家作主的法治保证书以及党和人民为社会主义现代化建设而共同努力的意志的集中体现。宪法具有最高法律效力，任何人都没有逾越宪法的特权，一切法律、法规的制定都必须以宪法为根据，如违背宪法的原则与精神则将归于无效。

基本法律规范在我国法律体系中处于主干地位，主要包括民商法、经济法、刑法、程序法、行政法等。它们所调整的都是国家运行以及公民日常活动中最基本的社会关系，如平等主体之间的交易活动、国家机关的具体职权范围、诉讼中当事人的地位、哪些行为属于犯罪及对应的惩罚措施等等。基本法律由全国人大及其常委会制定，在效力层级上仅次于宪法，其为社会主义建设过程中各项事业有序运行、稳步推进提供坚实可靠的法治保障。

行政法规、地方性法规、部门规章以及地方政府规章是我国法律体系的重要组成部分，这些规范性文件或明确了政府权力与公民权利的边界，或从实际出发，因地制宜对地方社会环境进行治理，对促进社会和谐、经济发展、民族团结以及区域协调发展都具有重要作用，行政法规等规范性文件由国务院及其工作部门、地方各级人大或地方人民政府制定，在各自的职权范围内产生效力。

自治条例、单行条例是我国法律体系的特色组成部分，在民族自治区域内生效，其本质上是我国民族区域自治制度在立法领域的体现。自治条例、单行条例通常由民族自治地方的人民代表大会制定，在内容上体现少数民族的经济、文化、风俗等方面的特点；在符合宪法原则与规定的前提下，自治条例、单行条例的制定可以针对本民族条件而对法律、行政法规和地方性法规予以变通，从而因地制宜地尊重和保护少数民族的生活习惯与社会权利。

十二、法律权利与法律义务是什么？

法律权利是在法规规范中设定或隐含的，通过法律关系得以实现的，主体可凭相对自由的意志获取利益的手段之一。法律权利具有主动性，主体可以在法律规定的范围内进行交换、转移、放弃权利、表达意志等的活动，不受他人干涉，权利主体可以根据其意志选择是否行使或实现特定权利，而不是在法律的强制干涉下被迫去选择。

法律义务是在法律规范中设定或隐含的、通过法律关系得以实现的，主体以相对抑制的方式承受一定的负担，以保障其他主体的权益的一种约束性质的手段。法律义务具有强制性，不论什么情况都必须遵守相关规定，义务主体对于是否履行义务没有选择的权利。例如，我国规定公民均有依法纳税的义务。

法律权利与法律义务相互依存，没有权利的存在，仅设定义务就失去其遵守的基础和动力；没有义务，权利的行使与实现就失去其保障。

首先，不论在什么法律关系中，双方主体一方享有权利，对方会承受相应的义务；其次，在设置权利义务时，人们享有的权利的总量与义务总量大体相等的；最后，法律权利与法律义务在功能上的互动关系表现为法律义务的履行促进法律权利的实现，法律权利的享有也有助于法律义务的积极履行。

十三、怎样理解强制与自由的关系？

法律是国家为规范人们的社会行为而制定的强制性规范。作为一种行为准则，它无疑会给人们的言论和行为增加限制。自由指人依据自己内心的意志进行一定的活动，获得满足的感受并排除外界约束的状态。

首先，自由的矛盾是法律产生的原因。由于自由排除外界干涉，即具有任意性，但在实现自由的过程中，个人的自由很容易侵犯他人的自由，当拥有足够强的控制力时便可以将自由的任意性效力扩大到极致，在此过程中难免就会产生冲突。法律的产生便是基于这样的背景，其是在自由的相互矛盾冲突下发展起来的，这是由于法律具有的特殊性质，法律的强制性为自由的状态提供了强有力的保护外衣。

其次，法律是对自由的约束。自由并不是毫无边界的自由，这种自由是以遵守法律为基础的，这就意味着自由的实现是有条件的。法律为了保障公民的自由不受他人侵害，故而限制其自由，这就集中表现为法律赋予公民相应权利。在法律允许的范围之内，公民可以凭借自己的意志实施相应的行为，不受他人干涉，同时也规定了相应的义务，这种义务实际上是将人们本应享有的自由"扣除"了一部分，使得人们自由减少，法律强制人们根据其规定进行生产生活，不能为了自己的自由而侵害他人权利。由此可见，虽然法律所具有的强制性与自由的任意性有所冲突，但法律避免了人们的自由泛滥，有助于保障他人的自由权利。

最后，法律是自由的保障。自由是一种状态，是个体的内心感受，但自由的边界却很难界定，法律的制定使得这种相对抽象的自由更加具体。在社会生活中，由于主体的多元化，为了追求自身的利益，不同力量的主体之间便会产生纷争与冲突。出于平衡利益冲突的需要，便产生了责任。法律将自由与责任相联结，这里的责任不是指义务，而是指侵犯他人权利之后应承担的不利于自己的后果。所以，自由和权利密切相关，脱离了自由就没有权利可言，离开了权利就没有真正的自由。

十四、道德与法律的关系是什么？

由法律概念可知，法律所反映的是特定社会生活条件下的统治阶级的利益，其最突出的特点是其具有强制力和普遍性，在同一个主权国家中，法律对所有社会成员一律平等，所有的社会成员也都受其约束。法律发挥其功能的方式主要是设定规则，以权利和义务作为内容。法律手段的特点可以总结为强制性，外部性与固有性。

法律在社会中发挥着无可替代的功能与作用。社会成员在面临无法通过自身途径解决的问题时，可能因时间的拖延造成更大损失，于是其选择社会契约的方式，将规章和制度适用于全体成员，这样可以有效且直接地缓解矛盾。我国法律正是源于广大人民群众，是人民群众利益的深刻体现。法律的重要功能之一是通过运用强制性手段来调解社会中相互对立的权力冲突、缓和社会矛盾，以此稳固统治阶级的统治。

道德作为一种意识形态，不能像法律一样直截了当地作用于人的行为，但是道德可通过对于人的情感等因素的内部性控制来发挥作用。我们对于道德的呼吁会有反应，并且对于其他人的道德行为做出认同，道德正是来自社会和人类情感本身，并且随着社会的变迁和人类认知能力的变化而发生变化，所以道德是富有社会性和时空性的，其手段的特点是柔和性与内部性。法律和道德的目的相同，但是手段不同，在手段上恰恰是内部与外部，刚性与柔性的互补关系，这种互补性的基础是二者具有相同的目的或功能，它们需要相互结合才能更好地实现对社会的规范作用。

十五、"法律面前人人平等"的内涵是什么？

我国《宪法》第三十三条规定："中华人民共和国公民在法律面前一律平等。任何公民享有宪法和法律规定的权利，同时必须履行宪法和法律规定的义务。"概括而言就是"法律面前人人平等"，其包含以下两方面内涵。

形式平等是指公民通过法律获得同等待遇，平等行使权利和履行义务，每个人的行为不因性别、职业、国籍等而享有与他人不同的特权。平等待遇、程序正义和权利平等已成为形式平等概念的内在表现。具体内容包括：（1）人人依法平等享有权利，平等履行义务；（2）不存在超越法律的任何特权，任何人、任何组织都必须遵守法律的规定；（3）在国家机关法律适用（司法）过程中，所有公民一律平等，任何违反法律的个人或组织都平等地受到法律的追究，对合法的权利一律平等地进行保护。

实质平等是指事实上的平等，国家在实现形式平等的过程中，有可能会导致实际情况的不平等。针对这种情况，国家会对特定的主体在某些方面（经济或文化等）实施与其他主体不同的制度或政策设定，通过合理的、适当的方式进行必要的区别对待，从实质上为公民的发展提供平等的条件，在实施这些决定与制度的过程中缩小因追求形式平等而带来的实质不平等。我国宪法保护的平等允许存在适当的合理差别，这并不违反"法律面前人人平等"的理念。以人大代表为例，其相对于普通公民，享有特殊的权利，如不受逮捕权与言论自由权，这些权利是人大代表基于代表资格而取得的。如果完全不承认现实生活中客观存在的合理差别，机械地、简单地以平等理念理解和处理各种问题，就有可能导致平均主义，混淆自由与平等的界限。[①]

十六、公民的基本权利和义务是什么?

公民的基本权利，是指公民作为一个国家或社会的成员所应当享有的，有关其公民资格的利益与自由，体现为公民在宪法与法律的框架下有实施或不实施一定行为的自主决定权。我国是人民民主专政的社会主义国家，公民作为社会的主人享有广泛的权利，公民的政治权利在我国宪法规定中处于首要地位，具体包括选举权、被选举权以及出版、言论、结社、游行自由等多方面的政治自由，从而为国民依法有序参与政治生活提供了制度保障。其次，我国宪法还给予保障公民日常生产生活之需要，规定了公民在社会生活方面享有的基本权利，如人身自由、人格尊严、通信自由、劳动权以及休息权等，为公民依法享有社会生活生产中的合法利益、享受社会发展的成果提供了宪法依据，也为公权力的行使与公民权利的享有进一步明确了界限。

公民的基本义务是指公民依据宪法和法律的规定而应当遵守的行为约束，体现为公民在宪法和法律的要求下实施或不实施一定行为的限制或禁止。为维护社会公共利益以及调和个人利益之间的冲突，我国宪法也对公民的基本义务作出了规定。首先，为保护国家的利益和社会的和谐稳定，宪法要求公民做到维护国家统一和各民族的团结，遵纪守法和尊重社会公德，以及维护祖国的安全、荣誉和利益；同时基于社会财富公平分配、营造良好社会人际关系以及促进社会经济发展的要求，宪法还要求公民履行一定的义务——如为维护国家安全和社会经济稳定，要求公民依法纳税和服兵役，同时将劳动和接受教育也规定为公民义务；再比如为促进法治和

---

① 宪法学编写组：《宪法学（第一版）》，高等教育出版社2011年版。

德治相互结合，构建社会文明，宪法和法律要求父母有抚养教育未成年子女的义务，成年子女有赡养扶助父母的义务等。

十七、为什么要"权利本位"而不是"权力本位"？

权利是每一个公民作为国家和社会的成员为满足其生活、劳动所必需而享有并支配的权能与利益，是国民为社会创造价值所应享有的回报；权力与权利相对应，是指在一定的社会中占据统治地位的阶级对国家和社会的各项事务进行管理，领导和控制的能力，主要通过意识形态、国家机器等途径加以实现。建设社会主义法治国家，全面推进依法治国，就必须坚持权利本位，并全面对权力进行制约与管束。

首先，坚持权利本位是对社会发展规律的顺应与尊重。人民群众是社会历史与社会物质财富的创造者，正如孟子所言，"有恒产者有恒心"，因而只有坚持权利本位，充分认可和保障国民所享有的人身、财产、文化等各项权利的实现，才能使人民群众拥有获得感，幸福感与安全感，激发其作为社会主体的创造性与能动性，从而使社会能够实现永续发展、长足进步。相反，如果坚持权力本位，以公权力为中心，忽视群众的利益与诉求，也就必然不利于社会的进步与发展。

其次，坚持权利本位是建设社会主义法治国家的题中应有之义。作为实行社会主义民主制度的国家，我国始终把实现好、维护好、发展好广大人民的根本利益作为一切工作的出发点和落脚点，而只有坚持权利本位，才能使党和国家能够更好地服务于人民，更好地使社会主义事业建设成果惠及大众。同时，为了让权利的行使免遭公权力的不当干预，还有赖于法治建设厘清权利与权力的边界，将权力置于法治的框架之内。

最后，坚持权利本位是解决现阶段主要矛盾的必由之路。中国特色社会主义进入新时代以来，我国社会的主要矛盾已经转变为人民群众日益增长的对美好生活的需要同不充分、不平衡的发展之间的矛盾。对这一矛盾的解决，关注人民群众的利益诉求是关键，而坚持权利本位，把人民群众的利益放在至关重要的位置，是引导和帮助广大人民群众改善生活、享受社会进步所带来红利的基本要求，更是协调利益分配，公平正义，调动社会各界积极奋斗的重要环节。相反，如果以公权力为本位，把广大群众的诉求抛之脑后，社会矛盾也就难以解决。

十八、法律为什么需要不断地修订？

社会存在决定社会意识的性质与样态，社会意识对社会存在具有能动的反作用，此乃社会历史发展的基本规律，正因如此，法律作为社会意识形态的重要组成部分才需要不断修订，从而满足广大群众的需要，服务于社会实践的发展，具体而言，其原因主要包括以下几个方面。

首先，社会的发展与时代的进步向社会和人民提出了新的要求和新的问题。例如我们如何处理好发展、改革与稳定的关系的问题，在不同时期有着不同的回答，过去我们重视经济的发展与人民的富裕，如今随着社会实践的发展，在重视物质文明、经济效益的同时，也要求我们做好基层社会治理，建设生态环境文明，从而实现高质量和可持续的发展。社会实践所提出的新要求，最终还是应为社会民众所知晓并落到实处，这也就需要法律的修订将社会实践的要求转化为国民共同意志，并以此引导社会公众实现社会实践的要求，不断解决发展中的问题。

其次，社会的进步与发展改变了人类的生产、生活方式，产生了新的活动领域与社会关系，拓宽了人与人之间的交往渠道，如互联网技术的进步与普及造就了线上支付、线上交流等新业态。但是任何事物都具有两面性，对于这些新生的社会关系，一方面要予以鼓励和保护，以助其进一步成长；而另一方面，对新生社会关系也必须进行规制和约束，以防其陷入混乱无序的状态，从而产生负面效应。这也就需要法律的进一步修订与完善，将新生的社会关系纳入其中，通过积极引导与必要的约束促进其健康发展。

最后，社会的发展改变了人们的交往方式，人们的关系也变得更加复杂，人民内部矛盾也随之趋于多样化——交流与交易方式的变革，物质利益的分配以及文化习俗的差异等因素都有可能成为人与人之间矛盾的发源点。在社会面临转型的环境下，这些矛盾能否处理好，关系到社会治理的可持续性、民族的凝聚力以及国家的长治久安，对此，就需要法律的修订和完善以平衡和调解人民内部矛盾，在防患于未然的同时为社会的持久发展提供动力保障。

十九、合法集会和非法聚集的区别是什么？

依据我国《宪法》及其相关法的规定，公民享有进行游行、集会、示威的权利，但公民享有这项权利也必须受到宪法和法律的约束。通常来讲，合法的集会活动同非法聚集活动相比，应当具有以下几方面的特征。

首先，合法的集会活动在目的上都是合法的，如庆祝某一活动或理性表达诉求等，这是合法集会与非法聚集活动的首要区别。按照《中华人民共和国集会游行示威法》第十二条的规定，对于存在反对宪法所确定的基本原则、危害国家统一、煽动民族分裂或严重危及公共安全等非法情形的游行集会活动，依法不予许可。

其次，合法集会活动的举行方式都是符合社会秩序和法律要求的，通常合法集会的参与者是基于合法诉求和意愿的表示而参与其中，因而通常使用的是较为安全、合理的集会方式，而不是煽动或蛊惑他人实施违法犯罪活动，更不会对公共生命财产安全及社会秩序产生不良影响。而非法聚集活动为博人眼球、制造影响，通常会使用一些极端、危险、低俗等不合理方式进行，如煽动集会参与人在公共场所绝食、冲击、哄闹等，甚至教唆其实施违法犯罪活动。

最后，合法的集会活动需要按照法定的程序进行。由于集会活动往往会有大量人员参与其中，并占用多处大型公共场所，因此，《中华人民共和国集会游行示威法》对集会活动的审批、参与和组织进行予以严格的管理和约束。举行合法的集会、游行、示威，必须由负责人对整个活动负责；

同时必须依法对口号、路线、起止时间等确定并报有关机关备案；对于国宾下榻处、交通枢纽等重要地段原则上不能举行集会游行活动等。而非法聚集活动往往脱离法律监管，逃避法律规制，在负责人、路线、口号等事项上通常不符合法律规定，具有很强的混乱性与无序性。

总而言之，合法的集会活动受到法律的支持和保护，是合理、合法且具有积极意义的活动，而非法聚集因其违法性、有害性和无序性，不仅不受法律保护，更是要依法受到制裁与取缔。

二十、经济特区的法律与一般区域是一样的吗？

"经济特区"这一概念最早由改革开放的总设计师邓小平提出，其本质是进行经济制度改革试运行，积累深化改革开放的实践经验的地区。经过四十余年的实践，我国已形成了深圳、厦门、珠海等7个经济特区，在改革开放的推进与社会主义事业建设的蓬勃发展中，经济特区越来越成为我国扩大对外开放、与世界交流的窗口与区域经济建设、社会治理的"样板间"。

为使经济特区持久焕发活力，必须对经济特区的建设进行法治保障。因此经济特区的法律制度与其他一般区域的法律制度相比，既有坚持社会主义道路、实现共同发展的共性，也有促进区域繁荣、发挥经济建设模范带头作用的个性。

首先，我国的宪法及其相关法均适用于经济特区以及其他一般区域。宪法是我国的根本大法，规定了国家建设中最根本的问题，因此具有最高的法律效力，经济特区的一切活动必须以宪法及其相关法为根本遵循和最高行动指南。

其次，基本法律规范与国务院制定的行政法规是党和国家带领人民治国安邦的行为准则，也是维护社会稳定和谐的保证书，在全国均具有同等的效力，因此基本法律规范与行政法规无论在我国的经济特区或其他区域都具有普遍通行的效力，经济特区的一切活动原则上按照基本法律规范的要求进行。但是，考虑到经济特区的特殊性，赋予经济特区变通执行国家法律和行政法规、地方性法规的权能，这一点与普通行政区划有所不同——按照《立法法》第九十条的规定，经济特区法规根据授权对法律、行政法规、地方性法规作变通规定的，在本经济特区适用经济特区法规的规定。

最后，国家在立法上保障经济特区的能动性和创造性，经济特区的权力机关及行政机关有权依据本地区的特点制定地方性法规及地方政府规章，一般的行政区域也具有这项权限，但在法规制度的内容上当然有所不同，相比其他地区的地方性立法，经济特区的法规、规章更能体现本地区促进经济发展、引进外资、鼓励创业等方面的政策倾向及环境营造。

二十一、行政机关认为法院的判决不正确，能直接撤销吗？

从宪法和法律的角度来讲，行政机关认为法院的判决不正确，不能直接撤销。

首先，我国《宪法》第一百零五条规定，地方各级人民政府是地方各级国家权力机关的执行机关，也是地方各级国家行政机关，其职责在于执行国家及本地区的法律制度以及履行其权限范围内的社会管理和公共服务职能。根据我国《宪法》第一百二十八条、第一百三十一条的规定，中华人民共和国人民法院是国家的审判机关，其职能的内容在于依照法律规定独立行使审判权，而不受行政机关、社会团体和个人的干涉。由此看来，法院在职权划分上独立于行政机关，二者是各司其职的关系。之所以规定法院行使审判权不受行政机关干涉，一方面是因为有利于确保法院在审理案件时做到中立、客观、公正，防止出现行政机关以权压法、以言代法的乱象，维护法律权威与司法公正；另一方面，法院独立行使审判权有利于减少国家机关之间的推诿扯皮，从而提高司法效率。综上所述，行政机关在认为法院判决有误的情况下"直接撤销"的说法并没有宪法上的依据。

其次，对于法院判决错误的情形，我国的相关法律制度规定了较为完善的错案追究和救济机制。以刑事诉讼法为例，首先对于法院内部而言，对于认为错判的案件，本院院长可以对其提起再审；上级法院与下级法院是监督与指导的关系，在下级法院判决有误的情况下，上级法院也有权提审、指令再审或撤销判决、发回重审。同时，检察院作为我国的法律监督机关，对法院的审判活动负有监督职责，地方各级人民检察院认为本级人民法院第一审的判决、裁定确有错误时有权向上一级人民法院提出抗诉；上级人民检察院对下级人民法院已经发生法律效力的判决和裁定，如果发现确有错误，有权按照审判监督程序向同级人民法院提出抗诉。经由人民检察院抗诉的案件，应当组成合议庭开庭审理或指令再审，人民检察院发现人民法院审理案件违反法律规定的诉讼程序，有权向人民法院提出纠正意见。最后，案件的当事人、利害关系人如果认为已经发生法律效力的判决、裁定等确存有错误的，也可以通过向人民检察院提出抗诉、申请再审、提出上诉或申诉等方式进行救济。综上所述，审判机关、检察机关以及当事人是错案追究和救济的主体，法律并未赋予行政机关"直接撤销"法院错误判决的权限。

最后，行政机关认为法院的判决不正确而"直接撤销"是没有法理依据的，但并不等同于行政机关完全不能参与错案追究和救济。对于涉及其利益的案件，特别是在行政诉讼中，如果认为判决结果有错误或不服判决结果，作为当事人的行政机关可以由其负责人以机关的名义提出上诉或申请再审，对行政机关自身的法律权利进行及时救济。

二十二、人大代表是怎样被选出来的？能被罢免和逮捕吗？

我国采取直接选举和间接选举并用的原则。

不设区的市、市辖区、县、乡、民族乡、镇的人大代表由选民直接选举产生，设立选举委员会，主持本级人民代表大会代表的选举。直接选举的程序见下图：

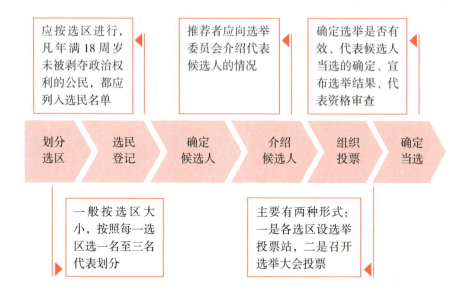

全国人大代表、省、自治区、直辖市、设区的市、自治州的人大代表，由下一级人民代表大会选举产生。间接选举由各级人大常委会主持。选举流程如下：

我国《选举法》第四十六、四十七、四十八条规定，全国和地方各级人大代表受选民和选举单位的监督，选民或者选举单位有权罢免自己选出的代表。

1.对直接选举的代表的罢免

对于县级人民代表大会代表，原选区选民50人以上联名，对于乡级人民代表大会代表，原选区选民30人以上联名，可以向县级人民代表大会常务委员会书面提出罢免要求。县级人大常委会受理罢免案并将罢免要求和被提出罢免代表的书面申辩意见，印发原选区选民，并决定在适当时间召开选民会议。罢免案须经原选区过半数的选民通过。

2.对间接选举的代表的罢免

县级以上的地方各级人民代表大会举行会议的时候，主席团或1/10以上代表联名，可以提出对由它选出的上一级人民代表大会代表的罢免案。在人民代表大会闭会期间，县级以上地方各级人大常委会主任会议或者常委会1/5以上的组成人员联名，可以向常委会提出对由该级人民代表大会选出的上一级人民代表大会代表的罢免案。

向代表大会提出的罢免案，由大会主席团交全体会议表决。向常委会提出的罢免案，由主任会议提交常委会全体会议进行表决。在代表大会或常委会上通过罢免案，需分别经代表大会过半数的代表或常委会过半数的组成人员通过，罢免的决议须报告上一级人大常委会备案。

同时，为保障人大代表依法履行职责，我国《代表法》第三十二条规定："全国人民代表大会代表，非经全国人民代表大会会议主席团许可，在全国人民代表大会闭会期间非经全国人民代表大会常务委员会许可，不受逮捕或者刑事审判。"

第三章　　　法治政府篇

政府是我国的行政机关，享有行政权，行政工作的范围关系到社会生活的方方面面，加深对行政机关相关法律知识的了解，对于开展日常工作、提高政府公信力具有重要意义。本章首先对行政机关的内涵、行政机关的职责和职权，行政法规和地方法规的制定程序、具体行政行为和行政许可等具体的法律规定等基本知识进行简单介绍。下半章紧系时政，主要介绍的是涉及行政执法的较为热点的社会问题，包括何为农村土地的三权分置，如何通过法治实现城市环境保护等话题。基础知识与社会热点相结合，构成本章内容。

一、什么是行政机关？行政机关的职责与职权是什么？

（一）行政机关的内涵

行政机关是指依法行使国家权力、执行国家行政职能的机关。从广义上讲，行政机关是一级政府机关的总称，即国家政权组织中执行国家法律，从事国家政务、机关内部事务和社会公共事务管理的政府机关及其工作部门。从狭义上讲，行政机关仅指政府机关内部的综合办事机构，即办公厅（室），它是在行政首长直接领导下处理各种事务、辅助进行全面管理工作的机构。

行政机关是按照国家宪法和有关组织法的规定而设立的，代表国家依法行使行政权，组织和管理国家行政事务的国家机关，是国家权力机关的执行机关，也是国家机构的重要组成部分。它执行代议机关制定的法律和决定，管理国家内政、外交、军事等方面的行政事务。行政机关是一定行政机构的整体，具有行政主体资格，能独立以自己的名义进行行政活动并独立承担由此产生的法律后果。

按照管辖范围，行政机关分为中央行政机关和地方行政机关。地方行政机关又可分为若干层级。国家行政机关是国家权力机关的执行机关，有权制定行政法规，发布决定和命令等，指导所属各部门、下级国家行政机关、企事业单位、社会团体的行政活动。国家行政机关实行首长负责制与集体领导相结合的原则。只有经法律法规和规章的特别授权，才有行政主体资格，才能以自己名义作出行政行为。

（二）行政机关的职责

1.国务院

国务院作为国家最高行政机关，根据宪法和法律，享有管理全国的行政事务的职权，可以制定行政法规，规定行政措施，发布决定和命令。因此，国务院是行政主体。根据宪法和国务院组织法以及其他法律规范的规定，国务院作为行政主体行使的行政职权可以归纳为以下几个方面：（1）制定行政法规权；（2）领导各级国家行政机关权；（3）领导和管理全国各项行政工作权；（4）国家最高权力机关授予的其他职权。

国务院实行总理负责制。国务院行使行政职权的方式是全体会议和常务会议。国务院总理召集和主持国务院全体会议和常务会议，国务院工作中的重大问题，如制定行政法规，必须经国务院全体会议或常务会议讨论决定。

2.国务院的组成部门

国务院由各部、委和行、署、厅组成。各部、委和行、署、厅作为国务院的工作部门或职能机关，依法对于某一方面的行政事务行使全国范围内的管理权限。国务院组成部门一方面接受国务院的领导和监督，执行国务院的行政法规、决定和命令；另一方面，又可以在法定的职权范围内，就自己所管辖的事项，以自己的名义实施活动，并承担由此产生的责任。因此，国务院的组成部门（各部、委和行、署、厅）是行政主体。国务院各部、委和行、署、厅在行政法上的职权主要有：（1）制定规章权；（2）本部门所辖事务的管理权。

3.国务院的直属机构

国务院的直属机构是国务院直接领导下主办各项专门业务的机构，地位低于各部、委和行、署、厅。直属机构具有独立职权和专门职责，可以在主管事项的范围内，对外发布命令和指示。因此，直属机构可以成为行政主体。

国务院直属机构的职权主要包括：（1）制定规章权；（2）行政事项处理权；（3）裁决争议权。

4.国务院各部、委管理的国家局

国务院各部、委管理的国家局是管理某些专门事项的行政职能部门，由于其管理的行政事务与一些部、委的职能有联系，因而就由相应的部委对其进行管理。这些国家局在其成立时就具有独立的法律地位，依法行使某项专门事务的行政职权。因此，具有行政主体资格。国务院各部、委管理的国家局具有专项行政事务管理权和裁决争议权。

5.地方各级人民政府

地方各级人民政府是地方国家行政机关，管理地方各级所辖范围内的行政事务。

我国地方国家行政机关分为省（自治区、直辖市）、市（自治州、直辖市的区）、县、乡四级。

地方各级人民政府的地位具有双重性：一方面，它是地方国家权力机关的执行机关；另一方面，它是国务院统一领导下的国家行政机关。地方各级人民政府在管辖的地域范围内，依照宪法和有关法律规定的权限，管理本行政区域内的各项行政事务，并依法对自己行为所产生的法律后果承担责任。因此。地方各级人民政府都是行政主体。

地方各级人民政府的法定行政职权主要是：（1）制定地方规章权或发布决定、命令权；（2）本区域内行政事务的管理权；（3）领导和监督本级政府的职能部门和下级人民政府行政工作权。

6.地方各级人民政府的职能部门

地方各级人民政府的职能部门是地方县级以上人民政府根据工作需要

设立的承担某一方面行政事务的组织与管理职能的工作部门。职能部门依照有关法律规定独立享有并行使行政职权，以自己名义作出决定，并承担相应的法律后果。因此，地方县级以上各级人民政府的职能部门具有行政主体资格。

地方县级以上人民政府的职能部门的法定职权主要有：（1）决定和命令的发布权；（2）主管行政事项处理权。

7.地方人民政府的派出机关

派出机关是指由地方县级以上人民政府经有权机关批准，在一定区域内设立的、代表该级人民政府组织与管理该区域内所有行政事务的行政机关。根据有关组织法的规定，派出机关能以自己的名义作出行政行为并对行政后果承担法律责任，实际上履行了一级人民政府的职能。因此，派出机关具有行政主体资格。

派出机关有四种：行政公署，区公所，街道办事处，经济技术开发区设立的管理委员会。

派出机关的职权归纳起来主要是以下两项：（1）就本行政区域内的行政事务依法发布决定和命令；（2）就本区域内的行政事务依法进行行政管理。

综上所述，行政机关的一般职责大体可以概括为以下六方面：（1）保障国家安全；（2）维护社会秩序；（3）保障和促进经济发展；（4）保障和促进文化进步；（5）健全和发展社会保障与社会福利；（6）保护和改善人类生活环境与生态环境。

（三）行政机关的职权

行政机关的职权通常由宪法和法律规定，主要分执行与管理两个方面。

在执行方面，中央行政机关执行代议机关制定的法律和决定，地方行政机关除执行上述法律和决定外，还要执行上级行政机关的命令和本级代议机关的决议。

在管理方面，中央行政机关管理全国的内政、外交、军事等方面的行政事务，而地方行政机关则以管理内政事务为主，不管理外交事务，军事方面的管理事务也很少。

行政机关在执行和管理的过程中，有权作出行政决策，发布行政命令和行政决定，并采取必要的行政措施。我国各级行政机关都实行首长负责制。

行政机关为履行其职责，必须具有相应的职权。职权是职责的保障。根据宪法和组织法的有关规定，行政机关的主要职权一般有下述七项：（1）行政立法权；（2）行政命令权；（3）行政处理权；（4）行政监督权；（5）行政裁决权；（6）行政强制权；（7）行政处罚权。

二、怎样实现依法行政？

党的二十大提出，要扎实推进依法行政，转变政府职能，优化政府职责体系和组织结构，提高行政效率和公信力，全面推进严格规范公正文明执法。

行政机关要做到依法行政，首先，必须加强法规、规章的起草制定，做到有法可依；其次，行政机关行使行政权时，必须要有明确的法律、法规、规章依据；再次行政机关行使行政权时，必须严格依照法律、法规、规章的规定，即必须在法定范围内行使职权，必须依法定内容、程序和形式进行行政活动，必须正确适用法律，不得滥用行政自由裁量权，强化依法行政意识，增强依法行政的紧迫感；最后，对违法的行政行为必须依法追究行为人的责任，并完善监督机制，强化行政监督。具体而言，实现依法行政有以下三个角度的要求。

1.总体要求：按照法律规定的权限和程序行使权力，政府行使权力必须接受人民的监督。坚持全心全意为人民服务的根本宗旨，体现对人民负责的原则。

2.具体要求：合法行政；合理行政；程序正当；高效便民；诚实守信；权责统一。

3.基本要求：（1）加强立法工作，提高立法质量，以严格规范行政执法行为；（2）建立权责明确的执法体制，促使行政权力授予有据、行使有规、监督有效；（3）加强行政执法队伍建设，促进严格执法、公正执法和文明执法不断提高执法能力和水平，并加强干部队伍建设，努力提高法律素质；（4）深化行政管理体制改革，努力形成行为规范、运转协调、公正透明、廉洁高效的行政管理体制。

三、行政法规是什么？

行政法规是国务院为领导和管理国家各项行政工作，根据宪法和法律，按照法定程序制定的有关行使行政权力，履行行政职责的规范性文件的总称。由于法律关于行政权力的规定常常比较原则化、抽象化，因而还需要由行政机关进一步具体化。行政法规就是对法律内容具体化的一种主要形式。行政法规的制定主体是国务院，根据宪法和法律的授权制定、必须经过法定程序制定、具有法的效力。行政法规一般以条例、办法、实施细则、规定等形式组成。发布行政法规需要国务院总理签署国务院令。行政法规的效力仅次于宪法和法律，高于部门规章和地方性法规。

《宪法》第八十九条第一款明确规定：作为最高国家行政机关，国务院可以："根据宪法和法律，规定行政措施，制定行政法规，发布决定和命令。"因此，制定行政法规是宪法赋予国务院的一项重要职权，也是国务院推进改革开放，组织经济建设，实现国家管理职能的重要手段。

行政法规可以就下列事项作出规定：为执行法律的规定需要制定行政法规的事项；《宪法》第八十九条规定的国务院行政管理职权的事项。

行政法规的具体名称有条例、规定和办法。对某一方面的行政工作作比较全面、系统的规定，称"条例"；对某一方面的行政工作作部分的规定，称"规定"；对某一项行政工作作比较具体的规定，称"办法"。

行政法规的基本要求有以下三方面。

第一，根据宪法、法律制定行政法规。宪法、法律没有作出原则或有关规定的事项，国务院不得制定行政法规；即使宪法、法律对有关事项作了规定，但按民主宪政原则不属于行政法规的立法权限范围的不得以行政法规定之；在立法形式上，国务院制定的行政法规应开宗明义地列明其所依据的宪法条款和有关的法律规定。

第二，不得与宪法、法律相抵触。一是行政法规不仅不能与宪法、法律的具体条款相矛盾，而且不能与宪法、法律规定的原则、精神及其隐含的要求相矛盾，尤其在规定行政机关权力和涉及公民权利等立法中，应特别注意这点；二是行政法规与宪法、法律相抵触的形式，既可以是与宪法、法律相矛盾的抵触，也可以是行政法规明显变更宪法、法律规定或者忽略宪法、法律的要求而造成的抵触。

第三，对于行政立法的效力等级。在中国的法律规范体系中，宪法具有最高的法律效力。行政法规的法律效力低于宪法和法律，行政法规的效力高于地方性法规和规章。地方性法规的效力高于本级和下级地方政府规章。省、自治区的人民政府制定的规章的效力高于本行政区域内的较大市的人民政府制定的规章。部门规章之间、部门规章和地方政府规章之间具有同等效力，在各自的权限范围内施行。

四、怎样制定地方性法规？

（一）法律规定

根据《立法法》第六十三条规定，省、自治区、直辖市的人民代表大会及其常务委员会根据本行政区域的具体情况和实际需要，在不同宪法、法律、行政法规相抵触的前提下，可以制定地方性法规。

较大的市的人民代表大会及其常务委员会根据本市的具体情况和实际需要，在不同宪法、法律、行政法规和本省、自治区的地方性法规相抵触的前提下，可以制定地方性法规，报省、自治区的人民代表大会常务委员会批准后施行。省、自治区的人民代表大会常务委员会对报请批准的地方性法规，应当对其合法性进行审查，同宪法、法律、行政法规和本省、自治区的地方性法规不抵触的，应当在四个月内予以批准。

省、自治区的人民代表大会常务委员会在对报请批准的较大的市的地方性法规进行审查时，发现其同本省、自治区的人民政府的规章相抵触的，应当作出处理决定。

根据《立法法》第九十条第二款规定，前款规定以外的其他国家机关和社会团体、企业事业组织以及公民认为行政法规、地方性法规、自治条例和单行条例同宪法或者法律相抵触的，可以向全国人民代表大会常务委员会书面提出进行审查的建议，由常务委员会工作机构进行研究，必要时，送有关的专门委员会进行审查、提出意见。因此，法规之间相互抵触时应以谁为准，必须按程序办理。

（二）制定地方性法规的原则

从《立法法》规定中我们可以得出制定地方性法规应当遵循的原则。

根据《宪法》第一百条规定："省、直辖市的人民代表大会和它们的常务委员会，在不同宪法、法律、行政法规相抵触的前提下，可以制定地方性法规，报全国人民代表大会常务委员会备案。"《地方各级人民代表大会和地方各级人民政府组织法》第七条和第四十三条对宪法的规定作出了补充，规定：省、自治区、直辖市以及设区的市的人大及其常委会，根据本行政区域的具体情况和实际需要，在不同宪法、法律、行政法规相抵触的前提下，可以制定和颁布地方性法规。对于制定地方性法规应当遵循的原则，立法法对宪法和地方组织法的规定进行了重申。

1.根据本行政区域的具体情况和实际需要的原则

地方性法规的特性之一是具有地方性，也就是说，第一，制定地方性法规的主体只能是地方国家权力机关；第二，地方性法规的内容应适应地方的实际情况，解决本行政区域的实际问题；第三，地方性法规的效力只限于本行政区域，超出本行政区域即没有约束力。

在制定地方性法规的过程中，无论是制定执行性的地方性法规，还是在中央尚未立法而先行立法的情况下，都要注意根据本地方的具体情况和实际需要，有针对性地立法。那种在地方立法中贪大求全的倾向，是不可取的。另外，地方性法规所规范的事项，应只限于本行政区域，不能超越这个范围。如有的地方性法规的内容涉及水污染治理的事项，如果水域只限于本行政区域，本地方制定这样的法规无疑是可以的；但如果水域是跨不同的行政区域的，那么一个行政区域的地方性法规对全流域的污染问题作出规定，就是不适当的，即使制定出来，也无法得到执行。

2.不同宪法、法律、行政法规相抵触的原则

宪法是国家的根本大法，法律、行政法规是地方性法规的上位法，制定地方性法规不能同宪法、法律和行政法规相抵触，否则即是无效的。我国宪法规定，中央和地方国家机构的职权划分，遵循在中央统一领导下充分发挥地方主动性、积极性的原则。"不抵触"原则正是在地方性法规与中央立法的关系上体现了上述中央与地方关系总的原则。根据不抵触原则，首先，地方性法规的制定要有利于国家法制统一，只能由法律规定的事项，地方性法规不能涉及；法律、行政法规已经作出规定的，地方性法规不能与之相违背；其次，在地方性法规的制定中，应充分发挥地方立法的主动性和积极性，通过制定地方性法规，结合本地方的具体情况和实际需要，因地制宜，保证宪法、法律和行政法规的实施，同时有针对性地解决地方性事务。对于专属立法权之外的事项，考虑到国家处于改革时期，中央立法不能一步到位的，地方可以先行立法，在总结实践经验后，再上升为中央立法。

（三）地方性法规的备案审查

根据《立法法》第九十八条、《各级人民代表大会常务委员会监督法》第三十一条的规定，行政法规、地方性法规、自治条例和单行条例、经济特区法规、司法解释，应当在公布后三十日内按照规定程序报全国人大常委会备案。备案是审查的前提。制定机关依法、及时将规范性文件按要求报送备案，直接关系后续审查工作的有效开展，也是制定机关自觉接受监督的重要体现。根据全国人大常委会委员长会议通过的《行政法规、地方性法规、自治条例和单行条例、经济特区法规备案审查工作程序》和《司法解释备案审查工作程序》，常委会办公厅具体承担接收备案工作。

根据《立法法》第九十九条、《各级人民代表大会常务委员会监督法》第三十二条的规定，国务院、中央军事委员会、最高人民法院、最高人民检察院和各省、自治区、直辖市的人大常委会认为行政法规、地方性法规、自治条例和单行条例、司法解释同宪法或者法律相抵触的，可以向全国人大常委会书面提出进行审查的要求，由常委会工作机构送有关专门委员会进行审查、提出意见；有关国家机关和社会团体、企业事业组织以及公民认为行政法规、地方性法规、自治条例和单行条例、司法解释同宪法或者法律相抵触的，可以向全国人大常委会书面提出审查建议，由常委会工作机构进行研究，必要时，送有关的专门委员会进行审查、提出意见；有关的专门委员会和常委会工作机构可以对报送备案的规范性文件进行主动审查。

五、怎样制定部门规章？

（一）制定主体

1.部门规章的制定主体

国务院的部委行署、具有行政管理职能的直属机构以及被授权的直属事业单位，可以根据法律和国务院的行政法规、决定、命令，在本部门的权限范围内制定规章。

2.制定权限

部门规章规定的事项应当属于执行法律或者国务院的行政法规、决定、命令的事项。没有上位法依据，部门规章不得设定减损公民、法人和其他组织权利或者增加其义务的规范，不得增加本部门的权力或者减少本部门的法定职责。

（二）制定程序

1.立项

国务院部门有立项决定权，部门内设机构或者其他下属机构提出立项报告。两个或两个以上国务院部门联合立法，已经成为我国行政立法实践中的一种惯常立法形式，在实现法律、行政法规的精细化和可操作性方面发挥了重大作用。与单个部门立法相比，部门联合立法的功能主要体现为实现部门"条条"之间的立法权责整合、防止多部门职责交叉领域立法的碎片化和部门本位主义、提升部门立法的公正性与效率性、节约行政立法成本和减少部门立法冲突、为制定行政法规进行先行制度实验等诸多方面。①涉及两个以上国务院部门职权范围的事项，应当提请国务院制定行政法规或者由国务院有关部门联合制定规章，一个部门单独制定的规章无效。国务院部门可以向社会公开征集规章制定项目建议。国务院部门法制机构应当对制定规章的立项申请和公开征集的规章制定项目建议进行评估论证，拟订本部门年度规章工作计划，报本部门批准后向社会公布。

2.起草

（1）起草主体

部门规章的组织者是国务院部门，部门可以确定规章由其一个或者几个内设机构或者其他机构具体负责起草工作，也可以确定由其法制机构起草或者组织起草。国务院部门应当加强对执行年度规章制定工作计划的领导。关于规章的名称，规章的名称一般称"规定""办法"，但不得称"条例"，法规才可以称"条例"。

（2）征求意见

征求意见的形式包括书面征求意见、座谈会、论证会、听证会等。

社会公布：起草规章，除依法需要保密的外，应当将规章草案及其说明等向社会公布，征求意见。向社会公布征求意见的期限一般不少于30日。

---

① 封丽霞：《部门联合立法的规范化问题研究》，载《政治与法律》2021年第3期。

专业立法：起草专业性较强的规章，可以吸收相关领域的专家参与起草工作，或者委托有关专家、教学科研单位、社会组织起草。

协调意见：涉及其他部门的职责或者与其他部门关系紧密的，起草单位应当充分征求其他部门的意见。

听证会：起草的规章涉及重大利益调整或者存在重大意见分歧，对公民、法人或者其他组织的权利义务有较大影响，人民群众普遍关注，需要进行听证的，起草单位应当举行听证会听取意见。听证会依照下列程序组织。

①听证会公开举行，起草单位应当在举行听证会的30日前公布听证会的时间、地点和内容；

②参加听证会的有关机关、组织和公民对起草的规章有权提问和发表意见；

③听证会应当制作笔录，如实记录发言人的主要观点和理由；

④起草单位应当认真研究听证会反映的各种意见，起草的规章在报送审查时，应当说明对听证会意见的处理情况及其理由。

（3）关于报送

起草单位应当将规章送审稿及其说明，对规章送审稿主要问题的不同意见和其他有关材料按规定报送审查。有关材料主要包括汇总的意见、听证会笔录、调研报告、国内外有关立法资料等。

（4）开门立法

法制机构可以将规章送审稿或者修改稿及其说明等向社会公布，征求意见。向社会公布征求意见的期限一般不少于30日。

3.审查

审查的主体是法制机构。在审查中的征求意见主要有发送征求、实地听取、会议听取或者社会公布与听证等形式。其中，社会公布和听证的条件为第一规章送审稿直接涉及公民、法人或者其他组织切身利益；或者有关机关、组织、公民对其有重大意见分歧；或者起草单位在起草过程中未向社会公布、也未举行听证会的，经过本部门批准，法制机构可以向社会公布，也可以举行听证会。提请审议的程序包括两点：法制机构负责对规章送审稿进行修改，形成规章草案和对草案的说明。规章草案和说明由法制机构主要负责人签署，提出提请本部门/政府有关会议审议的建议。

4.决定

部门规章是由部门的部务会议或者委员会会议决定。并且审议规章草案时，由法制机构或起草单位作说明。

5.公布

公布是由部门规章签署公布。部门规章签署公布后，及时在国务院公报、部门公报和中国政府法制信息网以及在全国范围内发行的报纸上刊载。在国务院公报或者部门公报上刊登的规章文本为标准文本。关于部门规章的施行日期，一般情形应当自公布之日起30日后施行。特殊情形比如涉及国家安全、外汇汇率、货币政策的确定以及公布后不立即施行将有碍行政法规施行的，可以自公布之日起施行。

6.备案

规章应当自公布之日起30日内由制定主体的法制机构报有关机关备案。部门规章应报国务院备案。

7.监督

国家机关、社会团体、企事业组织、公民认为规章同法律、行政法规相抵触的，可以向国务院书面提出审查的建议，由国务院法制机构研究并提出处理意见，按照规定程序处理。国务院部门应当根据全面深化改革、经济社会发展需要以及上位法规定，及时组织开展规章清理工作。对不适应全面深化改革和经济社会发展要求、不符合上位法规定的规章，应当及时修改或者废止。国务院部门可以组织对有关规章或者规章中的有关规定进行立法后评估，并把评估结果作为修改、废止有关规章的重要参考。

六、行政法规失效的原因有哪些?

行政法规的失效是指行政法规失去对所调整对象的约束力。

行政法规失效的原因有以下几种：一是随着新法律法规的颁布实施，相关内容与新法冲突的旧法律法规自动失效。二是新法律法规明确规定自本法实施之日起，旧法律法规失效。三是权力机关进行法律法规清理，对外公布某项法律法规作废。四是法律法规本身规定如果上位法有新规定，从其规定的内容，随着上位法的新规定出现，旧法规根据从其规定的条款适用新法，从而失去效力。五是法律法规据以存在的时代背景或者条件消失，或者其所调整的对象不复存在，或者其使命完成，使法律法规失去了存在的意义，从而自动失效。六是法律法规本身规定了有效期，有效期届满，从而自动失效。

行政法规对国民经济的健康发展和社会的全面进步发挥了非常重要的作用，但同时，随着我国改革开放的不断深入和社会主义民主法制建设的不断发展，有的行政法规已经不能适应经济社会发展形势的客观需要，有的已被新的法律、行政法规所代替，有的适用期已过或者调整对象已经消失。党的十八大以来，国务院共制定、修改、废止行政法规466件次，其中制定56件、修改46件次，"一揽子"修改327件次、废止37件。

七、如何做到健全依法决策机制？

党的十八届四中全会作出的《中共中央关于全面推进依法治国若干重大问题的决定》（以下简称《决定》）对政府法治建设提出了新的要求，其中明确要求进一步健全依法决策机制。《决定》强调，要"把公众参与、专家论证、风险评估、合法性审查、集体讨论决定确定为重大行政决策法定程序"，并建立行政机关内部重大决策合法性审查机制、重大决策终身责任追究制度及责任倒查机制。这些程序和机制不仅有利于降低各级政府的行政决策成本，还有利于抵制在许多地方出现的"政绩工程""形象工程"等问题，推动实现重大行政决策的科学化、民主化和法治化。

（一）重大行政决策的法定程序和机制

1.公众参与

公众参与能使决策事项更好地体现和维护广大公众的切身利益，有助于增强公众对政府行为的信任感，增强对重大行政决策的理解与支持，提高重大行政决策的质量，有利于决策的通过与实施。完善公众参与机制，首先要建立决策信息公开制度。决策者在征求意见时不仅要公开决策内容、决策背景和决策拟解决的问题，要分析决策可能对部分群体利益带来的影响以及减少或消除这些影响拟采取的措施。其次要规范公众参与的方式。公众参与方式主要有听证、公开听取公众意见、展示和咨询、问卷调查、座谈会、实地走访以及微博、微信调查等多种方式。最后要完善公众参与的意见表达和意见反馈机制。包括参与者的申请与审批制度、利益代表的遴选制度、对话协商制度，结果公布与理由说明制度等。决策机关必须把公众意见作为决策的重要参考，对有重大分歧的问题要加强研究论证和协商协调，对公众意见的采纳情况、理由以及政府的取舍意见要及时作出公开回应。

2. 专家论证

随着现代社会、经济和科学技术的迅速发展，决策要解决的问题日益复杂，决策者所承担的职责与他们的知识和能力之间的差距越来越大，要弥补这个差距，就必须从各高校、科研院所和社会各界聘请具有专业技术特长的专家、学者成立专家库或者担任专业技术顾问，把他们的智慧有效地纳入决策过程之中，充分发挥专家的科学论证作用，以促进政府行政决策的科学化。完善专家论证机制，首先要健全专家遴选和评价制度。建立决策咨询专家信息库，详细记录咨询专家的研究领域、工作经历、社会关系以及其他可能影响咨询论证质量的相关事项，为遴选和评价专家的主要依据。其次要完善专家论证运行机制。建立重大决策课题委托专家研究论证制，政府拟定的重大决策事项，可委托专家决策咨询机构开展深入研究，也可由决策部门向社会进行公开招标。进一步探索建立专家参与政府重大决策咨询论证制度、建言献策制度、咨询会议制度，推动专家咨询论证工作制度化。再次要建立专家论证公开制度，通过公开机制促使其客观、独立、科学、负责地提出论证意见。最后要建立专家论证后的评价、反馈、奖励和问责制度，实现对专家论证工作的反馈与监督。

3.风险评估

为从源头上预防和化解社会矛盾，实现科学决策，应把风险评估结果作为制定重大行政决策的重要依据，保证决策者在全面认识决策风险的基础上进行理性判断，未经风险评估的，一律不得作出重大行政决策。

完善重大行政决策风险评估机制，首先应对重大行政决策事项有可能引发的破坏社会稳定、环境、经济等方面的风险，进行可行性、可控性评估，通过先期的预测、评估和化解，努力从源头上预防或者减少风险的发生。其次应完善部门论证、专家咨询、公众参与和专业机构测评相结合的风险评估工作。通过舆情跟踪、抽样调查、重点走访、会商分析等方式，对决策可能引发的各种风险进行科学预测、综合判断，确定风险等级、得出评估意见。再次应通过调查、预测、分析和评估，制定风险应对策略和风险化解处置预案，并研究采取必要的风险防范措施，风险防范的责任和措施落实在决策之前，最大限度地避免决策可能造成的负面影响和损失。最后应细化重大行政决策风险评估程序，规范评估的范围和内容、评估的主体和程序、评估的结果及运用、决策跟踪和责任追究等事项。

4.合法性审查

合法性审查是重大行政决策过程中的必经程序，是防止违法决策的一道防火墙。通过合法性审查可以避免出现法外决策、随意决策、非理性决策等问题，最大限度地降低决策风险和避免决策失误。重大行政决策事项在作出决定前要交由法制机构或者法律顾问进行合法性审查，未经合法性审查或者经审查不合法的，不得作出决策。为保障合法性审查工作的顺利开展，要大力加强政府法制机构建设，健全机构设置，明确工作职责，提供审查保障；没有专门设立法制工作机构的部门应当聘请常年法律顾问，履行合法性审查的职能。进行合法性审查具体而言就是在作出重大行政决策过程中，要预先评估决策是否违反法律、法规、规章及有关政策规定，是否超越法定职权，是否违反法定程序，是否与原有的决策和规范性文件相协调，从而避免决策违法或是相互抵触，保障决策的合法性。

5.集体讨论决定

重大行政决策集体讨论决定制度是为了防止行政领导者独断专横、"一言堂"情况的发生，是保证决策科学化、民主化的一项重要决策制度。

实现重大行政决策集体讨论决定要求建立高效的集体讨论决定程序：一是集体讨论主体要符合法律规定。重大行政决策应当由政府常务会议、全体会议或者部门领导班子会议讨论决定。二是审议过程要充分讨论、逐项表决、共同作出决策决定。承办单位要介绍决策方案及其法律法规政策依据、履行决策法定程序的有关情况、各方面提出的不同意见及研究处理情况等；会议组成人员要充分发表意见，进行民主表决。三是形成会议记录，实现问责监督。行政首长和其他会议组成人员的意见、会议讨论情况和决定应当如实记录，参会人员应根据集体讨论中各自的职责和发表的意见对决策后果承担相应的责任。

（二）重大行政决策的保障机制

1.积极推行政府法律顾问制度

重大行政决策涉及的法律问题往往非常庞杂，因此需要引入专业的法律顾问制度，由政府法制机构组织法律专家学者、专业律师等法律顾问参与政府法律顾问工作，共同为政府决策提供优质、高效的法律服务。

2.建立重大决策终身责任制度及责任倒查

重大行政决策，事关改革发展稳定大局，实际的决策者如果为追求短期政绩，或谋取个人利益，再加上监管监督机制不到位，就容易背离人民群众的需要和科学规律进行决策，出现"政绩工程""面子工程"，甚至产生以权谋私、官商勾结等贪腐问题。对待决策失误，要坚持有错必究、有责必问，不论事发时责任人是在岗在任，还是已经升迁、调转或者离退休，都要一查到底、终身追责。而且，集体讨论决定不能成为决策失误造成损失后不予追究的"挡箭牌"，不管涉及的是一个人还是一个班子，都必须对错误决策承担应有的责任。这就要求党政班子及其成员在进行重大行政决策时不仅要严格按照法定程序来实施，而且还要进行科学评估，充分论证，慎重决策。

八、什么是行政许可？

（一）含义

行政许可，是指行政机关根据公民、法人或者其他组织的申请，经依法审查准予其从事特定活动的行为。设定行政许可，应当遵循经济和社会发展规律，有利于发挥公民、法人或者其他组织的积极性、主动性，维护公共利益和社会秩序，促进经济社会和生态环境协调发展。

（二）特征

行政许可的特征主要有以下几方面。

1.行政许可是依法申请的行政行为。行政相对方针对特定的事项向行政主体提出申请，是行政主体实施行政许可行为的前提条件。无申请则无许可。

2.行政许可的内容是国家一般禁止的活动。行政许可以一般禁止为前提，以个别解禁为内容。即在国家一般禁止的前提下，对符合特定条件的行政相对方解除禁止使其享有特定的资格或权利，能够实施某项特定的行为。

3.行政许可是行政主体赋予行政相对方某种法律资格或法律权利的具体行政行为。行政许可是针对特定的人、特定的事作出的具有授益性的一种具体行政行为。

4.行政许可是一种外部行政行为。行政许可是行政机关针对行政相对方的一种管理行为，是行政机关依法管理经济和社会事务的一种外部行为。行政机关审批其他行政机关或者其直接管理的事业单位的人事、财务、外事等事项的内部管理行为不属于行政许可。

5.行政许可是一种要式行政行为。行政许可必须遵循一定的法定形式，即应当是明示的书面许可，应当有正规的文书、印章等予以认可和证明。实践中最常见的行政许可的形式就是许可证和执照。

从行政许可的性质、功能和适用条件的角度来说，大体可以划分为五类：普通许可、特许、认可、核准、登记。

（三）行政许可的作用

行政许可是国家对社会经济、政治、文化活动进行宏观调控的有力手段，有助于从直接命令式的行政手段过渡到间接许可的法律手段；有利于维护社会经济秩序，保障广大消费者及公民的权益；有利于保障社会公共利益，维护公共安全和社会秩序；有利于控制进出口贸易，保护和发展民族经济；有利于资源的合理配置和环境保护，促进人与环境的和谐、健康、协调发展。

九、什么是行政赔偿？

（一）含义

行政赔偿，是指国家行政机关及其工作人员在行使职权的过程中侵犯公民、法人或其他组织的合法权益并造成损害，由国家承担赔偿责任的制度。

行政赔偿范围，是指国家对行政机关及其工作人员在行使行政职权时侵犯公民、法人或者其他组织合法权益造成损害的哪些行为承担赔偿责任。在国家赔偿规则原则的前提下，行政赔偿范围的确定标准有两项：一是行为标准，即仅限于具体行政行为，不包括抽象行政行为；二是权利标准，仅限于人身权和财产权。

1.侵犯人身权的行为

《国家赔偿法》规定的人身权范围包括生命健康权、人身自由权，即只有在行使行政职权行为违法侵犯公民的人身自由权和生命健康权的情况下，受害人才可以请求国家赔偿。

符合行政赔偿范围的侵犯人身权的行为种类包括两种。第一是侵犯人身自由权的行为，主要有违反行政拘留，限制人身自由的行政强制措施，以及非法拘禁或者以其他方法非法剥夺公民人身自由等情形；第二是侵犯生命健康权的行为，主要包括暴力行为，违法使用武器、警械，以及其他造成公民身体伤害或者死亡的行为。

2.侵犯财产权的行为

《国家赔偿法》规定的财产权限于公民、法人或其他组织的财产权，具体来说包括物权、债权、知识产权、经营权和物质帮助权。

符合行政赔偿范围的侵犯财产权的行为种类包括三种。第一是侵犯财产权的行政处罚，例如罚款、没收、吊销许可证和执照、责令停产停业及侵犯财产权的其他行政处罚。第二是侵犯财产权的行政强制措施，主要包括查封、扣押、冻结、划拨、扣缴等。第三是违法征收征用财产。第四是其他侵犯财产权的违法行为。

（二）国家不承担赔偿责任的情形

国家不承担赔偿责任的情形，是指国家对某些在行政管理过程中发生的损害不承担赔偿责任的事项。主要包括以下几种情况。

行政机关工作人员实施的与行使职权无关的个人行为。公务员以公民的身份实施的行为应当视为其个人的行为，由此而造成的损害引起的赔偿责任应当由个人负责。

由受害人自己的行为致使损害发生的。受害人自己的行为致使损害发生或者扩大的，是对自己的侵权，过错在于本人，后果应当由其个人承担。

国家不承担赔偿责任的其他情形，比如不可抗力和第三人过错。

（三）行政赔偿请求人和赔偿义务机关

行政赔偿请求人是指依法享有取得国家赔偿的权利、请求赔偿义务机关确认和履行国家赔偿责任的公民、法人或者其他组织。受害的公民、法人或者其他组织有权要求赔偿。只要公民、法人或者其他组织认为自己是受害人，并且有初步证据证明是行政机关的行为造成的，按照《国家赔偿法》规定的程序就可以提出赔偿请求。行政赔偿请求人的资格也会发生转移，如果受害的公民死亡，其继承人和其他有扶养关系的亲属有权要求赔偿。

行政赔偿义务机关，是指代表国家处理赔偿请求、支付赔偿费用、参加赔偿诉讼的行政机关。在我国，行政侵权行为人为国家行政机关及其工作人员，赔偿义务机关为行政机关。关于行政赔偿义务机关的确定，由单独的赔偿义务机关、共同赔偿义务机关、法律法规授权的组织、委托的行政机关、行政机关撤销时的赔偿义务机关、经过行政复议的赔偿义务机关等。

（四）行政赔偿的受理程序

对于单独提出赔偿请求的，赔偿请求人当面递交申请书的，赔偿义务机关应当当场出具加盖本行政机关专用印章并注明收讫日期的书面凭证。申请材料不齐全的，赔偿义务机关应当当场或者在5日内一次性告知赔偿请求人需要补正的全部内容。赔偿义务机关应当自收到申请之日起2个月内，作出是否赔偿的决定，赔偿义务机关作出赔偿决定，应当充分听取赔偿请求人的意见，并可以与赔偿请求人就赔偿方式、赔偿项目和赔偿数额进行协商。

赔偿义务机关决定赔偿的，应当制作赔偿决定书，并自作出决定之日起10日内送达赔偿请求人。赔偿义务机关决定不予赔偿的，应当自作出决定之日起10日内书面通知赔偿请求人，并说明不予赔偿的理由。

十、什么是行政补偿？

（一）含义

行政补偿是指行政主体在管理国家和社会公共事务的过程中，因合法的行政行为给公民、法人或其他组织的合法权益造成了损失，由国家依法予以补偿的制度。

（二）行政补偿的主体

第一，法律并不明确规定补偿主体。如《草原法》第三十九条规定：

因建设使用国家所有的草原的，应当依照国务院有关规定对草原承包经营者给予补偿。

第二，有的法律规定国家为补偿的主体。如《农业法》第七十一条规定：国家依法征用农民集体所有的土地，应当保护农民和农村集体经济组织的合法权益，依法给予农民和农村集体经济组织征地补偿。

第三，有的法律规定具体单位（包括行政机关和企事业组织）是补偿主体，由谁补偿比较明确。如《人民防空法》第二十八条规定：任何组织或者个人不得擅自拆除本法第二十一条规定的人民防空工程；确需拆除的，必须报经人民防空主管部门批准，并由拆除单位负责补建或者补偿。又如，《文物保护法》第四十三条规定：依法调拨、交换、借用国有馆藏文物，取得文物的文物收藏单位可以对提供文物的文物收藏单位给予合理补偿。再如，《土地管理法》第三十四条规定：使用其他单位使用的国有土地，原使用单位受到损失的，建设单位应当给予适当补偿。《防沙治沙法》第三十五条规定：因保护生态的特殊要求，将治理后的土地批准划为自然保护区或者沙化土地封禁保护区的，批准机关应当给予治理者合理的经济补偿。

（三）行政补偿的范围和标准

关于行政补偿的范围和标准，有的规定包括人身损害补偿，有的不包括，如《国防法》第五十五条规定：公民和组织因国防建设和军事活动在经济上受到直接损失的，可以依照国家有关规定取得补偿。而《人民警察法》第三十四条规定：公民和组织因协助人民警察执行职务，造成人身伤亡或者财产损失的，应当按照国家有关规定给予抚恤或者补偿。有的规定只补偿直接经济损失，有的没有明确规定，如《水法》第三十五条规定：从事工程建设，占用农业灌溉水源、灌排工程设施，或者对原有灌溉用水、供水水源有不利影响的，建设单位应当采取相应的补救措施；造成损失的，依法给予补偿。《国防法》第四十八条规定：县级以上人民政府对被征用者因征用所造成的直接经济损失，按照国家有关规定给予适当补偿。

（四）行政补偿的原则

第一，规定适当补偿原则。如《防洪法》第四十五条第二款规定：调用的物资、设备、交通运输工具等，在汛期结束后应当及时归还；造成损坏或者无法归还的，按照国务院有关规定给予适当补偿或者作其他处理。

第二，规定合理补偿原则。如《矿产资源法》第三十六条规定：国务院和国务院有关主管部门批准开办的矿山企业矿区范围内已有的集体矿山企业，应当关闭或者到指定的其他地点开采，由矿山建设单位给予合理的补偿。

第三，相应补偿原则。如《海域使用管理法》第三十条规定：因公共利益或者国家安全的需要，原批准用海的人民政府可以依法收回海域使用权。依照前款规定在海域使用权期满前提前收回海域使用权的，对海域使用权人应当给予相应的补偿。

第四，一定补偿原则。如《民族区域自治法》第六十六条第一款规定：国家在民族自治地方开发资源、进行建设的时候，应当照顾民族自治地方的利益，作出有利于民族自治地方经济建设的安排，照顾当地少数民族的生产和生活。国家采取措施，对输出自然资源的民族自治地方给予一定的利益补偿。

十一、行政纠纷的解决方式有哪些？

我国现有的行政纠纷解决方式主要分为复议、诉讼、调解和信访。

（一）行政复议

解决行政纠纷的首要方式便是行政复议，根据《行政复议法》第二条规定，公民、法人或者其他组织认为具体行政行为侵犯其合法权益，向行政机关提出行政复议申请，行政机关受理行政复议申请、作出行政复议决定，适用本法。

行政复议是与行政行为具有法律上利害关系的人认为行政机关所作出的行政行为侵犯其合法权益，依法向具有法定权限的行政机关申请复议，由复议机关依法对被申请行政行为合法性和合理性进行审查并作出决定的活动和制度。行政复议是行政机关实施的被动行政行为，它兼具行政监督、行政救济和行政司法行为的特征和属性。它对于监督和维护行政主体依法行使行政职权，保护相对人的合法权益等均具有重要的意义和作用，是行政纠纷的重要解决方式之一。

（二）行政诉讼

行政诉讼为解决行政纠纷的一种重要方式，根据《行政诉讼法》第二条规定，公民、法人或者其他组织认为行政机关和行政机关工作人员的行政行为侵犯其合法权益，有权依照本法向人民法院提起诉讼。前款所称行政行为，包括法律、法规、规章授权的组织作出的行政行为。

行政诉讼，是指公民、法人或者其他组织认为行使国家行政权的机关和组织及其工作人员所实施的具体行政行为侵犯了其合法权益，依法向人民法院起诉，人民法院在当事人及其他诉讼参与人的参加下，依法对被诉具体行政行为进行审查并作出裁判，从而解决行政争议的制度。它对保障一个国家依法行政，建立法治政府，确保公民、法人和其他组织合法权益免受行政权力的侵害，具有十分重大的意义。

（三）信访

信访也是一种解决行政纠纷的途径，根据《信访条例》第十四条规定，信访人对下列组织、人员的职务行为反映情况，提出建议、意见，或者不服下列组织、人员的职务行为，可以向有关行政机关提出信访事项：（一）行政机关及其工作人员；（二）法律、法规授权的具有管理公共事务职能的组织及其工作人员；（三）提供公共服务的企业、事业单位及其工作人员；（四）社会团体或者其他企业、事业单位中由国家行政机关任命、派出的人员；（五）村民委员会、居民委员会及其成员。对依法应当通过诉讼、仲裁、行政复议等法定途径解决的投诉请求，信访人应当依照有关法律、行政法规规定的程序向有关机关提出。

信访，是指公民个人或群体以书信、电子邮件、走访、电话、传真、短信等多种参与形式与负责信访工作的机构或人员接触，以反映情况，表达自身意见，请求解决问题，有关信访工作机构或人员采用一定的方式进行处理的一种制度，是行政纠纷除法律以外的又一种方式，是一种比较直接的利益表达形式。但是，由于信访的有关信息一般要经过信访办公室工作人员的筛选，然后递交给有关领导、有关机关，所以从这个意义上来讲，也是一种间接的利益表达方式。

（四）调解

调解是指双方或多方当事人就争议的实体权利、义务，在人民法院、人民调解委员会及有关组织主持下，自愿进行协商，通过教育疏导，促成各方达成协议、解决纠纷的办法。根据《行政诉讼法》第六十条规定，人民法院审理行政案件，不适用调解。但是，行政赔偿、补偿以及行政机关行使法律、法规规定的自由裁量权的案件可以调解。调解应当遵循自愿、合法原则，不得损害国家利益、社会公共利益和他人合法权益。

根据法律规定，我们可以得出以下两种适用调解的例外情况：第一，行政赔偿诉讼可以调解。行政赔偿诉讼是在主要法律问题已经解决，行政侵权行为的违法性业已确认的情况下进行的。行政机关对具体赔偿数额问题可以与原告协商，如果原告同意行政机关少赔，则双方可以以调解的方式解决其赔偿纠纷。第二，附带民事诉讼可以调解。行政诉讼附带民事诉讼是行政诉讼的一种特殊形式，其中附带的民事诉讼，与普通民事诉讼无异，因此可以调解。

十二、怎样通过法治实现城市环境保护？

党的十八届四中全会以来，全面深入推进依法治国成为党和国家提升治理水平和能力的基本路径，建设法治国家、法治政府、法治社会构成了建成法治中国的基本内容和实施路径；进一步明确了法治才是国家治理、社会进步、人民幸福的最可靠保障。为此，只有建立起科学合理的城市环境保护法律体系，自觉运用法治思维和方法确保制度的有效运行，城市环境保护问题才能得到根本解决。

城市环境保护是一个需要以立法为前提，以政府为主导，通过当地司法部门、基层自治组织、环境保护组织以及城市居民共同发挥作用的系统工程。新时代要求推进生态文明建设，要用最严格的制度、最严密的法治保护生态环境。而加强环境法治建设既是依法治国的必然要求，也是环境治理的改革方向。我们要通过法治实现城市环境保护，需要做到以下几点。

（一）制定专门的法律法规

从现实环境保护与治理的法治状况出发，制定法律以及专门性的城市环境保护法律法规，将其作为所在城市地区的具体实施规范、条例或办法。

中国早在1973年就颁布实施了《关于保护和完善环境的若干规定（试行草案）》，并于1979年颁布了《环境保护法（试行）》。虽然我国还没有设立独立的环境法律部门，但中国环境立法自改革开放以来已取得了显著成就，特别是2015年新《环境保护法》的实施和《大气污染防治法》等的修订，以及"大气十条""水十条""土十条"等规范性文件的出台，标志着环境法治迈上了新的起点。与此同时，地方政府在环境保护和生态文明建设领域也积极立法，如《广东省环境保护条例》《江苏省大气污染防治条例》等一系列地方环境法律法规的颁布，为全国环境法治的完善提供了重要支撑。

（二）重视城市环境保护相关法律的执法情况。

自党的十八大以来，我国不但强化环境立法，而且也特别重视环境执法，既"督企"又"督政"：针对违规企业，新《环境保护法》实施"按日连续处罚"；针对地方政府，要求不断强化环保约谈和问责、挂牌督察，特别是要自上而下推进中央生态环保督察，而且各个省份已经或正在开展省级环保督察。在大力推进生态文明建设和依法治国的指引下，我国环境法治建设水平不断提升，已成为生态环境保护的重要依托。习近平总书记指出，要"推动绿色发展，建设生态文明，重在建章立制，用最严格的制度、最严密的法治保护生态环境"，要"让制度成为刚性的约束和不可触碰的高压线"。

（三）推进协同治理

在法治框架下，优化政府治理工作，从单一治理走向多元协同治理，实现城乡一体化治理，形成制度保障，发挥制度合力。随着国家治理能力与治理体系建设的现代化推进，社会各界越来越清晰地认识到城市环境治理事业是一项由多元主体协调参与、共同作用的系统工程。同时，从人类环境治理的经验与我国环境治理的基础条件看，政府仍应在该事业中起到引导其他主体积极参与并积极履行自身相应治理任务的作用。城市环境治理是一项投入大、见效慢的长期系统工程，不仅需要从思想认识上提升，而且需要专业人才、先进技术、基础设施等智力、物质上的大力支撑。因此，政府应引导和鼓励其他社会力量参与进来，在加强城市环境治理的基础设施建设的同时，实现政府防控与多元治理的协同模式，明确各方权利义务的内容。在健全城市环境治理法律体系的基础上，建立城市环境治理协同机制，利用政府环境治理平台与基层组织环境治理平台，实现多元主体的信息沟通、协商合作。

（四）发挥环境保护组织的作用

引导环境保护组织重视城市地区的环境问题，鼓励其参与城市环境保护与治理事业，充分发挥其社会性、公益性及专业性的优势，加强对城市环境治理的宣传与监督。环境保护组织以服务性为特征，能够从第三方维度很好地为城市环境治理建言献策。应鼓励这类组织积极参与到城市环境治理中去，在总结经验、吸取教训的基础上，结合城市环境治理现状与特征提供具有实践意义的治理方案。此外，环境保护组织作为非政府组织，与城市居民在众多方面具有天然的契合度，有助于协调政府与居民在环境治理中的利益冲突，以发挥最大的功能，成为基层自治的辅助者、政府的合作伙伴与监督者。

（五）确保环境法治能够推动环保责任主体的积极环保行为

用最严格的制度、最严密的法治保护城市环境的关键是，要扭转环保责任主体的行为，推动其进行积极的环保行为。否则，即使严格落实新《环境保护法》的"按日连续计罚"，也不能从源头上斩断污染的产生。无论是"按日连续计罚"还是生态环保督察，二者都是规制环保责任主体的手段，是推动积极环保行为的工具，其目标皆是防治污染和改善环境质量。通过法治实现城市环境保护，坚决打好污染防治攻坚战，不仅要确保环境法治能够推动环保责任主体的积极环保行为，而且还要确保这些积极的环保行为能够有利于污染防治，有利于生态环境质量的改善。其中，最为显现的积极环保行为就是扩大环保投资、加大环保投入，这也是确保污染防治见效及时的重要基础。

环保投入、环保投资是决定环境质量的重要因素，也是环保责任主体最显现的积极行为指标。生态文明建设是持久战，污染防治是攻坚战，它们都具有时间紧、任务重、难度大的特征，因此我们不能只被动地等待技术创新和升级来实现治污减排，毕竟经济体系的转型升级以及技术创新不可能一蹴而就。我们要把握住"生态文明建设到了有条件有能力解决生态环境突出问题的窗口期"这一战略机遇，贯彻落实全国生态环境保护大会的精神，充分利用改革开放40多年来积累的坚实物质基础，解决突出的环境问题，防范环境风险，抑制污染排放，坚决打好决胜全面小康社会的污染防治攻坚战。因此，处于关键期的生态文明建设既要着力建立健全的生态环境保护长效机制，通过技术创新、绿色发展来减轻环境质量改善的压力，也要着眼于污染防治见效及时的行动举措，推动环保责任主体的积极行为，确保污染防治目标的实现，为环境质量改善奠定坚实的基础。

十三、城市治理的网格化是指什么？

党的十九大提出"加强社会治理制度建设，完善党委领导、政府负责、社会协同、公众参与、法治保障的社会治理体制，提高社会治理社会化、法治化、智能化、专业化水平"的目标。如何在第一时间掌握社情民意、加速高效处理问题、将问题解决在萌芽状态，对党委政府的治理能力是一个很大的考验。基于社会面临的新情况新问题，随着信息技术快速发展进步，网格化管理这种新的社会治理方略应运而生。

网格化管理，是依托统一的城市管理以及数字化的平台，将城市辖区范围内的人、地、事、物、组织五大要素进行全面的信息采集，并按一定的标准划分成单元网格，通过加强对单元网格的部件和事件巡查，建立一种监督和处置的新形式。

习近平总书记深刻指出，面对新形势，新挑战，维护国家安全和社会安定，对全面深化改革、实现"两个一百年"奋斗目标、实现中华民族伟大复兴的中国梦都十分紧要。2020年3月10日，习近平总书记在湖北省考察新冠肺炎疫情防控工作时，对于社区网格化管理遏制疫情蔓延、保障好群众基本生活的工作进行了充分肯定。系统总结网格化社会治理的实践经验，以服务为导向推进基层社会治理创新，不断提升城乡社区治理法治化、科学化、精细化水平具有重要意义[1]。

最早网格化管理模式很大程度上是一种公共管理意义上的实践：缘起于地方政府面对城市治理难题和部门条块分割格局，致力于打造统一的信

---

[1] 陈辉：《城市网格化社会治理的新探索新经验——基于南京建邺的调研》，载《国家治理》，2020年第24期。

息平台指挥系统、监督与管理相分离的管理体制，以及从问题的发现、解决处理直至考核评价的管理闭环。核心目标在于形成一套统一的管理体系，重建政府对特定公共事务的体制、方法和流程。所以这一模式的诞生实质上是一种工具性、技术性追求下的产物。网格化管理正是以技术治理方式为基础，充分利用各种现代信息技术，通过科学的设计规划和精确的执行，提升政府的行动能力和管理的有效性；通过以网格为单位的组织控制和流程管理体系，将城市治理多重功能纳入其中。网格化的城市治理有以下几个方面的特点。

（一）以信息采集和地理编码为技术基础。

信息对于政府而言非常重要，直接为政府决策提供事实上的依据。能否准确地采集信息，根据实际情况动态的更新信息，将各方面信息整合加工，筛选出对政府有用的信息，成为检验政府信息工作的重要参考。所以信息的采集、更新、整合和处理工作对于政府管理和决策而言也就显得至关重要。在网格化管理系统运行中，信息采集处于基础性的地位，网格充当了信息采集的基本单元，成为聚合网格内各类城市部件"身份信息"的数据集聚点，并通过信息终端的配置和数据库技术的打造直接为政府提供网格内的实时数据，通过盘点存量、动态跟踪建立了网格化管理系统运行的基础数据库。据此，政府管理从消防员的"后控制"角色向预警员的"前控制"角色转换，为政府分析基本形势、研判变化趋势，以及动员各种资源应对突发事件提供了数据基础。信息的采集是基础性工作，地理的编码则是为信息采集工作提供配套技术支持。通过将采集到的数据转化为一定格式的文本，记录特定公共事务或管理对象的位置、属性、归属部门等，并通过相应的技术实现对特定管理对象的信息平台显示，从而为政府管理和决策提供基本的数据支持。

（二）以网格为管理的基本单位

政府对公共事务管理的基本单位通常是以既定的行政区划为准，地方政府和相应部门负责对一定区域内各自职责范围内的公共事务进行管理。这种公共管理模式以理性、效率、层级控制为基本特征，摒弃了以人情、裙带关系为特征的传统管理模式，但也有其内在的弊病，尤其在信息科技日益发达、利益诉求多元化、各种突发问题日益增多的新形势下，传统管理模式的弊端不断暴露出来。网格化管理模式在这一背景下进行了创新，划分网格、配备力量、建立管理结构，以网格为单位，实现了对特定公共事务的有效管理。

对网格的理解可以从两个层面进行解读：一个是在物理空间层面。通过设置一定的标准划分物理网格，然后在网格内配备专门力量，并界定网格发现问题、复核问题、采集信息的职能，以责任清单的方式划定了网格员职责，所以在一定程度上网格化管理也是一种责任包干式的管理方式，是对政府责任的进一步明晰和确认，而非简单的将其理解为"保甲"式的管理单元。另一个是在虚拟空间层面。网格并非仅仅是在物理空间上的划分，也是在虚拟空间内作为各类数据信息收集、交换的单元，以及考核评价的依据凭证。总之，网格化管理模式中的网格既是一种管理单位，也是一种信息数据单元，是政府实现对特定公共事务有效管理的基础。从这种意义上来看网格化管理模式并非是对官僚制的否定或推翻，而是一种补充，通过信息技术的利用和组织结构的调整，在既定官僚层级控制的体制下对基层管理单位和信息采集、处理方式的创新。既实现了管理层级的扁平化，也实现了对各类城市管理问题的快速发现和及时处置。

（三）以快速发现问题—处置问题为管理导向

针对任何一项公共事务的管理都要经过发现问题—处置问题的过程，对于政府而言如何快速的发现问题，争取到解决问题的先机，将问题控制在萌芽状态，成为考验政府管理水平的试金石。网格化管理基于精细化管理原则，以信息采集和地理编码为技术基础，以快速发现问题—及时处置问题为管理导向，发展出三条线索：一是建立城市部件分类的标准和框架。

针对不同的城市部件划分成不同的类型，按照分类与分层管理的原则，不同类别和属性的城市部件分别隶属于不同的部门和层级管理；二是将网格力量嵌入网格之中。城市部件的分类和定位是基础，网格内配备了专门力量负责发现问题，由其将发现的城市管理问题通过电子信息渠道直接上传到信息平台。同时网格力量还负责对发现的问题的处置结果进行核实，作为案件结束的标志；三是建立发现到处置的快速通道。网格化管理模式在各类城市部件明确部门归属的基础上，充分发挥条条上的作用，在网格配备的力量发现问题后通过信息平台直接向归属部门派遣任务，建立起从发现问题到处置问题的快速通道。对于无法通过部门手册归类的城市部件，网格化管理模式建立向上级反映或部门协同解决的机制渠道。发现问题和处置问题是考验政府管理水平的两大关键环节，快速发现问题，判断问题爆发的可能性，并对问题作出及时的反应和处置也是政府走向精细化管理的主要动力。网格化管理在快速发现和及时处置上的尝试使其成为走向精细化的重要参考。

（四）以高位监督形成联动枢纽

监管分离问题是公共管理中的一个重要命题。政府对公共事务的有效管理离不开对管理效果的客观评估和考核，囿于现有的管理体制，政府在针对特定公共事务的考核评价难以实现绝对客观公正。网格化管理在这方面作出了尝试，通过打破既有的权力格局，建立两个超脱于各部门利益和权力限制的主体，一个负责对各类公共事务处置的指挥派遣，一个负责实现对各类公共事务的高位监督。一个履行着处置职责，一个承担着监督职能，有效实现了监管分离。这在管理体制上不仅打破了既有的权力格局，而且为快速发现问题和及时处置问题提供了主体保障。这一主体格局的打造不仅是通过实体层面某一部门的专门设置来实现，而且还利用信息平台的建设打破既定的利益格局，使得新的主体不仅承担了发现问题、考核评价的职能，使得指挥派遣和协调行动成为可能，而且成为信息流转的"集散地"。两个主体的打造为下一步构建从发现问题、处置问题到考核评价的管理流程以及各个步骤的责任归属和行为标准提供了基础保障。

（五）以流程再造形成管理闭环

流程再造理论是管理学上的一个重要理论，强调以顾客满意度为目标，重新梳理管理流程，提升运营和管理效果。网格化管理模式在一定意义上确实实现了对管理流程的再造：在发现问题环节主要通过网格及其力量配置和信息平台来实现，在处置问题环节主要通过两个中心的全新打造，责任归属和工作标准的确定来实现，在考核评价环节主要利用网格和信息平台的自动显示来实现。通过这些关键节点的设置，将公共事务的处理过程并联起来，构建了从发现问题、解决问题到考核评价结案归档的管理流程，将网格内出现的矛盾尽可能解决在流程之内。但就严格意义上而言，网格化管理模式并非是对政府管理流程的再造，而是在网格划分和管理组织架构搭建的基础上，充分利用现代信息技术，对特定公共事务的管理流程进行了一定程度的优化。它并未完全打破既定的政府管理流程，而是在原有流程基础上通过管理体制的改造、信息技术的利用进行了完善，其目标管理导向就是快速发现问题、及时解决问题，以及公正客观的考核评价。

十四、政府预算和政府采购的法律监管是怎样的？

（一）政府预算

政府预算，也称国家预算，是政府的基本财政收支计划，即经法定程序批准的国家年度财政收支计划。国家预算是实现财政职能的基本手段，反映国家的施政方针和社会经济政策，规定政府活动的范围和方向。

预算管理包括预算的编制、审查批准、执行和监督。我国有关预算管理的法律主要有宪法、地方组织法、全国人大议事规则、全国人大常委会议事规则、预算法、审计法、全国人大常委会关于加强中央预算审查监督的决定等。

《宪法》规定，国务院行使编制和执行国家预算的职权，全国人民代表大会行使审查批准国家预算的职权，全国人大常委会行使审查批准预算调整方案和监督国家预算执行的职权。全国人大议事规则和全国人大常委会议事规则规定了全国人民代表大会、全国人大常委会、全国人大财政经济委员会和有关专门委员会在预算审查监督中的职责、审查方法和程序。预算法明确了人大、政府、财政部门以及各有关部门、单位在预算编制、预算审批、预算执行、决算审查中的职责、作用和操作程序。

《审计法》规定了进行预算执行情况和决算审计的对象、内容以及职权和程序。全国人大常委会关于加强中央预算审查监督的决定提出，要加强对中央预算的审查监督，并将有关人大进行预算审查监督的条文具体化，明确了全国人大常委会预算工作委员会在预算审查监督工作中的具体职责、任务和有关工作程序。

预算监督分为内部监督和外部监督两部分，预算的内部监督有来自上级主管部门的监督、审计的监督和财政内部的监督等，外部监督主要是来自人大的监督、媒体和民众的监督等。随着市场经济的建立，预算监督向法治化转变，人大立法权对政府行政权形成制约，人大得以发挥其在政府预算编制、执行和决算中的监督作用。与此同时，审计机关也有权对政府及其职能部门财政收支的真实性、合法性和效益性依法进行审计监督；财政部各地监管局、财政部门内部的各监察处室有权监督本级和下级政府及其所属各部门、单位的预算执行情况。另外，随着财政透明度的逐步提高，社会中介机构、公众也开始行使部分监督职责。有权并且能真正对政府预算进行监督的单位和个人越来越多。

市场经济下我国的法治建设得到加强，对政府预算的监管内容更加细致，监管方法也更加规范。人大对预算的监督越来越深入和细化，预算编制前，政府要将预算编制的意图或政策传递给人大，人大的专门委员会也要参与预算编制前财政部门的讨论，在人大会召开一个月前将预算草案提交给人大财经委进行初审，人大会期间常委会成员还可联名提出对特定支出项目的质询，要求相关部门给出相应的口头或书面解释，从而形成一种对政府公共支出决策是否符合民意的事前监督与制约。预算执行过程中，对预算调整（包括增加支出或减少收入）的合规性和合理性进行审查；对季度或半年预算执行情况报告是否按其所批准预算的既定方向执行进行审查；人大还拥有特定问题的调查权，将监督责任落实到具体单位和个人，会针对问题提出明确的处理意见和建议，从而避免权力机关的监督仅成为经验教训的总结。除人大的财政监督外，还有审计机关对政府部门的财政收支的真实性、合法性和效益性依法进行监督；财政部门的监察处室、财政部各地监管局，对本级和下级政府及其所属各部门、单位的预算执行情况的监督。此外，在部门预算改革后，随着预算编制的细化、财政信息透明度的提高，以及人大预算监督权的进一步加强，监督机关不但可以进行比较严格的程序性审查，还可对预算支出决策和预算执行过程开展较为深入的实质性审查[①]。

（二）政府采购

政府采购是指各级政府为了开展日常政务活动或为公众提供服务，在财政的监督下，以法定的方式、方法和程序，通过公开招标、公平竞争，由财政部门以直接向供应商付款的方式，从国内、外市场上为政府部门或所属团体购买货物、工程和劳务的行为。其实质是市场竞争机制与财政支出管理的有机结合，其主要特点就是对政府采购行为进行法制化的管理。政府采购主要以招标采购、有限竞争性采购和竞争性谈判为主。

《政府采购法》由中华人民共和国第九届全国人民代表大会常务委员会第二十八次会议于2002年6月29日通过，自2003年1月1日起施行。2014年8月31日，第十二届全国人民代表大会常务委员会第十次会议作出《关于修改〈中华人民共和国保险法〉等五部法律的决定》对《政府采购法》

---

① 汤凤林，赵攸：《我国政府预算制度变迁与监管创新》，载《财政监督》，2019年第12期。

进行修正。

2017年9月1日开始，除按规定在中国政府采购网及地方分网公开入围采购阶段信息外，还应公开具体成交记录。电子卖场、电子商城、网上超市等的具体成交记录，也应当予以公开。

政府采购监督是指对政府采购的各主体在采购过程中发生的行为进行监督的行为和活动，完整、规范的监督机制是政府采购制度有效实施的根本保证。《政府采购法》第三条规定：政府采购应当遵循公开透明原则、公平竞争原则、公正原则和诚实信用原则。这是政府采购工作应当遵循的基本原则，也是该法立法宗旨的具体体现。深入研究政府采购监督相关问题，具有重要的现实意义。

以监督的时间为准，政府采购监督检查可分为事前监督、事中监督与事后监督全过程监督；以监督对象为准，政府采购监督可以分为对行政机关的监督、对采购代理机构的监督和对供应商的监督；以监督主体为准，政府采购可以分为外部监督和自身监督。按照《政府采购法》，有关政府监督主体包括财政部门、审计部门、依照法律和行政法规的规定对政府采购负有行政监督职责的政府有关部门、社会各界以及监察机关等。

《政府采购法》第五十九条规定，政府采购监督管理部门应当加强对政府采购活动及集中采购机构的监督检查。监督检查的主要内容有：有关政府采购的法律、行政法规和规章的执行情况；采购范围、采购方式和采购程序的执行情况；政府采购人员的职业素质和专业技能等。

政府采购监督分为两个方面：一是合规性的监督，二是有效性的监督。合规性的监督是指对政府采购的项目，政府采购的方法，政府采购的程序是否符合法律制度的规定进行监督。其重点是关注政府采购资金的安全，是否按照规章制度去实施，这应该是政府采购的基本要求；有效性的监督则是在合规性监督的基础上，是一种更高层次的监督，其关注的重点是如何提高政府资金的使用效益，即政府采购资金预算是否科学合理，部门或单位的政府采购项目是否切合实际，政府采购的过程是否顺畅有序，政府采购资金的运作是否高效，是否达到预期的目标等。具体操作可分为以下几点。

1.进行事前有效性的监督

首先要对从事政府采购的部门或单位的政府采购项目进行认真的审核，看其立项的理由、依据、数据是否真实、充分、准确，是否有利于部门或单位的发展需要。为此，政府采购部门要设立一个专门的监督机构，就单位部门的政府采购预算和具体的政府采购项目，要进行具体的调整核实并加以分析。

2.进行事中的有效性监督

即对具体的采购活动进行监督，这就要落实到具体的政府采购执行机构，除了监督政府采购执行机构是否依法按照政府采购程序、政府采购方式，是否公正、公开、公平等合规性监督外。还要注重政府采购质量，看其是否在政府采购的过程中本着同质优价、同价优质的原则，政府采购质量好、符合环保要求的优质商品。还要节约财政资金，尽量做到少花钱多办事。除此之外，还应当对政府采购商品物资的质量进行监督，看其是否达到国家规定的质量标准。

3.进行事后的有效性监督

即建立和形成事后的报告分析制度。主要是进行政府采购活动的绩效分析及信息反馈，为后续安排提供依据、参考和建议。为此，首先要看其是否达到了预期的政府采购目标，这是政府采购活动最基本的要求，更重要的是通过建立一系列的指标考核体系，对政府采购带来的社会效益和经济效益进行分析，通过分析判断本期政府采购规模的合理性、有效性，是政府采购有效性监督的最重要的环节。

十五、基层街道办事处是否享有行政处罚权？

首先，行政处罚是指行政主体依照法定职权和程序对违反行政法规范，尚未构成犯罪的相对人给予行政制裁的具体行政行为。行政处罚特征是：实施行政处罚的主体是作为行政主体的行政机关和法律法规授权的组织；

行政处罚的对象是实施了违反行政法律规范行为的公民、法人或其他组织；行政处罚的性质是一种以惩戒违法为目的、具有制裁性的具体行政行为。

新修订的《行政处罚法》增加第二十四条，规定：省、自治区、直辖市根据当地实际情况，可以决定将基层管理迫切需要的县级人民政府部门的行政处罚权交由能够有效承接的乡镇人民政府、街道办事处行使，并定期组织评估。决定应当公布。承接行政处罚权的乡镇人民政府、街道办事处应当加强执法能力建设，按照规定范围、依照法定程序实施行政处罚。有关地方人民政府及其部门应当加强组织协调、业务指导、执法监督，建立健全行政处罚协调配合机制，完善评议、考核制度。这一规定有利于将行政处罚实施权向乡镇人民政府及街道办事处延伸，提高执法效能。但县级人民政府应当加强监督，完善行政处罚的评议、考核制度，发现问题，及时纠正，确保行政管理相对人的合法权益不受侵害。

党的十八届三中全会做出的《中共中央关于全面深化改革若干重大问题的决定》和党的十八届四中全会作出的《中共中央关于全面推进依法治国若干重大问题的决定》都对深化行政执法体制改革提出要求，并提出推进跨部门综合执法。从上述决定可以看出，行政执法体制改革作为我国行政体制改革的重要组成部分，发展方向包括两个层面：纵向上理顺不同层级政府的事权和职能，减少执法层次；横向上推进综合执法和跨部门执法，整合、减少执法队伍种类。街道办事处是基本城市化的行政区划，下辖若干社区居民委员会和行政村。

街道办事处是市辖区人民政府或不设区的市人民政府的派出机关，受市辖区人民政府或不设区的市人民政府领导，行使市辖区或不设区的市人民政府赋予的行政执法职权，享有一定范围内的行政管辖权。

十六、如何确保信访人的权利不受侵犯，合理诉求得以实现？

现代意义的"信访"是新中国成立以后产生的，虽然"信访权"仍旧没能够在正式的规范性文件中予以明确，但从新中国成立前的《中国人民政治协商会议共同纲领》一直到1982年宪法，都不同程度地对人民的申诉控告权、批评建议权、检举权等做了规定，另外，一些党政机关的规范性文件也都不同程度地对"来信来访"工作做了明确的指示和要求。尤其是1995年和2005年国务院对《信访条例》的颁布和修订，标志着我国将信访工作首次纳入法治建设的轨道，并为现实中错综复杂的信访工作的开展提供了依据。

信访制度已经成为公民参与政治活动一项特别的政治制度，既有着传承传统文化的作用，也有着现实的价值功效。随着我国民主政治的进步，信访制度不断得到完善。从如何使信访人的权利得到保障，合理的信访诉求得以实现的角度出发，应当注意以下几点。

转变信访"人治"观念，建立信访"法治"思维。信访法治化的实现途径，必须树立"法治"观念，转变信访原有的思维模式，维护社会的和谐秩序，必须改变信访"人治"乱象。

十七、行政人员因为错误的行政行为侵犯了当事人的权益，个人需要直接向当事人承担责任吗？

根据《行政诉讼法》第二条第一款规定，公民、法人或者其他组织认为行政机关和行政机关工作人员的行政行为侵犯其合法权益，有权依照本法向人民法院提起诉讼。即提起行政诉讼的前提是存在行政机关及其工作人员实施的行政行为。根据《国家赔偿法》第七条之规定，行政机关及其行政人员行使行政职权侵犯公民、法人和其他组织的合法权益造成损害的，该行政机关为赔偿义务机关。

两个以上行政机关共同行使行政职权时侵犯公民、法人和其他组织的合法权益造成损害的，共同行使行政职权的行政机关为共同赔偿义务机关。法律、法规授权的组织在行使授予的行政权力时侵犯公民、法人和其他组织的合法权益造成损害的，被授权的组织为赔偿义务机关。受行政机关委托的组织或者个人在行使受委托的行政权力时侵犯公民、法人和其他组织的合法权益造成损害的，委托的行政机关为赔偿义务机关。赔偿义务机关被撤销的，继续行使其职权的行政机关为赔偿义务机关；没有继续行使其职权的行政机关的，撤销该赔偿义务机关的行政机关为赔偿义务机关。

因此，根据《国家赔偿法》第五条之规定，行政机关工作人员与行使职权无关的个人行为，国家不予赔偿，赔偿义务机关不承担责任。相反，行政人员实施的行政行为造成损害的，应当由赔偿义务机关承担责任，而无须个人向当事人承担责任。

十八、为什么需要听证程序？

听证程序对于查清案件事实、公正合理地实施行政处罚具有至关重要的地位。听证制度，属于行政程序中的基本制度，是指在法律规定的条件下，由非本案调查人为主持人，采用准司法的方式听取利害关系人的申辩的制度。《行政处罚法》第六十三条规定，行政机关拟作出下列行政处罚决定，应当告知当事人有要求听证的权利，当事人要求听证的，行政机关应当组织听证：（一）较大数额罚款；（二）没收较大数额违法所得、没收较大价值非法财物；（三）降低资质等级、吊销许可证件；（四）责令停产停业、责令关闭、限制从业；（五）其他较重的行政处罚；（六）法律、法规、规章规定的其他情形。当事人不承担行政机关组织听证的费用。

听证包括司法听证、立法听证和行政听证以及信访听证，指有关国家机关在作出决定前，以及有些做出的决定实施后利害关系人觉得不公正的，为使决定公平、公正、合理，广泛听取利益关系人意见的程序。听证的内涵是听取当事人的意见，听证的外延涉及立法、执法和司法三大领域。

听证制度是公共组织特别是政府组织在作出涉及公众或公民利益的

决策时，以及决策执行后利害关系人觉得利益受到了侵害的，听取利害关系人、社会各方及有关专家的意见的一种必要的、规范的公共决策咨询和评判机制。

随着我国市场经济的发展及民主政治的进步，听证作为保护利益关系人合法利益、加强决策透明度、保证决策公平、公正的一项制度，被日益广泛地运用于国家生活的各个方面，发挥着重要作用。

第四章　　公民生活篇

一、怎样认识《民法典》?

（一）怎样理解颁布实施《民法典》的重大意义?

2020年5月28日，《中华人民共和国民法典》正式公布。这不仅意味着中国法治建设取得里程碑式的成果，还标志着中国自此迈入"民法典时代"。这部体现中国人民意愿、反映中国特色社会主义精神的民法典，内容翔实、丰富、科学，被誉为"公民生活的百科全书"。民法典的实行，对于党和国家乃至人民都具有十分重大的意义，正如习近平总书记指出："民法典在中国特色社会主义法律体系中具有重要地位，是一部固根本、稳预期、利长远的基础性法律，对推进全面依法治国、加快建设社会主义法治国家，对于发展社会主义市场经济、巩固社会主义基本经济制度，对坚持以人民为中心的发展思想、依法维护人民权益、推动我国人权事业发展、对推进国家治理体系和治理能力现代化，都具有重大意义。"

第一，民法典的颁布具有重要的政治意义。民法典作为国家治理体系现代化的制度保障，全面且协调地推进了我国"五位一体"总体布局和"四个全面"战略布局。党的十八大以来，党中央为了顺应时代发展潮流、满足人民的热烈期待，高度重视民法典的编纂工作，《民法典》以习近平新时代中国特色社会主义思想为指引，体现宪法精神，反映人民意志。他的诞生对全面推进国家治理体系和治理能力现代化具有重大意义。

第二，《民法典》在维护公民合法权利方面发挥着主导作用。从编纂到最后表决通过，从目的到主要内容，《民法典》都始终秉持人民主体这一指导思想，体现了人民性的特质。从体系上来看，对民事权利的保障是民法典结构的中心线。例如，对民事主体资格进行完善，承认了非法人组织的民事主体地位，使其具有合法的身份地位，能够与其他主体一起平等地参与民事活动与社会治理中，从而在主体制度方面完善了公民权利保护。再比如物权编中增加的居住权，加强对公民住房权益的保障，有利于充分保障民生。《民法典》对公民日常生活息息相关的问题作出了立法规范，因此被誉为"人民权利的宣言书"，也进一步体现了新时代以人民为中心的发展思想。

第三，《民法典》有助于弘扬社会主义核心价值观。党的十八大将社会主义核心价值观凝练成了24个字，《民法典》也顺应时代融合了社会主义核心价值观的全部要义和精神内涵。首先，在《民法典》的第一条就明确规定了《民法典》的立法目的之一就是弘扬社会主义核心价值观。此外，《民法典》规定的诚实信用、公序良俗、绿色原则等无不体现了社会主体核心价值观。具体来看，《民法典》中规定了树立优良家风的内容：家庭应当树立优良家风，弘扬家庭美德，以优良家风带动社会和谐之风，在制度层面对于弘扬核心价值观中的和谐给予保障，在国家法律层面深刻有力地推动了社会主义核心价值观的贯彻。

（二）《民法典》都包含哪些内容？

《民法典》全文共七编，1260条，内容构成主要分成两部分，第一部分是统筹的总则编，第二部分是具体的分则编。总则编规定了民事活动的一般原则和基本规定，在《民法典》中起统领性作用，具有私法基本法的地位。分则编共有六编，分别是物权、合同、人格权、婚姻家庭、继承、侵权责任。每一编都将一般规定说明在前，随后再根据分编的内容继续细化分类。内容翔实，几乎囊括了人们所有的民事活动。公民几乎所有的民事法律行为都能在《民法典》中找到依据。真正使居民可以"生活在民法中"。

（三）《民法典》中包含哪些重要原则

民法基本原则是民事主体从事民事活动和司法机关进行民事司法活动

应当遵循的基本准则，《民法典》中明确规定了平等原则、自愿原则、公平原则、诚信原则、守法与公序良俗原则以及绿色原则。体现了民事立法者追求的基本价值观念以及意图构建的理想社会生活蓝图。

《民法典》第四条规定："民事主体在民事活动中的法律地位一律平等。"这里的平等范围仅限于民事活动中，是指"法律地位"的平等，而非实质平等。在司法实践中，往往以形式平等为核心，兼顾实质平等。

《民法典》第五条规定："民事主体从事民事活动，应当遵循自愿原则，按照自己的意思设立、变更、终止民事法律关系。"自愿原则具体体现为婚姻自由、合同自由、遗嘱自由等。体现了市场经济的要求。

《民法典》第六条规定："民事主体从事民事活动，应当遵循公平原则，合理确定各方的权利和义务。"公平原则要求当事人进行民事法律行为的内容应当公平合理。但其并不具有直接适用性，即使双方当事人权利义务分配不公，司法机关也无权适用公平原则来改变民事法律行为的内容，否则就是违背了意思自治原则。所以对于公平原则的规定是分情况设置不同的具体规则，例如在合同编中对于民事法律行为成立时显失公平的，赋予一方当事人请求法院变更或者解除合同的权利。

我国《民法典》第七条规定："民事主体从事民事活动，应当遵循诚信原则，秉持诚实，恪守承诺。"该原则具体包含两层含义：一是当事人在行使自己权利时不得损害他人的利益，秉持诚实观念。二是当事人在履行义务时应当严格认真、恪守承诺。诚实信用原则也有许多具体体现，例如，"合同编"规定的缔约过失责任，明确了当事人之间负有相互告知等先合同义务。

《民法典》的第八条规定："民事主体从事民事活动，不得违反法律，不得违背公序良俗。"其中公序是指公共秩序，良俗是指善良风俗。该原则体现了对社会公共利益的保护，一般与道德规范与法律后果联系在一起。此外，由于公序良俗的界限比较模糊，依赖法官的主观判断，实际上赋予了法官自由裁量权，因此该原则只能在法律没有规定时才能考虑适用。

《民法典》第九条规定：民事主体从事民事活动，应当有利于节约资源、保护生态环境。绿色原则入典回应了习近平总书记提出的加强生态文明建设、寻求人与自然和谐相处的要求，既符合我国天地人和的传统文化观念，又彰显了新发展理论的内涵。要求民事主体从事民事法律活动应当有利于节约资源、保护环境，唤醒公民的环保意识，遵守具体的环保规则，从事正确的绿色民事行为。

二、什么是自然人？什么是法人？

《民法典》将行使民事权利主体和承担民事义务主体分为自然人、法人和非法人组织，是基本的民事主体。自然人是与法人相对应而出现的概念，是指依自然出生而取得民事主体资格的人，是《民法典》中规定的具有权利能力和行为能力的抽象意义上的个人，与自然界中的个人不同，是被民事法律规范人格化了的统一体。自然人概念与公民的概念不同，公民是宪法上的概念，是指具有该国国籍、按照该国法律享有权利和承担义务的人，属于公法层面。在此概念下外国人不具以及无国籍人不能称之为该国的公民，但可以成为该国私法的主体，民法上的"自然人"可以进行经济活动，享有民事权利，承担民事义务，享受该国私法的保护。我国《民法典》对于自然人的内容规定在第二章。

《民法典》第五十七条规定，法人是具有民事权利能力和民事行为能力，依法独立享有民事权利和承担民事义务的组织。由此可见，法人是一定的组织、单位或者机构在法律上的人格化，是自然人用以更好地实现自我目的的法律工具。法人与自然人不同，它的民事权利能力与民事行为能力始于法人成立，终于法人消灭，法人当然也不具备自然人享有的隐私权、肖像权等一系列人格权益。为了更好地使法人参与经济活动，民法创设了法定代表人这一概念。法定代表人是指依照法律或者法人章程规定，代表法人从事民事活动的负责人。在法人的日常经济交往中，法定代表人以法人的名义，从事职务行为，产生的法律后果，由法人承受，法人则以全部财产独立承担民事责任。关于法人的相关内容规定在《民法典》的第三章中。

三、什么是人身权利和财产权利？

《民法典》的调整对象是人身关系和财产关系，基于此，民事权利分为人身权利和财产权利两大类。人身权利是随着自然人出生而当然享有的权利，不以人是否具有独立意识为产生条件，是客观存在的，具有不可转让性，是人的专属权利。我国《民法典》创造性的增加了人格权编，其中第九百九十条规定："人格权是民事主体享有的生命权、身体权、健康权、姓名权、名称权、肖像权、名誉权、荣誉权、隐私权等权利。除前款规定的人格权外，自然人享有基于人身自由、人格尊严产生的其他人格权益。"列举了人格权的种类。体现了我国法律对人身权利的重视和保护。

与人身权利相对存在的是财产权利，它是指人对特定的财产占有、使用、收益以及处分等权利。财产权利是关乎个人如何发展、如何更好地生存的权利，以财产利益为内容，并直接体现财产利益。我国《民法典》规定的财产权利包括物权、债权、继承权以及知识产权中的部分财产权利，具有可转让性。通过财产权利的行使，民事主体在社会经济生活交往中各取所需，各尽所用，从而推动了社会的发展。总之，人身权利和财产权利相辅相成，共同构成《民法典》对民事主体以及民事权利的保护体系。

四、无民事行为能力人和限制民事行为能力人，所做行为没有法律效力吗？

无行为能力人和限制行为能力人是针对自然人而言的。

无民事行为能力人，是指不具有以自己独立的意思表示进行民事法律行为的能力的自然人。包括两类：不满八周岁的未成年人；完全不能辨认自己行为的自然人。限制民事行为能力人，是指不具备完全辨认或控制自己行为能力的自然人，包括八周岁以上十八周岁以下的未成年人和不能完全辨认自己行为性质的成年人两类群体。无民事行为能力人、限制民事行为能力人的监护人是其法定代理人。

根据我国《民法典》的规定，对于无民事行为能力人所为的民事法律行为，一律规定为无效。即便是纯获利益的民事法律行为，亦不可由无民事行为能力人单独实施，只能由法定代理人代替其接受。

限制民事行为能力人实施民事法律行为由其法定代理人代理或者经其法定代理人同意、追认。出于保护个体意志自由与便利社会生活的考虑，《民法典》同时规定，限制民事行为能力人可以独立实施纯获利益的民事法律行为或者与其年龄、智力相适应的民事法律行为。在认定效力的时候，需要考虑限制行为能力人的财产利益、对行为的理解程度和市场交易信赖利益，侧重对限制民事行为能力人的保护。较为典型的焦点事件，近些年"青少年天价打赏"事件频频发生，在数额巨大而没有经过法定代理人同意或者追认的情况下，可以要求平台予以退款。

无民事行为能力人、限制民事行为能力人造成他人损害的，由监护人承担侵权责任。监护人尽到监护责任的，可以减轻其侵权责任。有财产的无民事行为能力人、限制民事行为能力人造成他人损害的，从本人财产中支付赔偿费用。不足部分，由监护人赔偿。

五、代理人能代理哪些行为？

代理人是以被代理人名义进行代理活动的人。代理人在代理权限内，以被代理人名义实施的民事法律行为，对被代理人发生效力。代理人根据性质可以分为法定代理人和委托代理人。两者的性质地位不同、代理权限范围也不同。

根据我国民法和民事诉讼法的有关规定，法定代理人是无民事行为能力人、限制民事行为能力人的监护人，他的代理权限是直接根据法律规定而产生的，范围非常广，例如，法定代理人可以代理被代理人签订合同，管理被代理人的财产，等等。在民事诉讼活动中，法定代理人是代理无诉讼行为能力的当事人进行诉讼，直接行使诉讼代理权的人。法定代理人行使的是全权代理，其法律地位相当于当事人，其代理权限不受限制，可以行使被代理享有的全部权利，例如，改变、撤销诉讼请求，承认对方的诉讼请求，等等。但是法定代理人的代理权限不是无穷大的，在诉讼过程中法定代理人也不能直接等于被代理人。例如，未成年人的财产由其监护人代为管理，但监护人的行为造成其财产损害时，未成年人依法享有追偿权利；虽然在诉讼过程中，法定代理人的法律地位相当于当事人，但实体权利和义务的承担者仍然是当事人，而不是法定代理人。

委托代理人是指按照被代理人的委托行使代理权的人。可以是公民也可以是法人，当委托代理人是公民时，他必须具有相应的民事权利能力。当委托代理人是法人时，所受托的事项必须符合其经营宗旨和业务范围。委托代理人的代理事项受被代理人委托的限制，《民法典》第一百六十五条规定："委托代理授权采用书面形式的，授权委托书应当载明代理人的姓名或者名称、代理事项、权限和期限，并由被代理人签名或者盖章。"由此可知，代理人只有在被代理人委托的范围内实行的代理行为才对被代理人产生法律效果。并不是所有的授权行为都可以由代理人代为实行，根据《民法典》的规定依照法律规定、当事人约定或者民事法律行为的性质，应当由本人亲自实施的民事法律行为，不得代理。例如，结婚登记、上课等行为就不得进行代理。

六、超越了代理权的行为一定无效吗？

《民法典》第一百六十二条规定："代理人在代理权限内，以被代理人名义实施的民事法律行为，对被代理人发生效力。"由此可见，代理权限范围，是被代理人是否需要对代理人的行为承担后果的界限。但是，为了保护相对人的信赖利益以及便利交易，法律规定代理人实行的超越代理权的行为并不必然无效，在一些情况下，仍然有效。

根据《民法典》第一百七十一条的规定："行为人没有代理权、超越代理权或者代理权终止后，仍然实施代理行为，未经被代理人追认的，对被代理人不发生效力。"由此可知，上述情况下发生的代理行为，在代理人追认之前，并不是无效行为，而是效力待定的民事法律行为，此时，相对人可以催告被代理人予以追认，期限为收到通知之日起的30日内。善意相对人还享有撤销权。这些规定都体现了法律对于市场交易鼓励的态度。

超越代理权的代理行为有效的另一种情形是表见代理。表见代理，指虽然行为人事实上无代理权，但相对人有理由认为行为人有代理权而与其进行法律行为，其行为的法律后果由被代理人承担。是我国民事法律规则中较为特殊的一项制度。属于广义上的无权代理，出于保护市场交易安全、信赖利益的目的，表见代理依然使代理行为发生效力。该制度顺应了商品经济高速发展的时代要求，并在《民法典》中得到进一步完善。

表见代理需要代理人在无权代理的情况下形成了代理权的外观表象，并且要求善意相对人在主观上是善意的且无过失，即相对人相信此代理权的外观表象。代理权的外观表象是由于被代理人造成的，而善意相对人的善意无过失是信赖合理性的体现，此种主客观要求不能简单判断，需要更为综合考量。例如，通常认为企业的印章往往具有很强的表象力，印章往往也是代理人有用合法代理权的直接有效证明，一些企业在解聘业务员后未及时收回合同印章或者未及时告知外界已将代理权收回，导致相对人给予对印章的信赖，与失去代理权的被代理人签订合同，此合同法院一般判定有效，被代理的企业仍需按照合同履行义务。该制度平衡了代理人与相对人之间的利益，以维护交易机制的安全与便捷为出发点，从而有利于市场经济信赖机制的构建。

七、什么是宣告失踪和宣告死亡？

宣告失踪，是指法院根据利害关系人的申请，依法宣告下落不满一定期限的自然人为失踪人，以确定其财产关系的一种制度。《民法典》第40条规定，自然人下落不明满两年的，利害关系人可以向人民法院申请宣告该自然人为失踪人。下落不明的时间由其失去音信之日起计算。宣告失踪后，失踪人的财产由财产代管人代管。宣告死亡又称为推定死亡，是指自然人失踪达到一定期限后，由利害关系人申请，法院宣告该自然人死亡，结束生前一系列的民事法律关系的一种制度。《民法典》第四十六条规定，可以申请宣告死亡的情形包括，下落不明满四年，因意外事件下落不明满二年，其中因意外事件下落不明，经有关机关证明该自然人不可能生存的，申请宣告死亡不受二年时间的限制。宣告死亡后，宣告死亡人的婚姻关系解除，财产根据有关继承法律的相关规定处理。失踪人和宣告死亡人重新归来后，财产代管人和继承人应返回财产。此外，《民法典》中还规定，若利害关系人中既申请宣告失踪，又有人申请宣告死亡的，符合宣告死亡标准的，法院应宣告死亡。

八、宣告死亡的人被证实没有真正生理死亡，会产生哪些法律后果？

宣告死亡是法律拟制上的自然人死亡，如前文所述，自然人经法院宣告死亡后会发生一系列与之相关的人身关系和财产关系变动。在人身关系方面，宣告死亡人与其配偶婚姻关系，自死亡宣告之日起消除，其子女可以依法被收养。在财产关系方面，宣告死亡人的财产根据法定继承的规定，发生相应的继承，等等。

宣告死亡的人被证实没有真正生理死亡，在现实生活中时常发生。例如，一些外出打工人员一旦与家人在较长时间内失去联系，条件成就后，其配偶或者相关利害关系人可以向法院申请认定宣告死亡，多年之后，打工人员重新出现，也即"亡者归来"。这时根据《民法典》第五十条的规定，本人或者利害关系人向法院申请，应当撤销死亡宣告，先前发生变动的财产关系与人身关系也将作出相应的调整。

在人身关系方面，《民法典》第五十一条规定："被宣告死亡的人的婚姻关系，自死亡宣告之日起消除。死亡宣告被撤销的，婚姻关系自撤销死亡宣告之日起自行恢复。但是，其配偶再婚或者向婚姻登记机关书面声明不愿意恢复的除外。"这就表明，死亡撤销后，婚姻关系自行恢复，无须本人或者其配偶的申请，也无须经过法院的宣告，但配偶再婚或者向婚姻登记机关书面申请不愿意恢复婚姻关系的不包括在内。此外，现实中还有一种情况，也不能视为婚姻关系自行恢复。例如，刘某于1995年失踪，其妻张某于2001年申请宣告其死亡，法院依法作出宣告刘某死亡的判决。张某于2005年与赵某结婚，后赵某于2008年死亡，2010年3月刘某又回到家中，刘某的死亡宣告撤销。在这种情况下，刘某与张某的夫妻关系也不能自行恢复。此外，根据《民法典》第五十二条的规定，被宣告死亡的人在被宣告死亡期间，其子女被他人依法收养的，在死亡宣告被撤销后，不得以未经本人同意为由主张收养行为无效。其收养关系是否解除，可以通过协商决定。

在财产关系方面，根据我国《民法典》规定，被宣告死亡人财产被继承的，本人有权请求取得他的财产的公民或者组织返还财产。取得他的财产的公民或者组织，应当返还原物；原物没有保存的，给予适当补偿。

最后，自然人被宣告死亡但并未真正生理死亡的，自然人在被宣告死亡期间实施的民事法律行为的效力仍然认定为有效。此种规定，最大限度地保护了被宣告死亡人的人身权利和其他财产权利。

九、什么是诉讼时效？

诉讼时效是指民事权利受到侵害的权利人在法定的时效期间内不行使权利，当时效期间届满时，债务人获得诉讼时效抗辩权。《民法典》规定，权利人向人民法院请求保护民事权利的诉讼时效为三年，法律另有规定的除外。《民法典》中还对诉讼时效的中止中断以及延长情形作出了规定。在诉讼时效期间内，权利人提出请求的，人民法院就强制义务人履行所承担的义务。期限届满后，权利本身及请求权并不消灭，只是在权利人行使请求权的，人民法院就不再予以保护。具体指当事人超过诉讼时效后起诉的，人民法院应当受理。受理后，如另一方当事人提出诉讼时效抗辩且查明无中止、中断、延长事由的，判决驳回其诉讼请求。如果另一方当事人未提出诉讼时效抗辩，则视为其自动放弃该权利，法院不得依照职权主动适用诉讼时效，应当受理支持其诉讼请求。诉讼时效的规定是为了防止权利人消极对待权利，避免因时间过长导致证据毁损灭失等情况出现，有助于社会的发展和秩序的维护。

十、什么是知识产权？

知识产权，也称为智力成果权，是指人们就其智力劳动成果所依法享有的专有权利，是国家赋予创造者对其智力成果在一定时期内享有的专有权或独占权。其本质上是一种无形财产权，它的客体是智力成果或者知识产品。知识产权属于民事权利，受国家法律保护。

根据《民法典》第一百二十三条规定："民事主体依法享有知识产权。知识产权是权利人依法就下列客体享有的专有的权利：（一）作品；（二）发明、实用新型、外观设计；（三）商标；（四）地理标志；（五）商业秘密；（六）集成电路布图设计；（七）植物新品种；（八）法律规定的其他客体。"

其中，传统知识产权是上述的前三项，分别是著作权、专利权和商标权。其后的为新兴知识产权类型。著作权又称版权，是指自然人、法人或者其他组织对文学、艺术和科学作品依法享有的财产权利和精神权利的总称，主要包括著作权及与著作权有关的邻接权。专利权，也称之为工业产权，是发明人或者权利人对于某一发明在一定时期内享有的独占实施权，包括发明、实用新型、外观设计三种类型。商标权，是指商标所有人对其商标所享有的独占的、排他的权利。实际上是因商标所有人申请、经国家商标局确认的专有权利，即因商标注册而产生的专有权。商标权的内涵是保护商标标识所体现的商誉。地理标志主要用于鉴别某一产品的产地，即是该产品的产地标志。商业秘密是指不为公众所知悉、具有商业价值并经权利人采取相应保密措施的技术信息、经营信息等商业信息。集成电路布图设计，是指集成电路中至少有一个是有源元件的两个以上元件和部分或者全部互连的三维配置，或者为制造集成电路而准备的上述三维配置。一般保护的是集成电路布图设计专有权。植物新品种权，指完成育种的单位或个人对其授权的品种依法享有的排他使用权。

十一、怎样界定知识产权的合理使用？

知识产权的合理使用制度是国家平衡知识产权人利益与社会公众利益的产物，具体包括著作权的合理使用和专利权的合理使用。

著作权的合理使用是指在特定的条件下，法律允许他人自由使用享有著作权的作品，而不必征得权利人的许可，不向其支付报酬的合法行为。使用有法律依据且基于正当理由，无须经过作者与著作权人同意且不需要支付报酬。我国《著作权法》列举了十二种合理使用的类型，包括为个人学习、研究或者欣赏，使用他人已发表的作品，国家机关为执行公务在合理范围内使用已经发表的作品，等等。

专利权的合理使用是指在法定的情形下，未经专利权人许可，未向专利权人支付使用费而使用专利技术，不构成侵犯专利权。所谓法定情形包括四种：一是权利用尽后的使用、许诺销售或销售。二是先用权人的制造与使用。即在专利申请日前已经制造相同产品、使用相同方法或者已经做好制造、使用的必要准备，并且仅在原有范围内继续制造、使用的，不构成侵犯专利权。三是外国临时过境交通工具上的使用。四是非生产经营目的利用。如为科学研究和实验目的，为教育、个人及其他非为生产经营目的使用专利技术的，可以不经专利权人的许可，不视为侵权行为。

十二、什么是职务作品？

根据《著作权法》第十八条的规定，职务作品是自然人为完成法人或者非法人组织工作任务所创作的作品。

需要满足如下条件：第一，创作作品的自然人必须是法人或者其他组织的工作人员，具备实质上的劳动或雇佣关系，除了包括正式工作人员，也包括临时工，实习人员和试用期人员；第二，作者创作的作品是基于用人单位的设备、资源等物质技术条件而完成。第三，作品是为了完成单位的工作任务而产生。

一般而言，职务作品的著作权由作者享有，但法人或者非法人组织有权在其业务范围内优先使用。作品完成两年内，未经单位同意，作者不得许可第三人以与单位使用的相同方式使用该作品。但是有下列情形之一的职务作品，作者享有署名权，著作权的其他权利由法人或者非法人组织享有，法人或者非法人组织可以给予作者奖励。

其一，主要是利用法人或者非法人组织的物质技术条件创作，并由法人或者非法人组织承担责任的工程设计图、产品设计图、地图、示意图、计算机软件等职务作品。这里"物质技术条件"并非宽泛的指代用人单位为其提供了工作条件，还要强调作者的创造与其物质条件的提供有直接因果关系，很难在他处取得此关键条件或者无此关键条件则作品无法创作。其二，报社、期刊社、通讯社、广播电台、电视台的工作人员创作的职务作品。其三，法律、行政法规规定或者合同约定著作权由法人或者非法人组织享有的职务作品。

十三、知识产权的保护期限是怎样规定的？

知识产权主要分为著作权、商标权、专利权，保护期限也不尽相同。

著作权，是指法律保护文学、艺术、科学领域的原创作品，未获作者同意，别人不能复制或使用。目前作者的署名权、修改权和保护作品完整权的保护期限不受限制，除此之外的著作权保护期限是作者终生有效，再加上作者死后50年。

商标权的基本途径是商标注册。商标注册后，即取得商标专用权。商标注册的有效期在中国为10年。10年到期时可以续展，续展没有次数的限制。理论上，只要权利人愿意，商标注册可以永远存在下去。

专利的保护期限有两种，发明专利权的期限为20年，实用新型专利权和外观设计专利权的期限为10年，均自申请日起计算。但实际上专利的保护期限可以短于专利期限的规定，起始日是专利的授权公告日，终止日取决于专利权人，但最长时间至专利期限终止日。

十四、雇佣画家为自己画自画像，画作的著作权归谁？

根据我国《著作权法》的规定，画家的艺术创作为其自身的智力成果，著作权归画家所有，但是画作中的人物依然享有自己的肖像权。

一般而言，在画像交易中，根据双方约定，自画像本身的物理性质归属于买家；画作的著作权归属于画家。著作权并不因为单纯的购买作品行为而产生转移。

十五、地理保护标志是指什么？

国家地理标志保护产品，是指产自特定地域，所具有的质量、声誉或其他特性本质上取决于该产地的自然因素和人文因素，经审核批准以地理名称进行命名的产品。

地理标志产品包括：来自本地区的种植、养殖产品；原材料全部来自本地区或部分来自其他地区，并在本地区按照特定工艺生产和加工的产品；经审核批准以地理名称进行命名的产品。

地理标志在扶贫助农产品中应用比较广泛。在扶贫专柜中，地理保护标志是十分常见的。

十六、什么是驰名商标？

驰名商标与一般的注册商标不同，驰名商标仅适用于个别案件的认定，并非一旦被认定为驰名商标后，就一直受到法律对于驰名商标的保护。

根据我国《商标法》规定，驰名商标应当根据当事人的请求，作为处理涉及商标案件需要认定的事实进行认定。认定驰名商标应当考虑下列因素：

（一）相关公众对该商标的知晓程度；

（二）该商标使用的持续时间；

（三）该商标的任何宣传工作的持续时间、程度和地理范围；

（四）该商标作为驰名商标受保护的记录；

（五）该商标驰名的其他因素。

在商标注册审查、工商行政管理部门查处商标违法案件过程中，当事人依照本法第十三条规定主张权利的，商标局根据审查、处理案件的需要，可以对商标驰名情况作出认定。

在商标争议处理过程中，当事人依照本法第十三条规定主张权利的，商标评审委员会根据处理案件的需要，可以对商标驰名情况作出认定。

在商标民事、行政案件审理过程中，当事人依照本法第十三条规定主张权利的，最高人民法院指定的人民法院根据审理案件的需要，可以对商标驰名情况作出认定。

生产、经营者不得将"驰名商标"字样用于商品、商品包装或者容器上，或者用于广告宣传、展览以及其他商业活动中。

对于已认定的驰名商标，我国《商标法》规定："将他人未注册的驰名商标作为企业名称中的字号使用，误导公众，构成不正当竞争行为的，依照《反不正当竞争法》处理。"因此，我国法律赋予了驰名商标特殊的保护措施。

因此，驰名商标的保护并非一经认定就永久享有，只在具体个案中使用。

十七、法人内部的决议行为可以影响外部行为的效力吗？

法人的外部行为是指法定代表人以法人的名义与其他民事主体从事民事法律行为，例如，签订买卖合同等。如前文所述法定代表人指依法律或法人章程规定代表法人行使职权的负责人。他与法人之间是代表关系，其代表职权来自法律的明确授权，无须法人的授权委托书。所以，法定代表人对外的职务行为即为法人行为，其后果由法人承担。

法人内部行为主要是指法人内部订立法人章程、规定法定代表人职权范围，等等。与外部合同行为相比，公司内部决议行为在成立要件、效力判断、独立性上有着其独特性。合同行为要求意思表示完全一致，而公司决议行为采取的是"多数决"形式。

法人内部决议行为性质上也属于民事法律行为，参照民事法律行为的效力类型，公司决议行为也可分成决议不成立、决议有效、决议无效、决议可撤销和决议效力待定等情形。当法人内部的决议行为存在瑕疵，处于无效或者可撤销状态时，并不会影响法人外部行为的效力。根据我国《民法典》第六十一条的规定："法人章程或者法人权力机构对法定代表人代表权的限制，不得对抗善意相对人。"这表明，即使法定代表人越权以法人名义与相对人进行民事法律行为，只要相对人是善意的，该民事法律行为依然有效，法人需要承担相应责任。再根据我国《最高人民法院关于适用〈中华人民共和国公司法〉若干问题的规定（四）》第六条规定："股东会或者股东大会、董事会决议被人民法院判决确认无效或者撤销的，公司依据该决议与善意相对人形成的民事法律关系不受影响。"这是法律处于保护相对人信赖利益的考虑，也体现了我国法律维护交易安全的目的。

十八、非营利性法人可以有收入吗？

根据《民法典》的规定，非营利法人是指为公益目的或者其他非营利目的成立，不向出资人、设立人或者会员分配所取得利润的法人。包括事业单位、社会团体、基金会、社会服务机构等。《民法典》创设了营利法人和非营利法人的二元分类，并对现行法中的非营利法人制度做了重要革新。禁止所有种类的非营利法人进行盈余分配，但非营业法人可以有自己的收入。

非营利性社会组织作为独立于政府与市场的"第三部门"，是参与社会治理的重要主体，在动员社会资源、补充提供公共服务、促进社会自治、媒介政社良性互动等方面具有重要意义。发挥非营利法人的作用需要一定的物质经济条件。例如，各类非营利性的民办学校、民办医院通过收取学费、治疗费等方式维持自身的运作。

非营利法人绝对禁止向出资人、设立人或者会员分配所取得利润，这是与营利法人最大的区别，此外，我国法律还规定为公益目的成立的非营利法人终止时，不得向出资人、设立人或者会员分配剩余财产。剩余财产应当按照法人章程的规定或者权力机构的决议用于公益目的；无法按照法人章程的规定或者权力机构的决议处理的，由主管机关主持转给宗旨相同或者相近的法人，并向社会公告。

十九、什么是物权？

物权是指民事主体在法律规定的范围内，对特定的物享有的直接支配并排除他人干涉的权利。其中包括所有权和他物权，他物权又包括用益物权和担保物权。物权是对世权，他的权利主体特定，义务主体不特定，是除了权利以外的其他一切民事主体。物权的客体分为动产和不动产，客体不同，适用的法律规定也不同。物权的内容是权利人直接支配一定的物，并排除他人的干涉。由此可知物权的实现无须像债权那样需要特定义务人履行义务，仅仅需要一切义务人消极的不作为，即不干涉。物权的概念具有抽象性，难以对复杂社会生活中各类物权的主体一一列举。我国《民法典》在第二编物权编中对物权的有关规定作出了详细的解释。

二十、动物是不是《民法典》中规定的物？

动物在我国民法中属于物的范畴。根据我国《民法典》规定，饲养的动物造成的他人损害，动物的饲养人或者管理人应当承担侵权责任，但能够证明损害是被侵权人故意或者重大过失造成的，可以不承担或者减轻责任。不过，野生动物资源属于国家所有，中华人民共和国是野生动物国家所有权的唯一主体。根据《野生动物保护法》，野生动物造成农作物或者其他损失的，由当地政府给予补偿，补偿办法由省、自治区、直辖市政府制定。

二十一、《民法典》中规定的居住权是什么？

我国《民法典》第二编第十四章对于居住权进行了规定。

其中，将居住权界定为居住权人有权按照合同约定，对他人的住宅享有占有、使用的用益物权，以满足生活居住的需要的权利。

设立居住权，当事人应当采用书面形式订立居住权合同。居住权合同一般包括下列条款：当事人的姓名或者名称和住所；住宅的位置；居住的条件和要求；居住权期限；解决争议的方法。

居住权无偿设立，也不得转让、继承，并且设立居住权的住宅不得出租，但是当事人也可以另外进行约定。居住权的设立需要向登记机构申请居住权登记。居住权自登记时设立。居住权期限届满或者居住权人死亡的，居住权消灭。居住权消灭的，应当及时办理注销登记。以遗嘱方式设立居住权的，参照适用本章的有关规定。

居住权与房屋租赁合同性质是不同的，居住权为用益物权，租赁合同为债权，设立了居住权的住宅原则上不得出租。居住权的设立更为严格，要求必须要采用书面形式进行设立，可以采取遗嘱的方式设立，可与遗赠扶养协议相结合，为遗赠扶养人设立房屋居住权。

二十二、业主大会有哪些权利？

在我国，业主大会是由全体业主组成，行使业主的建筑物区分所有权中的共同管理权的意思形成机构。我国《民法典》第二百七十八条规定，"由业主共同决定的事项包括：制定和修改业主大会议事规则；制定和修改管理规约；选举业主委员会或者更换业主委员会成员；选聘和解聘物业服务企业或者其他管理人；使用建筑物及其附属设施的维修资金；筹集建筑物及其附属设施的维修资金；改建、重建建筑物及其附属设施；改变共有部分的用途或者利用共有部分从事经营活动；有关共有和共同管理权利的其他重大事项。

业主共同决定事项，应当由专有部分面积占比三分之二以上的业主且人数占比三分之二以上的业主参与表决；决定前款第六项至第八项规定的事项，应当经参与表决专有部分面积四分之三以上的业主且参与表决人数四分之三以上的业主同意；决定前款其他事项，应当经参与表决专有部分面积过半数的业主且参与表决人数过半数的业主同意。"

业主大会的"权利"源于业主的共同管理权。值得注意的是，我国法律中的"业主"包括以下三类人：依照不动产登记取得专有部分所有权的人；通过合法建造、继承、法院判决取得专有部分所有权，尚未办理宣示登记的人；与建设单位签订买卖、赠与等合同，已经交付房屋，尚未办理过户登记的人。

二十三、小区车位的权属是谁的？

根据我国《民法典》规定第二百七十五条规定："建筑区划内，规划用于停放汽车的车位、车库的归属，由当事人通过出售、附赠或者出租等方式约定。占用业主共有的道路或者其他场地用于停放汽车的车位，属于业主共有。"

因此，仅占用业主共有的道路或者其他场地的停车位归属业主共有，小区地下车库的具体权属应依据所在小区具体地下建筑的产权分配来进行确定，根据具体的地下车库产权归属确认车位的归属。

二十四、处理好相邻关系，需要注意什么？

根据我国法律规定，两个或两个以上相互毗邻的不动产所有人或使用人，在行使不动产所有权或者使用权的过程中，彼此应当给予必要便利或者接受一定限制而发生的权利义务关系。因此，相邻关系往往在发生纠纷后才发挥作用，主要是裁判规范，并且主要是请求相邻不动产权利人提供较低限度的便利，不要求不动产所有权人相互之间就"相邻关系"订立合同。此外，相邻权、相邻关系的取得均为"无偿取得"，不需要与不动产权利人订立合同、支付报酬。在日常生活中，不动产所有权人之间应该互相体谅、相互理解，在相邻关系的范围内对邻居提出自己的需求，并满足他人基于相邻关系提出的要求，构建良好的邻里氛围。

二十五、当债务无法偿还时，怎样处置用来担保的物品？

根据我国《民法典》规定，当被担保的债务无法偿还时，用来担保的物品应依据其上设立的担保物权的性质来进行处置。

当设立的担保物权为抵押权（抵押物不发生占有转移）时，债务人不履行到期债务或者发生当事人约定的实现抵押权的情形，抵押权人可以与抵押人协议以抵押财产折价或者以拍卖、变卖该抵押财产所得的价款优先受偿；抵押权人与抵押人未就抵押权实现方式达成协议的，抵押权人可以请求人民法院拍卖、变卖抵押财产；其抵押财产折价或者变卖的，应当参照市场价格。

当设立的担保物权为质权（担保物发生占有转移）时，债务人不履行到期债务或者发生当事人约定的实现质权的情形，质权人可以与出质人协议以质押财产折价，也可以就拍卖、变卖质押财产所得的价款优先受偿；质押财产折价或者拍卖、变卖后，其价款超过债权数额的部分归出质人所有，不足部分由债务人清偿。

当设立的担保物权为留置权时，留置权人应当与债务人约定留置财产后的债务履行期限；没有约定或者约定不明确的，留置权人应当给债务人六十日以上履行债务的期限，但是鲜活易腐等不易保管的动产除外；债务人逾期未履行的，留置权人可以与债务人协议以留置财产折价，也可以就拍卖、变卖留置财产所得的价款优先受偿。

二十六、当债务无法偿还时，保证人需要承担怎样的责任？

根据我国《民法典》六百九十一条的规定，当债务无法偿还时，保证人与债权人未约定保证范围或者约定不明确时，保证人应当对全部主债务承担担保责任，即保证人须对主债权及其利息、违约金、损害赔偿金和实现债权的费用承担保证责任；当保证人与债权人对保证范围有明确约定时，保证人仅对约定范围内的债务承担保证责任。

二十七、什么是民事合同？订立民事合同需要满足哪些条件？

我国民法中关于合同的概念源于罗马法中"契约"，为了避免用语上的混乱，大陆法系国家在民事立法和司法实践中，用"合同"代替契约。我国《民法典》第四百六十四条规定："合同是民事主体之间设立、变更、终止民事法律关系的协议。"民事合同是指民事主体因从事民事行为，就权利义务关系的设立、变更、终止而产生的协议，主要包括物权合同、债权合同、准物权合同以及身份合同，等等。行政合同、劳动合同等不属于民法调整的范围，因而不属于民事合同。

合同的订立是当事人相互为意思表示并达成合意而成立了合同，包括订立过程以及订立结果。合同的订立存在要约和承诺两个阶段，要约是指一方当事人以缔结合同为目的，向对方当事人突出合同条件，希望对方当事人接受的意思表示；承诺是指另一方当事人在理解要约人意思表示的基础上，接受要约的全部内容并同意缔结合同的意思表示。由此不难看出，合同订立的过程中充斥着双方意思表示的传递。《民法典》"合同编"的第二章合同的订立中对于合同订立条件作出了详细的规定。合同的形式多样，除法律特别规定的之外，书面、口头或者其他形式均可。关于合同的内容由当事人约定，一般包括当事人的姓名或者名称和住所，标的，数量，价款，履行期限、地点，违约责任，等等。

二十八、赠与人可以反悔吗？

根据我国《民法典》规定，赠与人可以撤销赠与合同。赠与人有三种途径可以撤销赠与合同。

任意撤销权。《民法典》第六百五十八条规定，赠与人在赠与财产的权利转移之前可以撤销赠与。

经过公证的赠与合同或者依法不得撤销的具有救灾、扶贫、助残等公益、道德义务性质的赠与合同，不适用前款规定。

法定撤销权。《民法典》第六百六十三条规定，受赠人有下列情形之一的，赠与人可以撤销赠与：

（一）严重侵害赠与人或者赠与人近亲属的合法权益；

（二）对赠与人有扶养义务而不履行；

（三）不履行赠与合同约定的义务。

赠与人的撤销权，自知道或者应当知道撤销事由之日起一年内行使。

赠与人穷苦抗辩权。《民法典》第六百六十六条规定，赠与人的经济状况显著恶化，严重影响其生产经营或者家庭生活的，可以不再履行赠与义务。

因此，我国《民法典》赋予了赠与人以上三项赠与合同撤销权，可以对赠与合同反悔。

二十九、购买房屋的人中断了按揭供款，房屋归谁？

"按揭买房"并不是简单的"分期付款"，按揭买房一般是有银行等金融机构参与担保进行的买卖。一般情况下，按揭买房时，房屋所有权并未转移给按揭人（购房者），按揭人中断了按揭供款，房屋按照按揭贷款合同的约定归属银行或者担保公司。如果是先将房屋所有权转移给按揭人，同时在房屋上为银行、担保公司设立抵押权，按揭人中断按揭供款时，房屋所有权人依然是按揭人，只是抵押权人可以依据法律程序拍卖房屋。

三十、什么是"买卖不破租赁"？

根据我国《民法典》规定，所谓的"买卖不破租赁"主要是指房屋等不动产在签订房屋租赁合同进行出租后，房屋所有权人出卖房屋、抵押房屋后，房屋产权变动不影响房屋承租人对房屋等不动产的使用，承租人依然享有在租赁合同所规定的期限内对于房屋使用的权利。但是，如果房屋抵押后、买卖后再进行出租，承租人的使用权不能对抗所有权的转移，即除当事人另有规定，承租人无权再使用房屋。

三十一、为什么融资租赁要被银保监会监管，而一般的租赁合同不需要？

融资租赁合同中租赁物价值巨大，牵涉较大数额的金融交易问题，一般发生在公司等商事主体之间，属于更为商业化的商事合同，为了市场交易的稳定和安全，融资合同需要一定的监管。同时，在现代商业交往中，融资租赁合同已经被作为一种企业现金流的控制与管理模式，同时也是一种已经形成模式化的金融产品，其就有一般租赁合同不具备的三方主体，当事人法律关系和行为更为复杂。而一般的租赁合同中的租赁物标的额不大，对市场交易的稳定和安全没有重大影响，因此通过一般的民事法律进行调整即可。

三十二、保理合同是什么？

保理合同是应收账款债权人将现有的或者将有的应收账款转让给保理人，保理人提供资金融通、应收账款管理或者催收、应收账款债务人付款担保等服务的合同。保理合同是主要应用在商事领域的合同，主要目的是为商事主体之间的交易进行相应的担保以促进商业活动的顺利进行和保障商事主体内部资金的正常流通。《民法典》中增加的保理合同对于规范市场经济之下的保理业务具有重大意义。

三十三、中介未能成功促成交易的最终实现，能收取费用吗？

根据我国《民法典》第九百六十四条规定："中介人未促成合同成立的，不得请求支付报酬；但是，可以按照约定请求委托人支付从事中介活动支出的必要费用。"

因此，即使中介未能成功促成交易，仍可要求委托人支付从事中介活动中支出的必要费用；但是如果已经成功促成交易实现，中介活动所发生的必要费用，由中介人负担。

三十四、什么是无因管理？

管理人没有法定的或者约定的义务，为避免他人利益受损失而自愿为他人管理实务或提供服务的事实行为。其中，管理人享有请求本人偿还因管理事务而支出的必要费用的债权，本人负有偿还该项费用的债务。无因管理是一种法律事实，为债的发生根据之一。无因管理之债的产生是基于法律规定，而非当事人的意思。

构成无因管理的条件为：一、管理他人事务，如将自己的事务误认为他人的事务而管理，即使目的是为他人避免损失，也不能构成无因管理。二、管理人有为他人谋利益的意思，也允许管理人在有为本人谋利益的意思同时，为自己的利益实施管理或服务行为。三、没有法定或约定义务，以客观事实判断确定，不以管理人的主观价值评价为标准。

三十五、返还拾得的遗失物可以要求奖励吗？

根据我国《民法典》第三百一十七条规定：权利人领取遗失物时，应当向拾得人或者有关部门支付保管遗失物等支出的必要费用。权利人悬赏寻找遗失物的，领取遗失物时应当按照承诺履行义务。拾得人侵占遗失物的，无权请求保管遗失物等支出的费用，也无权请求权利人按照承诺履行义务。

因此，在法律适用的层面上，返还拾得的遗失物原则上不能向失主要求奖励，仅可要求失主支付保管遗失物的必要费用，如保管费、返还遗失物产生的交通费等，除非遗失物的权利人发布了含有奖励的悬赏公告。

三十六、报纸刊登未经明确同意的摄影照片，一定侵犯了肖像权吗？

报纸等出版物在使用他人的摄影作品的时候需要明确挣得权利人的同意，但是在一些特殊情况下，未取得他人的明确同意而使用并不一定侵犯其肖像权。

《民法典》第一千零二十条中规定："合理实施下列行为的，可以不经肖像权人同意：（一）为个人学习、艺术欣赏、课堂教学或者科学研究，在必要范围内使用肖像权人已经公开的肖像；（二）为实施新闻报道，不可避免地制作、使用、公开肖像权人的肖像；（三）为依法履行职责，国家机关在必要范围内制作、使用、公开肖像权人的肖像；（四）为展示特定公共环境，不可避免地制作、使用、公开肖像权人的肖像；（五）为维护公共利益或者肖像权人合法权益，制作、使用、公开肖像权人的肖像的其他行为。"

因此，个人、媒体在满足以上法律规定的前提下，是可以未经公民同意，合理使用公民的肖像的。

三十七、怎样理解直系血亲、旁系血亲和直系姻亲？

直系血亲是指有直接血缘关系的亲属，如父母、祖父母、外祖父母和子女、孙子女、外孙子女。除了自然直系血亲外，养父母与养子女间、有抚养关系的继父母与继子女间是法律上拟制的直系血亲。值得注意的有两点：养子女的认定必须在法律上成立收养关系；继子女必须接受继父母的抚养。旁系血亲是相对直系血亲而言的，它指与自己具有间接血缘关系的亲属，即除直系血亲以外的、与自己同出一源的血亲。直系血亲和旁系血亲的范围可见下图。另外，配偶的直系血亲在法律上也被认为是直系亲属，但不是本人的血亲，将其称之为本人的直系姻亲。

上述的划分有两个意义。第一，在对于婚姻的规定上，根据《民法典》第1048条，直系血亲或者三代以内的旁系血亲禁止结婚。第二，对于直系亲属的认定上，其范围包括配偶、直系血亲和直系姻亲。

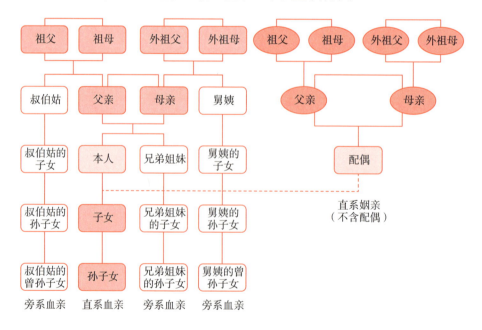

三十八、夫妻之间的共同财产有哪些?

根据我国《民法典》第一千零六十二条规定：夫妻在婚姻关系存续期间所得的下列财产，为夫妻的共同财产，归夫妻共同所有。这其中包括：工资、奖金、劳务报酬；生产、经营、投资的收益；知识产权的收益；继承或者受赠的财产，但是遗嘱或赠与合同中确定只归一方的财产，为该夫或妻的一方个人财产；其他应当归共同所有的财产。

而对于"其他应当归共同所有的财产"，《关于适用民法典婚姻家庭编的解释（一）》第二十五条规定属于此类的包括：一方以个人财产投资取得的收益；男女双方实际取得或者应当取得的住房补贴、住房公积金；男女双方实际取得或者应当取得的基本养老金、破产安置补偿费。

另外，第二十七条规定：由一方婚前承租、婚后用共同财产购买的房屋，登记在一方名下的，应当认定为夫妻共同财产。第七十一条规定：人民法院审理离婚案件，涉及分割发放到军人名下的复员费、自主择业费等一次性费用的，以夫妻婚姻关系存续年限乘以年平均值，所得数额为夫妻共同财产。

三十九、侵权行为，谁需要举出证据?

对于侵权行为证据的列举，我国法律规定了不同的义务主体，这涉及我国侵权责任的归责原则，我国侵权责任的归责原则主要包括过错责任原则、无过错责任原则以及公平责任原则。

过错责任原则下，受害人负有举证义务，受害人需举出相应证据表明加害人主观上存在过错，以此保障其主张得到支持。适用该原则的情形包括一般侵权行为，过错责任原则存在过错推定这一特殊形式，这时需要行为人举证证明自己没有过错，当没有证据或证据不足时，需对受害者承担侵权责任。适用该原则的有物件致人损害的侵权行为、教育机构侵权行为等。

无过错责任原则，适用于环境污染致人损害、公民个人饲养动物致人损害等情形。在该类情形中，当事人不需要对加害者的主观过错进行举证，只需要证明自己所受到的损害事实，及加害人的侵权行为与自己受损害之间有因果关系就可以。

公平责任原则，其适用于特殊的情况。当受害人和行为人对损害的发生都没有过错的时候，可以根据实际情况，由双方分担损失。体现了《民法典》对于受害人保护和社会秩序维护的双重目的。

第五章　市场经济法治篇

一、消费者、经营者的权利义务有哪些?

（一）我国立法所保护的消费者的权利

1.安全保障权

消费者的安全保障权利是指消费者在购买、使用商品或者在接受服务过程时有权享有其人身和财产安全不受侵害的权利。

2.知情权

知情权是指消费者享有的知悉其购买、使用的商品或者接受服务的真实情况权利。消费者对商品或者服务的信息获取主要分两方面。首先是指消费者有权了解商品和服务的真实情况；其次是指有权获取其购买商品或者接受服务的相关信息。其范围主要包括商品的价格、产地、生产者、用途、性能、规格、等级、生产日期等。

3.自主选择权

自主选择权，是指消费者享有的根据自己的意志自主选择其购买商品以及接受服务的权利。其具体内容如下：一是自主选择经营者；二是自主选择商品品种以及服务方式；三是自主决定购买或不购买商品、接受或者不接受一项服务；四是在自主选择商品或服务时有权进行比较、借鉴和挑选。

4.公平交易权

此项权利是指消费者与经营者之间在进行消费交易中所享有的获得公平交易条件的权利。公平交易的内容具体分为以下内容：第一，消费者有权要求商品或者服务具有社会公众普遍认为的质量和性能；第二，消费者有权要求商品或者服务的价格符合市场经济下的一般规律；第三，对于商品或服务的计量消费者有权要求；第四，对于强制交易行为消费者有权拒绝。

5. 依法求偿权

依法求偿权，指消费者在因购买、使用商品或者接受服务受到人身、财产损害时，依法享有的要求并获得赔偿的权利。

6. 单方面解除合同权

适当期间单方面解除合同权又称单方面解除权，或者消费者撤销权，是指消费者在于经营者缔约后，在法定期间内按规定程序单方面解除合同的权利。目前该项权利仅适用于采用网络、电视、电话、邮购等远程交易方式销售的商品。以下几种商品被排除在外：定做的商品；鲜活易腐的商品；在线下载的音像视频、计算机软件；交付的报纸、期刊。同时单方面解除合同的权利要求在解除时商品完好不损，并在法律规定的期限内予以解除。

7. 依法结社权

是指消费者为了维护自身合法权益而依法组织社会团体的权利。这是考虑到消费者在消费过程中一般是分散、独立的社会成员则处于弱势地位，从法律上对消费者予以倾斜保护。努力缩小消费者和经营者之间的差距，实现经营者和消费者之间的真正的平等。

8. 接受教育权

消费者接受教育权，又称为求知权、获得教育权，是指消费者享有的获得有关消费者和消费者权益保护方面知识的权利，消费者接受教育的权利包括消费知识教育和消费者保护教育。消费者接受教育作为一种权利，一方面意味着消费者通过适当方式表达获得有关商业服务消费知识和消费者保护知识的要求的权利，另一方面则意味着政府、社会应当提供相应的条件，努力保证消费者能够接受这种教育。

9. 获得尊重权

是指消费者在购买、使用商品和接受服务时所享有的人格尊严、民族习惯以及个人隐私得到尊重和保护的权利。

10.监督批评权

消费者的监督批评权是指消费者享有的对于商品和服务以及消费者保护工作进行的监督和批评的权利。

（二）经营者的义务

1.依照法定或者约定履行义务

经营者向消费者提供商品或者服务，应当依照法律法规的规定履行义务。经营者和消费者之间有约定的，应当按照其约定履行义务，但双方之间的约定不得违反法律、法规的规定、不得违背公序良俗。

2.听取意见和结束监督

经营者应当听取消费者的对其提供商品或者服务的建议或意见，接受消费者的监督。

3.保障消费者人身和财产安全

经营者应当保证其提供的商品或者服务符合保障人身、财产安全的要求；对于可能危及人身、财产安全的商品或服务，应当向消费者作出真实有效的说明和明确的警示，并且应当说明正确使用商品或服务的方法以及防止危害发生的方法。在一些特定的场所应尽到场所经营安全。例如，宾馆、商场、机场、车站、银行、港口等经营场所分经营者，应当对消费者尽到安全保障义务。经营者发现所提供的商品或者服务存在缺陷的，有危及人身、财产安全的可能性的，应当立即向有关部门报告并且告知消费者，并且采取停止销售、警示、召回、销毁或者停止生产等。

4.不得虚假宣传

不做虚假或者引人误解的宣传，经营者的此项义务是与消费者的知情权相对应的。经营者应当告知消费者关于所购买商品或者接受的服务的真是具体的情况，包括对商品或者服务的价格、质量以及使用方法作出具体、真实的解释，且应明码标价。

5.出具相应凭证的义务

经营者在提供商品或者服务时，应当按照有关法律法规的规定向消费者提供购买商品的凭证或者接受服务的单据；消费者若索要单据的，经营者必须出具。购买凭证以及单据是消费者进行索赔的重要依据，因此消费者在购买商品和接受服务时经营者必须出具相应凭证或者单据，这有利于维护消费者的合法权益。

6.品质担保的义务

经营者对于出售的商品或者服务的品质应当予以保证，品质担保义务分为明示担保和默示担保。明示担保是指经营者对于所提供的商品或者服务的质量以广告、产品说明、实物样品或者其他方式予以表明。切所实际提供的商品或者服务的产品质量应与所表明的质量状况一致。默示担保是指经营者应当保证其所提供的商品或者服务的性质、性能、质量、用途和有效期限符合同种性质的一般标准，但消费者在购买商品或者接受服务前已经知道商品存在缺陷的除外。

7.承担退货、更换或者修理等义务

经营者提供的商品或者服务产品质量存在问题的，消费者可以依照国家规定、双方之间约定退货的，或者消费者要求经营者履行更换、修理等义务的，没有国家规定或者当事人之间的约定，消费者可以自收到商品7日内退货；7日后符合法定解除合同的条件的，消费者可以及时退货，不符合法定解除合同条件的，可以要求经营者履行更换、修理等义务。

8.不得从事不公平、不合理的交易

经营者在经营活动过程中使用格式条款的，应当以显著的方式提醒消费者注意商品或者服务的数量和质量、价格或者费用、履行的方式等，并且应向消费者予以说明解释。对于其消费者不公平、不合理的规定，或者减轻、免除所损害的消费者权益应当承担的民事责任的格式条款无效。

9.尊重消费者人格尊严的义务

经营者在提供商品或者服务过程中不得对消费者进行侮辱或者诽谤，不得搜查消费者的身体以及其随身携带的物品，不得侵犯消费者的人身自由。

10.信息提供与个人信息保护的义务

我国《消费者权益保护法》关于信息的手机和使用行为作出了如下的

规定：（1）经营者收集、使用消费者个人信息，应当遵循合法、正当的原则，并且说明收集。使用消费者信息的目的，并且得到消费者的同意；（2）经营者以及工作人员对收集的消费者的个人信息必须保密，不得泄露或者非法向他人提供；（3）经营者未经消费者的同意或者请求，或者消费者明确表示拒绝的，不得向其发送商业性信息。

二、食品安全为什么受到法律的特别规制？

食品安全受到法律的特别规制，实质上是因为食品安全属于特别市场。所谓特别市场，是指在经济、政治、生活中具有特殊性，需要对市场主体以及交易活动设置特殊规则的市场，特别市场确认的依据应从以下几个因素入手。

1.交易的对象对人身安全和健康的影响程度。市场分类是交易客体是重要的参考指标，那些对于人身安全和健康影响较大的交易对象自然归类为特别市场。

2.信息和风险的不对称程度。在市场经济交易活动中，信息和风险的不对称比较常见，但是如果交易过程中信息和风险特别不对称就容易引发严重的交易风险，危害经济的平稳运行，因此应将此类归为特别市场。

3.涉及民生领域的问题。民生领域的问题是和平民百姓生活紧密相关的问题，主要体现在衣食住行、医疗、教育方面。民生问题即是民众普遍关注的问题，也是政府和社会舆论特别关注的领域，与民生高度联系的市场因此也属于特别市场。

4.经营者经营状况。经营者居于较高的市场支配地位滥用市场支配地位行为的现象将难以避免或者不可避免。尽管几乎所有的市场都可能出现独占或寡占的市场结构但产业组织理论的研究表明只有极少数的几类市场是天然地属于独占、寡占的市场即人们所谓的自然垄断市场。对其垄断行为的规制不能简单套用一般市场的反垄断制度。输配电市场、固定电话市场、自来水市场、轨道交易市场以及部分能源资源市场即属于这种类型。

5.对宏观经济运行的影响力。宏观经济是一国或地区所有的市场状况的总体状态因此所有的市场都会影响到宏观经济运行。但是并不是所有的市场都同等地影响到宏观经济运行。金融市场、房地产市场、生产资料市场等会更直接地影响到宏观经济运行甚至是宏观经济的"晴雨表"。为此对此类市场需要给予更特别的规制。

食品药品市场的特殊性，食品和药品（含保健品、化妆品、医疗器械）的市场具有较强的特殊性源于其交易标的的特殊。相比于其他商品、食品和药品与人的生命、健康的关联程度最为密切。人的生存不可以没有食品，在人生病时不可以没有药品。食品、药品是否有毒、有害生产、储运、销售过程是否规范、卫生其质量标示与内在属性是否一致等方面都存在严重的信息不对称和风险不对称。此类商品和服务一旦出问题就是"人命关天"的大问题。这些因素正是食品药品市场成为特别市场的主要原因。

三、我国对商业秘密是如何保护的？

我国《反不正当竞争法》确认了商业秘密的财产属性，并规定侵权人负有赔偿责任。这说明，商业秘密权是一种财产权，即商业秘密的合法控制人采取保密措施，依法对其经营信息和技术信息的专有使用权。与有形财产权不同，商业秘密权的对象是一种无形的信息，不占据一定的空间，不发生有形的损耗，因此其权利是一种无形财产权。就权利内容而言，商业秘密的权利人与有形财产所有权人一样，依法享有占有、使用、收益和处分的权利，即有权对商业秘密进行控制与管理，防止他人采取不正当手段获取与使用商业秘密；有权依法使用自己的商业秘密，并不受他人的干涉；有权通过自己使用或者许可他人使用以至转让所有权，从而取得相应的经济利益；有权处分自己的商业秘密，包括放弃占有、无偿开明赠与或转让等。侵犯商业秘密，是指行为人未经权利人（商业秘密的合法控制人）的许可，以非法手段获取商业秘密并加以利用的行为，这里行为人包括：

负有约定的保密义务的合同当事人；实施侵权行为的第三人；侵犯本单位商业秘密的行为人。所谓非法手段则包括直接侵权，即直接从权利人那里窃取商业秘密并加以公开或使用；间接侵权，即通过第三人窃取权利人的商业秘密并加以公开或使用。

近些年来，随着数字经济的蓬勃发展，互联网企业的商业秘密保护比较传统企业有了很多的新的特征，随着《数据安全法》《个人信息保护法》等法律的出台，以及数据资产和数据确权的展开，其与商业秘密的交集愈发显现，也给立法和执法带来了新的思考。

四、为什么内幕交易和操纵市场是被法律所禁止的行为？

内幕交易是指内幕人员根据内幕消息买卖证券或者帮助他人，违反了证券市场"公开、公平、公正"的原则，严重影响证券市场功能的发挥。内幕交易行为人为达到获利或避损的目的，利用其特殊地位或机会获取内幕信息进行证券交易，违反了证券市场"公开、公平、公正"的原则，侵犯了投资公众的平等知情权和财产权益。同时，内幕交易使证券价格和指数的形成过程失去了时效性和客观性，它使证券价格和指数成为少数人利用内幕消息炒作的结果，而不是投资大众对公司业绩综合评价的结果，最终会使证券市场丧失优化资源配置及作为国民经济晴雨表的作用。此外，内幕交易丑闻会打击投资者的信心，证券市场功能的发挥受到严重影响。因此，内幕交易行为必然会损害证券市场的秩序，《证券法》明文规定禁止这种行为。

操纵市场是指以获取利益或减少损失为目的，利用资金、信息等优势或滥用职权，影响证券市场价格，制造证券市场假象，诱导投资者在不了解事实真相的情况下作出证券投资决定，扰乱证券市场秩序的行为，一般包括以下几个方面。

（1）虚买虚卖，又称洗售、虚售。它是指以影响证券市场行情为目的，人为制造市场虚假繁荣，从事所有权非真实转移的交易行为。（2）相对委托，又称合谋。它是指行为人为了影响市场行情，与他人通谋，由一方做出交易委托，另一方依知悉的对方委托内容，在相似时间，以相似价格、数量委托，并达成交易。（3）连续交易。指为引诱他人购买或出售某种证券，对该证券作一连续的买卖，制造繁荣交易假象，以抬高或压低证券市场价格。（4）散布谣言、提供不实资料。指行为人借助散布谣言或不实资料，故意使公众投资者对证券价格走势产生错误判断，自己趁机获取利益或避免损失。

五、金融市场都受到哪些部门的监管？

金融监管机构是根据法律规定对一国的金融体系进行监督管理的机构，其职责包括按照规定监督管理金融市场、发布有关金融监督管理和业务的命令和规章、监督管理金融机构的合法合规运作等。我国实施的是分业监管模式，传统上一般将我国的金融监管机构称之为"一行三会一局"，即中国人民银行、中国银行业监督管理委员会、中国证券监督管理委员会、中国保险监督管理委员会和国家外汇管理局，其中国家外汇管理局由中国人民银行管理。随着金融风险结构的越发复杂，2017年11月，经党中央、国务院批准，国务院金融稳定发展委员会成立，负责统筹金融改革发展与监管的重大事项。2018年3月，全国人大第十三届一次会议通过《国务院机构改革方案》，将中国银行业监督管理委员会、中国保险监督管理委员会合并为中国银行保险监督管理委员会，"一行三会一局"调整为"一行两会一局"的新金融监管体系。

（一）中国人民银行

中国人民银行是我国的中央银行。在国务院领导下，制定和执行货币政策，防范和化解金融风险，维护金融稳定。根据《中国人民银行法》第三十一条和三十二条的规定，中国人民银行依法监测金融市场的运行情况，对金融市场实施宏观调控，促进其协调发展。中国人民银行有权对金融机构以及其他单位和个人的下列行为进行检查监督：（1）执行有关存款准备金管理规定的行为；（2）与中国人民银行特种贷款有关的行为；（3）执行有关人民币管理规定的行为；（4）执行有关银行间同业拆借市场、银行间债券市场管理规定的行为；（5）执行有关外汇管理规定的行为；（6）执行有关黄金管理规定的行为；（7）代理中国人民银行经理国库的行为；（8）执行有关清算管理规定的行为；（9）执行有关反洗钱规定的行为。

（二）中国银行保险监督管理委员会

中国银行保险监督管理委员会，简称"银保监会"。其主要职责为依照法律法规统一监督管理银行业和保险业，维护银行业和保险业合法、稳健运行，防范和化解金融风险，保护金融消费者合法权益，维护金融稳定。其职责为：

（1）依法依规对全国银行业和保险业实行统一监督管理，维护银行业和保险业合法、稳健运行，对派出机构实行垂直领导；（2）对银行业和保险业改革开放和监管有效性开展系统性研究；参与拟订金融业改革发展战略规划，参与起草银行业和保险业重要法律法规草案以及审慎监管和金融消费者保护基本制度；起草银行业和保险业其他法律法规草案，提出制定和修改建议；（3）依据审慎监管和金融消费者保护基本制度，制定银行业和保险业审慎监管与行为监管规则；制定小额贷款公司、融资性担保公司、典当行、融资租赁公司、商业保理公司、地方资产管理公司等其他类型机构的经营规则和监管规则；制定网络借贷信息中介机构业务活动的监管制度；（4）依法依规对银行业和保险业机构及其业务范围实行准入管理，审查高级管理人员任职资格；制定银行业和保险业从业人员行为管理规范；（5）对银行业和保险业机构的公司治理、风险管理、内部控制、资本充足状况、偿付能力、经营行为和信息披露等实施监管；（6）对银行业和保险业机构实行现场检查与非现场监管，开展风险与合规评估，保护金融消费者合法权益，依法查处违法违规行为；（7）负责统一编制全国银行业和保险业监管数据报表，按照国家有关规定予以发布，履行金融业综合统计相关工作职责；（8）建立银行业和保险业风险监控、评价和预警体系，跟踪分析、监测、预测银行业和保险业运行状况；（9）会同有关部门提出存款类金融机构和保险业机构紧急风险处置的意见和建议并组织实施；（10）依法依规打击非法金融活动，负责非法集资的认定、查处和取缔以及相关组织协调工作；（11）根据职责分工，负责指导和监督地方金融监管部门相关业务工作；（12）参加银行业和保险业国际组织与国际监管规则制定，开展银行业和保险业的对外交流与国际合作事务；（13）负责国有重点银行业金融机构监事会的日常管理工作；（14）完成党中央、国务院交办的其他任务。

（三）中国证券监督管理委员会

中国证券监督管理委员会，简称"证监会"，为国务院直属正部级事业单位，依照法律、法规和国务院授权，统一监督管理全国证券期货市场，维护证券期货市场秩序，保障其合法运行。其职责为：

（1）研究和拟订证券期货市场的方针政策、发展规划；起草证券期货市场的有关法律、法规，提出制定和修改的建议；制定有关证券期货市场监管的规章、规则和办法；（2）垂直领导全国证券期货监管机构，对证券期货市场实行集中统一监管；管理有关证券公司的领导班子和领导成员；（3）监管股票、可转换债券、证券公司债券和国务院确定由证监会负责的债券及其他证券的发行、上市、交易、托管和结算；监管证券投资基金活动；批准企业债券的上市；监管上市国债和企业债券的交易活动；（4）监管上市公司及其按法律法规必须履行有关义务的股东的证券市场行为；（5）监管境内期货合约的上市、交易和结算；按规定监管境内机构从事境外期货业务；（6）管理证券期货交易所；按规定管理证券期货交易所的高级管理人员；归口管理证券业、期货业协会；（7）监管证券期货经营机构、证券投资基金管理公司、证券登记结算公司、期货结算机构、证券期货投资咨询机构、证券资信评级机构；审批基金托管机构的资格并监管其基金托管业务；制定有关机构高级管理人员任职资格的管理办法并组织实施；指导中国证券业、期货业协会开展证券期货从业人员资格管理工作；（8）监管境内企业直接或间接到境外发行股票、上市以及在境外上市的公司到境外发行可转换债券；监管境内证券、期货经营机构到境外设立证券、期货机构；监管境外机构到境内设立证券、期货机构、从事证券、期货业务；（9）监管证券期货信息传播活动，负责证券期货市场的统计与信息资源管理；（10）会同有关部门审批会计师事务所、资产评估机构及其成员从事证券期货中介业务的资格，并监管律师事务所、律师及有资格的会计师事务所、资产评估机构及其成员从事证券期货相关业务的活动；（11）依法对证券期货违法违规行为进行调查、处罚；（12）归口管理证券期货行业的对外交往和国际合作事务；（13）承办国务院交办的其他事项。

（四）国家外汇管理局

国家外汇管理局是我国对外汇收支、买卖、借贷、转移以及国际间的结算、外汇汇率和外汇市场等实行管制措施的机构。其基本职能是：

（1）研究提出外汇管理体制改革和防范国际收支风险、促进国际收支平衡的政策建议；研究逐步推进人民币资本项目可兑换、培育和发展外汇市场的政策措施，向中国人民银行提供制订人民币汇率政策的建议和依据；（2）参与起草外汇管理有关法律法规和部门规章草案，发布与履行职责有关的规范性文件；（3）负责国际收支、对外债权债务的统计和监测，按规定发布相关信息，承担跨境资金流动监测的有关工作；（4）负责全国外汇市场的监督管理工作；承担结售汇业务监督管理的责任；培育和发展外汇市场；（5）负责依法监督检查经常项目外汇收支的真实性、合法性；负责依法实施资本项目外汇管理，并根据人民币资本项目可兑换进程不断完善管理工作；规范境内外外汇账户管理；（6）负责依法实施外汇监督检查，对违反外汇管理的行为进行处罚；（7）承担国家外汇储备、黄金储备和其他外汇资产经营管理的责任；（8）拟订外汇管理信息化发展规划和标准、规范并组织实施，依法与相关管理部门实施监管信息共享；（9）参与有关国际金融活动；（10）承办国务院及中国人民银行交办的其他事宜。

六、公司章程是怎样形成的？

公司章程是由设立公司的股东制定并对公司、股东、公司经营管理人员具有约束力的调整公司内部的组织关系和经营行为的自治规则。公司章程是公司组织和活动的基本准则，常被称作"公司的宪法"。《公司法》第十一条规定，设立公司必须依法制定公司章程。公司章程对公司、股东、董事、高级管理人员具有约束力。

我国《公司法》明确规定订立公司章程是设立公司的条件之一。审批机构和登记机关要对公司章程进行审查，以决定是否给予批准或者给予登记。公司没有公司章程，不能获得批准；公司没有公司章程，也不能获得登记。公司章程有违反法律、行政法规的内容的，公司登记机关有权要求公司做相应修改。公司章程一经有关部门批准，并经公司登记机关核准即对外产生法律效力。公司、公司股东以及董事、监事和高级管理人员都要受到公司章程的约束。

公司章程的制定是针对公司的初始章程而言的。根据我国《公司法》的规定，公司章程的制定主体和程序因公司的种类不同而异。

公司章程是要式文件，必须采用书面形式。

1.有限责任公司章程的制定。根据《公司法》第二十三条规定，设立有限责任公司，应由股东共同制定公司章程。《公司法》第六十条规定："一人有限责任公司章程由股东制定。"可见，有限责任公司章程的制定者是"股东"。《公司法》第六十五条规定，国有独资公司章程由国有资产监督管理机构制定，或者由董事会制订报国有资产监督管理机构批准，可见，国有独资公司章程制定主体有两类：第一类是国有资产监督管理机构；第二类则是国有独资公司的董事会。前者的权限是制定章程；后者的权限则为制订章程后尚须报国有资产监督管理机构批准。

2.股份有限公司章程的制定。根据《公司法》第七十六条的规定，设立股份有限公司应当具备的条件之一是发起人制定公司章程，采用募集方式设立的须经创立大会通过。这是针对股份有限公司的一般要求。由于股份有限公司有发起设立和募集设立两种方式，公司章程的制定过程并不完全一致。

第一，发起设立的股份有限公司。在公司成立之后，只限于发起人能成为公司股东，投资者并没有社会化。因此，发起设立的股份有限公司仍然具有封闭性的特点。发起人制定的章程已经反映了公司设立时的所有投资者的意志。根据《公司法》第八十三条规定，以发起设立方式设立股份有限公司的，发起人首次缴纳出资后，应当选举董事会和监事会，由董事会向公司登记机关报送包括公司章程在内的系列文件，申请设立登记。

第二，募集设立的股份有限公司。在公司成立之后，成为公司初始股东的不仅有发起人，还在公司申请设立登记之前，必须召开创立大会，根据《公司法》第九十条第二款规定，只有经过创立大会通过的章程，才能反映公司设立阶段的所有投资者的意志。

七、公司的组织机构指的是什么？

公司的组织机构，也称"公司治理结构"，是一种对公司进行管理和控制的体系，也是为了保证公司的正常运行和公司权力分配而形成的架构体系，各方参与者诚信义务的体现，主要规定三个内容，一是公司意思的形成；二是公司意思的实施和执行；三是对公司行为的监督。在我国，股东会或股东大会是公司的意思形成机关，也是公司的权力机关；董事会是公司日常决策和执行机关，可以设立经理等高管来辅助其日常具体业务的执行；监事会是行为监督机关。同时我国上市公司还有独立董事的配置。法定代表人不是公司治理结构中的组成部分，但是其可以由董事长、执行董事或者经理担任，所以在身份上存在重合。

（一）股东（大）会

股东（大）会是指由全体股东组成的机构，是公司最高权力机构，其它机构都由它产生并对它负责。根据《公司法》规定，在有限责任公司中，其称谓是"股东会"；在股份公司中，其称谓是"股东大会"。股东大会职权与股东会职权在法律上的规定是相同的。根据《公司法》第三十七条和九十九条的规定，股东会行使下列职权：

决定公司的经营方针和投资计划；选举和更换非由职工代表担任的董事、监事，决定有关董事、监事的报酬事项；审议批准董事会的报告；审议批准监事会或者监事的报告；审议批准公司的年度财务预算方案、决算方案；审议批准公司的利润分配方案和弥补亏损方案；对公司增加或者减少注册资本作出决议；对发行公司债券作出决议；对公司合并、分立、解散、清算或者变更公司形式作出决议；修改公司章程；公司章程规定的其他职权；

（二）董事会

董事会是由董事组成的，对内掌管公司事务、对外代表公司的经营决策和业务执行机构。董事会组成人员是由股东（大）会所选出，较小的有限公司可以不设立董事会，而仅设立一名执行董事。根据《公司法》第四十六条的规定董事会对股东会负责，行使下列职权：

召集股东会会议，并向股东会报告工作；执行股东会的决议；决定公司的经营计划和投资方案；制订公司的年度财务预算方案、决算方案；制订公司的利润分配方案和弥补亏损方案；制订公司增加或者减少注册资本以及发行公司债券的方案；制订公司合并、分立、解散或者变更公司形式的方案；决定公司内部管理机构的设置；决定聘任或者解聘公司经理及其报酬事项，并根据经理的提名决定聘任或者解聘公司副经理、财务负责人及其报酬事项；制定公司的基本管理制度；公司章程规定的其他职权；

（三）监事会

由于公司股东分散，专业知识和能力差别很大，参与公司日常经营管理的机会和渠道有限。为了防止董事会、经理滥用职权，损害公司和股东利益，克服公司所有权和经营权两分导致的问题，需要设立专门的监督机关，行使监督职能。其成员由股东（大）会选举产生。

根据《公司法》第五十一条和一百一十七条的规定：有限责任公司和股份公司设监事会，其成员不得少于三人；股东人数较少或者规模较小的有限责任公司，可以设一至二名监事，不设监事会；监事会应当包括股东代表和适当比例的公司职工代表，其中职工代表的比例不得低于三分之一，具体比例由公司章程规定；监事会中的职工代表由公司职工通过职工代表大会、职工大会或者其他形式民主选举产生；监事会设主席一人，由全体监事过半数选举产生；监事会主席召集和主持监事会会议；监事会主席不能履行职务或者不履行职务的，由半数以上监事共同推举一名监事召集和主持监事会会议；股份公司监事会还可以设副主席，副主席由全体监事过半数选举产生；监事会副主席可以在监事会主席不能履行召集和主持监事会会议职务或不履行职务时召集和主持监事会会议；

董事、高级管理人员不得兼任监事；

根据《公司法》第五十三条、五十四条和一百一十八条的规定，监事会或不设监事会的公司的监事行使下列职权：

检查公司财务；对董事、高级管理人员执行公司职务的行为进行监督，对违反法律、行政法规、公司章程或者股东会决议的董事、高级管理人员提出罢免的建议；当董事、高级管理人员的行为损害公司的利益时，要求董事、高级管理人员予以纠正；提议召开临时股东会会议，在董事会不履行本法规定的召集和主持股东会会议职责时召集和主持股东会会议；向股东会会议提出提案；对董事、高级管理人员提起诉讼；公司章程规定的其他职权；上市公司的监事会还可以对董事会编制的公司定期报告进行审核并提出书面审核意见；监事可以列席董事会会议，并对董事会决议事项提出质询或者建议；监事会、不设监事会的公司的监事发现公司经营情况异常，可以进行调查；必要时，可以聘请会计师事务所等协助其工作，费用由公司承担。

（四）高级管理人员

高级管理人员，也称之为"公司高管"，是指公司的经理、副经理、财务负责人，上市公司董事会秘书和公司章程规定的其他人员。一般由董事会确定人员构成，也是公司具体业务的执行人员。公司高管需要根据法律规定遵守诚信义务。根据法律规定，经理行使下列职权：

主持公司的生产经营管理工作，组织实施董事会决议；组织实施公司年度经营计划和投资方案；拟订公司内部管理机构设置方案；拟订公司的基本管理制度；制定公司的具体规章；提请聘任或者解聘公司副经理、财务负责人；决定聘任或者解聘除应由董事会决定聘任或者解聘以外的负责管理人员；董事会授予的其他职权；公司章程对经理职权另有规定的，从其规定；经理董事会会议。

上市公司设董事会秘书，负责公司股东大会和董事会会议的筹备、文件保管以及公司股东资料的管理，办理信息披需事务等事宜。

董事、监事和高管都有任职限制，需要根据具体情况对于相关规定遵守。

（五）独立董事

独立董事是指独立于公司股东且不在公司中内部任职，并与公司或公司经营管理者没有重要的业务联系或专业联系，并对公司事务做出独立判断的董事。独立董事应当具备与其行使职权相适应的任职条件，应当符合下列基本条件：

具备担任公司董事的资格；具有独立性；具备公司运作的基本知识，熟悉相关法律、行政法规、规章及规则；具有五年以上法律、经济、财务或者其他履行独立董事职责所必须的工作经验；公司章程所规定的其他条件。

八、什么是公司上市？

公司上市也称IPO（initial public offerings），是指公司首次在公开市场挂牌交易。在中国内地来说就是通过向上交所、深交所、北交所申请，把公司的股票在这三个股票交易所进行交易。

股份有限公司发行的股票上市交易，又称为公司的上市。公司上市具有多方面的作用，不同的公司往往基于不同的目的寻求上市。

第一，增强公司融资功能。股票的上市交易，将使股票具有极强的流通性和变现性，因而成为受投资者普遍欢迎的投资方式。因此，公司上市将为其日后进行增资和新股发行创造有利的条件，将使公司在资本市场上的融资能力得到实质性的增强。

第二，提高股东的投资回报。股东对股份有限公司的投资，不仅是为了获取公司盈余分配的收益，也包括获取股票在市场上进行交易的增值收益，甚至对许多投资者来说，交易市场上的收益可能是更主要的投资目的。公司的上市，将使股东获得在交易市场上获利的机会，从而提高了股东的投资回报。

第三，提高公司的知名度和商誉。上市公司实行严格的信息公开制度，公司一经上市，其一切重要事项都要向社会公开，并成为公众密切关注的对象。上市公司由此具有一般公司难以达到的市场认知度或知名度，业绩良好的公司由此会获得更高的商业信誉。

第四，规范公司行为，提高管理水平。上市公司的行为受到法律、监管机关、证券交易所、公众及其广大投资者等多方面的规范、监督和约束，这使得上市公司的行为更为规范，更符合法律的要求。同时，也要求公司的管理者具有较高的业务素质和管理能力，促使管理者勤勉尽责，提高业务管理水平和经营效益。

根据《公司法》第四章第五节的相关规定，上市公司（The listed company）是指其股票在证券交易所上市交易的股份有限公司。所谓非上市公司是指其股票没有上市和没有在证券交易所交易的股份有限公司。上市公司是股份有限公司的一种，这种公司到证券交易所上市交易，除了必须经过批准外，还必须符合一定的条件。《公司法》《证券法》修订后，有利于更多的企业成为上市公司和公司债券上市交易的公司。

九、公司上市需要具备怎样的条件？

国家鼓励符合产业政策并符合上市条件的公司股票上市交易。股份有限公司申请股票上市交易，应当向证券交易所提出申请，由证券交易所依法审核同意，并由双方签订上市协议。同时应聘请有保荐资格的机构担任保荐人，依法进行保荐。

根据《证券法》《股票发行与交易管理暂行条例》和《首次公开发行股票并上市管理办法》的有关规定，首次公开发行股票并上市的有关条件与具体要求如下。

1.主体资格：A股发行主体应是依法设立且合法存续的股份有限公司；经国务院批准，有限责任公司在依法变更为股份有限公司时，可以公开发行股票。

2.公司治理：发行人已经依法建立健全股东大会、董事会、监事会、独立董事、董事会秘书制度，相关机构和人员能够依法履行职责；发行人董事、监事和高级管理人员符合法律、行政法规和规章规定的任职资格；发行人的董事、监事和高级管理人员已经了解与股票发行上市有关的法律法规，知悉上市公司及其董事、监事和高级管理人员的法定义务和责任；内部控制制度健全且被有效执行，能够合理保证财务报告的可靠性、生产经营的合法性、营运的效率与效果。

3.独立性：应具有完整的业务体系和直接面向市场独立经营的能力；资产应当完整；人员、财务、机构以及业务必须独立。

4.同业竞争：与控股股东、实际控制人及其控制的其他企业间不得有同业竞争；募集资金投资项目实施后，也不会产生同业竞争。

5.关联交易：与控股股东、实际控制人及其控制的其他企业间不得有显失公平的关联交易；应完整披露关联方关系并按重要性原则恰当披露关联交易，关联交易价格公允，不存在通过关联交易操纵利润的情形。

6.财务要求：发行前三年的累计净利润超过3000万元；发行前三年累计净经营性现金流超过5000万元或累计营业收入超过3亿元；无形资产与

净资产比例不超过20%；过去三年的财务报告中无虚假记载。

7.股本及公众持股：发行前不少于3000万股；上市股份公司股本总额不低于人民币5000万元；公众持股至少为25%；如果发行时股份总数超过4亿股，发行比例可以降低，但不得低于10%；发行人的股权清晰，控股股东和受控股股东、实际控制人支配的股东持有的发行人股份不存在重大权属纠纷。

8.其他要求：发行人最近三年内主营业务和董事、高级管理人员没有发生重大变化，实际控制人没有发生变更；发行人的注册资本已足额缴纳，发起人或者股东用作出资的资产的财产权转移手续已办理完毕，发行人的主要资产不存在重大权属纠纷；发行人的生产经营符合法律、行政法规和公司章程的规定，符合国家产业政策；最近三年内不得有重大违法行为。

十、企业在什么样的情况下可以申请破产？

我国《企业破产法》第二条规定："企业法人不能清偿到期债务，并且资产不足以清偿全部债务或者明显缺乏清偿能力的，依照本法规定清理债务。企业法人有前款规定情形，或者有明显丧失清偿能力可能的，可以依照本法规定进行重整。"据此，我国对破产原因采用了复合规定和单一规定并存的方式。对于破产清算、和解、重整三种程序的共同破产原因，采用复合规定，即破产原因由两项事实构成：债务人不能清偿到期债务；资产不足以清偿全部债务或者明显缺乏清偿能力。而对于破产重整的原因，则同时也采用了单一规定，即除上述复合原因外，企业法人的重整原因也可以由"有明显丧失清偿能力可能的"一项事实构成。此外，在我国现行法律中，《商业银行法》《合伙企业法》以及《公司法》对于破产原因的规定，也采用了单一规定。

至于如何判断债务人不能清偿到期债务？根据最高人民法院在《关于适用〈中华人民共和国企业破产法〉若干问题的规定（一）》第二条规定，认定不能清偿到期债务，应当同时具备三个要件：债权债务关系依法成立；

债务履行期限已经届满；债务人未完全清偿债务。第三条规定，在认定资不抵债时，债务人的资产负债表、审计报告或资产评估报告等均可作为判断依据。当债务人的资产负债表、审计报告或资产评估报告等显示其全部资产不足以偿付全部负债的，人民法院应当认定债务人资产不足以清偿全部债务，除非有相反证据足以证明债务人资产能够偿付全部负债。

对于明显缺乏清偿能力的认定，则采取了列举主要情形的方式，其中第四条规定，债务人账面资产虽大于负债，但存在下列情形之一的，人民法院应当认定其明显缺乏清偿能力：（一）因资金严重不足或者财产不能变现等原因，无法清偿债务；（二）法定代表人下落不明且无其他人员负责管理财产，无法清偿债务；（三）经人民法院强制执行，无法清偿债务；（四）长期亏损且经营扭亏困难，无法清偿债务；（五）导致债务人丧失清偿能力的其他情形。

十一、什么是企业破产？

企业破产是指企业在生产经营过程中由于经营管理不善，当负债达到或超过所占有的全部资产，不能清偿到期债务，资不抵债的企业行为。破产清算后，由破产财产偿还相关的债务。

根据我国《破产法》第二十三条的规定，在以下三种情况下，人民法院应当以书面裁定宣告债务人企业破产：企业不能清偿到期债务，又不具备法律规定的不予宣告破产条件的；企业被依法终结整顿的；整顿期满，不能按照和解协议清偿债务的。

企业破产会产生多方面的后果。对于破产企业负责人来说，担任破产清算的公司、企业的董事或者厂长、经理，对该公司、企业的破产负有个人责任的，自该公司、企业破产清算完结之日起未逾三年，不得担任公司的董事、监事、高级管理人员。如果是因企业董事、监事或者高级管理人员违反忠实义务、勤勉义务，致使所在企业破产的，自破产程序终结之日起三年内不得在任何企业担任董事、监事、高级管理人员。

对于债权人来说，债务人被宣告破产后，人民法院受理破产申请时对债务人享有的债权称为破产债权。破产宣告使得有财产担保或者其他优先受偿权的债权人可以经由担保物或者特定财产获得优先清偿；对于其他的不享有特定财产优先受偿权利的债权人来说，只能依照法律规定的清偿顺序，通过法定程序来集体确定分配方案，从破产财产中获得清偿。因此，债权人的债权不一定能完全实现，而根据有限责任公司的法理，在企业破产并完成注销后，公司的法律主体身份消失，债权人不能像企业曾经的股东和高管再次行使债权，因为其对于企业的债权已经在其破产的瞬间消亡了。

十二、进入破产程序的企业最终一定会破产吗？

进入破产程序的企业最终不一定会破产。破产案件的申请和受理是破产程序中的重要阶段。在我国，破产程序的启动采取破产申请主义，若无当事人的申请，法院不能依职权主动启动破产程序。进入破产程序，以破产案件的受理为标志。

企业进入破产程序的最终结果，即破产程序的终结，又称为破产程序的终止，是指破产程序进行过程中发生法律规定的应当终止破产程序的事由的，由法院裁定结束破产程序。破产程序的终结表明破产程序的彻底结束，破产人不再受破产程序的任何约束。破产程序终结的情形如下。

破产程序因破产财产分配完毕而终结。进行破产程序的主要目的在于用破产财产清偿全体债权人的债权。因此，破产财产一旦分配完毕，破产程序即应当终结。

因债务人能够执行和解协议而终结破产程序。债权人会议与破产债务人达成的和解协议执行完毕时，人民法院应当裁定终结破产程序并予以公告。

破产程序因重整计划执行完毕而终结。根据我国《企业破产法》的规定，重整计划获得人民法院批准后生效，人民法院裁定终止重整程序。重整计划执行完毕后，人民法院应当裁定终结破产程序并予以公告。

破产程序因破产财产不足以支付破产费用而终结。《企业破产法》第四十三条第四款规定："债务人财产不足以清偿破产费用的，管理人应当提请人民法院终结破产程序。人民法院应当自收到请求之日起十五日内裁定终结破产程序，并予以公告。"根据《企业破产法》，破产费用应当在破产财产开始分配前优先拨付，所以当破产财产少到无法满足清算组开展正常工作时，再将破产进行下去已无必要，所以法律做此规定。

破产程序因全体债权人申请并经人民法院许可而终结。破产程序开始后，破产人经全体债权人同意，可以申请法院终结破产程序。法院许可申请的，破产程序因此而终结。我国《企业破产法》第一百零五条规定："人民法院受理破产申请后，债务人与全体债权人就债权债务的处理自行达成协议的，可以请求人民法院裁定认可，并终结破产程序。"从理论上讲，破产程序是为债权人团体的利益而设立的，各债权人有权处分破产程序赋予其各自的利益，如果全体债权人同意，法律自然没有禁止的必要。

综上所述，破产程序的终结，可以总结为以下三种情况：（1）破产企业经过和解与整顿，扭亏为盈，获得复苏，从而按照和解协议偿还了债务。这时企业破产的原因已不存在，人民法院应当终结破产程序。（2）破产财产不足以支付破产费用，再进行破产程序已毫无意义。这时，应由清算组织向人民法院提出申请，宣告终结，人民法院也可以依职权宣告终结。（3）破产财产分配完毕，债权人的债权已得到全部或部分满足，从而达到了破产程序的实施目的。在这种情况下，由破产清算组织提请人民法院裁定终结破产程序。

破产程序终结，应由人民法院作出裁定，并将裁定书副本送达有关单位。裁定书的内容应予公告。破产程序终结的法律后果是：因企业整顿成功而终结破产程序的，企业恢复活力，继续进行正常的生产经营活动；因破产财产不足以支付破产费用或破产财产分配完毕而终结破产程序的，企业的法人资格消灭，由破产清算组织向破产企业原登记机关办理注销登记，债权人未得到清偿的债权不再清偿。

十三、怎样理解人民币的法定地位？

《中国人民银行法》第十六条规定："中华人民共和国的法定货币是人民币。以人民币支付中华人民共和国境内的一切公共的和私人的债务，任何单位和个人不得拒收。"这一规定，明确地表明了人民币的法律地位，即人民币是中华人民共和国的法定货币。

人民币作为我国的法定货币，一方面具有无限清偿能力，以人民币支付中国境内的一切公共的和私人的债务，任何单位和个人不得拒收；另一方面，又是我国唯一的合法货币，"任何单位和个人不得印刷、发售代币票券，以代替人民币在市场上流通"。

现有人民币的法定形式是纸币和硬币，随着数字人民币发行和流通的不断深入，数字形式的人民币在未来也可能成为法定形式的货币。

十四、什么是商业保险利益？

商业保险一般包括人身保险和财产保险。商业保险利益，也称可保利益，是指投保人或被保险人对保险标的具有法律上承认的合法经济利益，是保险事故发生时可能遭受的损失或失去的利益。根据该利益可否以金钱计算，可将其划分为抽象保险利益和具体保险利益。保险利益不同于保险标的，单个保险标的上可能存在数个不同性质的保险利益。比如，在特定的一栋房屋上，可能存在所有利益、担保利益、使用利益等数个利益。

财产保险与人身保险中的保险利益，二者在性质、存在范围及时点等方面均有所不同。

财产保险的保险利益是指被保险人对保险标的所具有的某种确定的、合法的经济利益，包括现有利益、基于现有利益产生的期待利益和基于某一法律上的权利基础而产生的责任利益。财产保险的保险利益主要有以下特征：第一，须为合法的经济性利益。保险合同是民事法律行为之一，所以除《保险法》有特别规定之外，应适用一般有关法律行为的规定，不得违反强制性或禁止性法律规定，不得有悖社会公共秩序和善良风俗，故对诸如走私货物、盗赃物的利益，皆不成立保险利益。第二，须为确定性利益。在同一个保险标的上，可能存在数个保险利益，且该数个利益可能归属于同一人，也可能分别归属于数人。因此，被保险人对保险标的所具有的利益，应为已经确定或者可以确定的利益。第三，我国《保险法》对于财产保险中的保险利益的范围未做具体规定。《保险法》第四十八条规定，财产保险合同在保险事故发生时，被保险人对保险标的不具有保险利益的，不得向保险人请求赔偿保险金。

人身保险的保险利益，是指投保人对于被保险人的生命或身体具有的利害关系，即投保人对于被保险人将因保险事故的发生而遭受损失，因保险事故的不发生而维持原有的利益。人身保险的保险利益主要有以下特征：第一，保险利益取决于投保人与被保险人之间的法定关系或被保险人的同意。我国《保险法》第三十一条第一、二款规定了人身保险利益的存在范围："投保人对下列人员具有保险利益：（一）本人；（二）配偶、子女、父母；（三）前项以外与投保人有抚养、赡养或者扶养关系的家庭其他成员、近亲属；（四）与投保人有劳动关系的劳动者。除前款规定外，被保险人同意投保人为其订立合同的，视为投保人对被保险人具有保险利益。"最高人民法院《关于适用〈中华人民共和国保险法〉若干问题的解释（三）》第三条规定："人民法院审理人身保险合同纠纷案件时，应主动审查投保人订立保险合同时是否具有保险利益，以及以死亡为给付保险金条件的合同是否经过被保险人同意并认可保险金额。"第二，保险利益必须于订约时存在，但在财产保险中，保险利益不必于订约时存在，只需在事故发生时存在即可。我国《保险法》第三十一条第三款规定，对于人身保险合同，"订立合同时，投保人对被保险人不具有保险利益的，合同无效"。

十五、投保人或保险公司可以单方面解除保险合同吗？

单方解除保险合同，是指解除权人行使解除权将保险合同解除的行为，不必经过对方当事人同意，只要解除权人将解除合同的意思表示直接通知对方，或通过人民法院或仲裁机构向对方主张，即可发生合同解除的效果。《保险法》第十五条规定，除本法另有规定或者保险合同另有约定外，保险合同成立后，投保人可以解除合同，保险人不得解除合同。

保险合同的解除一般分为法定解除和约定解除两种形式。法定解除是指当法律规定的情形出现时，保险合同当事人一方可依法对保险合同行使解除权。法定解除的情形在法律中被直接规定出来。但是，不同主体的法律效力有所不同：

1.对投保人而言，原则上可以随时解除合同。

除保险法另有规定或者保险合同另有约定外，保险合同成立后，投保人可以解除合同。货物运输保险合同和运输工具航程保险合同，保险责任开始后，投保人不得解除合同。

2.就保险人（保险公司）而言，法律的要求相对严格，原则上不可以单方解除合同，即保险公司必须在发生法律规定的解除事项时方有权解除合同，在我国，这些法定解除事项主要有：（1）投保人、被保险人未履行如实告知义务。（2）在保险合同有效期内，保险标的的危险程度显著增加。投保人或被保险人有义务将保险标的的危险程度增加的情况通知保险公司，保险公司可根据具体情况增加保险费，或者在考虑其承保能力的情况下解除合同。（3）在分期支付保险费的人身保险合同中，当未有另外规定时，投保人超过规定的期限60日未支付当期保险费的，导致保险合同中止。保险合同被中止后的2年内，双方当事人未就合同达成协议，保险公司有权解除合同。（4）投保方实施保险欺诈行为，故意制造保险事故或谎称发生保险事故。（5）投保人申报被保险人年龄不实，且不符合合同约定的年龄限制。（6）投保人未履行维护标的安全的义务。

综上所述，单方解除保险合同是投保人的权利，但投保人也将为此付出一定的数额损失。保险人不能随意解除保险合同，但在投保人，或者被保险人、受益人有法律规定的违法行为时，保险人有权解除保险合同。

十六、什么是垄断?

根据我国法律规定，一般涉及的垄断分为两种：商业垄断和行政垄断。

商业垄断，指的是在市场经济中提供商品或者服务的经营者、其他利益的代表者，滥用自身已经具有的市场支配地位，或者通过协议、合并等其他方式谋求或谋求并滥用市场支配地位，从而排除或者限制市场正常竞争，谋求超额利益，应依法予以规制的行为。

行政垄断，是指行政机关和法律法规授权的具有公共管理实务的组织滥用所具有的行政权力，违反法律规定实施的限制市场竞争的行为。主体以行政机关为主，但法律、法规授权的具有管理公共事务职能的组织也视为行政性垄断的主体。一般涉及行政性强制交易，行政性限制市场准入，行政性强制经营者限制竞争等行为。

十七、什么是不正当竞争?

不正当竞争是指经营者在生产经营过程中违反法律规定，扰乱市场竞争秩序，损害其他经营者和消费者合法权益的行为。首先，不正当竞争行为的主体是经营者；其次，不正当竞争是违法的竞争行为；然后，不正当竞争行为是损害其他经营者公平竞争权的行为。我国《反不正当竞争法》规定不正当竞争行为具体分为以下几类。

第一，混淆行为。一般指擅自使用与他人有一定影响的商品名称、包装、装潢等相同或者近似的标识；擅自使用与他人有一定影响的企业名称（包括简称等）社会组织名称、姓名（包括笔名、艺名、译名等）；擅自使用与他人有一定影响的域名主体部分，网站名称网页等；其他足以引人误认为是他人商品或者与他人存在特定联系的行为。

第二，虚假宣传行为。我国《反不正当竞争法》规定经营者不得对其商品的性能、功能、质量、销售状况、用户评价、曾获荣誉等做虚假或者引人误解的商业宣传，欺骗、误导消费者。经营者不得通过组织虚假交易等方式，帮助其他经营者进行虚假或者引人误解的商业宣传。

第三，侵犯商业秘密行为。商业秘密，是指不为公众所知悉、具有商业价值并经权利人采取相应保密措施的技术信息、经营信息等商业信息。侵犯商业秘密的行为主要包括以盗窃、贿赂、欺诈、胁迫、电子侵入或者其他不正当手段获取权利人的商业秘密；披露、使用或者允许他人使用以前项手段获取的权利人的商业秘密；违反保密义务或者违反权利人有关保守商业秘密的要求，披露、使用或者允许他人使用其所掌握的商业秘密；教唆、引诱、帮助他人违反保密义务或者违反权利人有关保守商业秘密的要求，获取、披露、使用或者允许他人使用权利人的商业秘密。经营者以外的其他自然人、法人和非法人组织实施前款所列违法行为的，视为侵犯商业秘密。第三人明知或者应知商业秘密权利人的员工、前员工或者其他单位、个人实施本条第一款所列违法行为，仍获取、披露、使用或者允许他人使用该商业秘密的，视为侵犯商业秘密。

第四，商业贿赂行为。经营者不得采用财物或者其他手段贿赂下列单位或者个人，以谋取交易机会或者竞争优势：交易相对方的工作人员；受交易相对方委托办理相关事务的单位或者个人；经营者在交易活动中，可以以明示方式向交易相对方支付折扣，或者向中间人支付佣金。经营者向交易相对方支付折扣、向中间人支付佣金的，应当如实入账。接受折扣、佣金的经营者也应当如实入账。经营者的工作人员进行贿赂的，应当认定为经营者的行为；但是，经营者有证据证明该工作人员的行为与为经营者谋取交易机会或者竞争优势无关的除外。

第五，违法有奖销售。经营者进行有奖销售不得存在下列情形：所设奖的种类、兑奖条件、奖金金额或者奖品等有奖销售信息不明确，影响兑奖；采用谎称有奖或者故意让内定人员中奖的欺骗方式进行有奖销售；抽奖式的有奖销售，最高奖的金额超过5万元。

第六，商业诋毁行为。经营者不得编造、传播虚假信息或者误导性信息，损害竞争对手的商业信誉、商品声誉。

另外，涉及互联网的不正当竞争行为。经营者不得利用技术手段，通过影响用户选择或者其他方式，实施下列妨碍、破坏其他经营者合法提供的网络产品或者服务正常运行的行为：未经其他经营者同意，在其合法提供的网络产品或者服务中，插入链接、强制进行目标跳转；误导、欺骗、强迫用户修改、关闭、卸载其他经营者合法提供的网络产品或者服务；恶意对其他经营者合法提供的网络产品或者服务实施不兼容；其他妨碍、破坏其他经营者合法提供的网络产品或者服务正常运行的行为。

十八、政府采购法有什么重要作用？

政府采购，是指各级国家机关、事业单位和团体组织，使用财政性资金采购依法制定的集中采购目录以内的或者采购限额标准以上的货物、工程和服务的行为。

有利于规范政府的采购行为。《政府采购法》对采购的主体、政府采购的形式、政府采购的内容、方式等都作出了具体的规定，以法律的形式予以明确，有利于促进政府采购工作的规范开展。

有利于提高政府采购资金的使用效益。《政府采购法》对于政府采购资金的使用方式在法律层面予以明确，由此政府采购时应严格遵守法律的规定，将每一笔资金花在所需之处，有利于提高政府采购资金的使用效益。

有利于建设廉洁性政府，推进反腐工作的进行。《政府采购法》明确规定了政府采购的过程，政府采购工作公开透明，受到各方面的监督。最大限度地减少以权谋私，权钱交易行为的发生，促进廉洁性政府的建设。

十九、政府如何保护消费者权益？

（一）制定法律规章方面的保护

把消费者权益保护上升到法律的高度才能为消费者合法权益保障提供制度的保障，《消费者权益保护法》中规定，政府制定有关消费者权益保护的法规、规章，应当积极听取消费者以及消费者协会的意见和建议。因此，对消费者保护上升到法律角度时应听取消费者的意见和建议。

（二）行政管理方面的义务

政府的社会公共管理工作与消费者的合法权益的保护息息相关，各级人民政府应当发挥各部门的职能做好消费者权益保护工作。特别是市场监督管理部门应当根据法律、法规的规定，在各自的职责范围内，采取措施，保护消费者的合法权益。此外，对于消费者以及消费者权益保护组织所反映的问题和提出的建议应当及时调查处理。

此外，有关行政部门应当定期或者不定期对经营者提供的商品和服务进行抽查检验，并及时将检验结果予以公布。若发现商品和服务存在缺陷，有危及人身、财产安全的危险的，应当立即责令经营者采取停止销售、警示、召回、销毁处理等措施。

（三）行政救济方面

经济法律责任，是指国家机关、社会组织、公民个人及其他经济主体违反经济法规范，不履行或者不完全履行经济义务或滥用经济权利时，应对国家或者受损害者承担的责任。这种经济法律责任主要是一种行政责任，主要措施有市场监督管理部门责令违法者赔偿经济损失、支付违约金、罚款、没收财物、停业整顿、吊销营业执照等。

二十、政府机关可以经商或者作为股东投资商业吗？怎样理解国有企业的法律属性？

政府机关不可以直接从事商业活动，也不得作为股东投资商业。根据国家的相关规定，县级以上党政机关，要坚决执行中共中央、国务院历来的规定，不准经商，或者办企业。所兴办的实体经济，必须与所在的机关彻底脱钩，应严格划清党政机关管理职权与经济实体经营权的界限。关于实体经济必须遵守国家法律和政策的规定，自主经营、自负盈亏。严禁党政机关利用自己掌握的权力为经济实体谋取不正当利益。

国有企业属于全民所有，是推进国家现代化、保障人民共同利益的重要力量，国有企业具有独特的法律特征。

1.国有企业财产属于国家所有或者其由国家依法投资设立

在全民所有制企业中，企业财产属于国家所有，但是经过多年的国有企业公司制、股份制改革后，目前这类企业已经很少。对于依据《公司法》和《企业国有资产监督管理暂行条例》等法律规定设立和运行的国有企业，国家享有投资权益。

2.国有企业具有独立的法人地位

无论是全民所有制企业还是国有独资公司或国家投资设立的有限责任公司和股份有限公司，其均具有独立法人地位，是独立的商事主体，国家和政府只享有投资者权益，不能直接干涉企业的经营管理。

3.国有企业在经营管理中实行所有权和经营权分离

国有企业是实体经济体制改革的产物，政企分开和"两权分离"是改革的基本思路，因此，在国有企业中，实体企业所有权与经营权分离的基本原则，国家作为投资者享有的所有者权益，而企业享有独立的经营权。

二十一、政府认真履行产品质量监督检查责任有何重要意义？

产品质量监督具有广义和狭义两种含义。从广义角度看，根据产品质量监督的主义不同，产品质量可分为国家行政监督、企业内部监督、行业自律监督、社会监督等。从狭义角度看，产品质量监督特指政府质量监管部门，依照法定职权和技术标准，对产品质量进行的检查、评价、考核等管理活动，属于国家行政监督的范畴。特点在于，其具有法定的权威性，受到国家强制力的保护。政府对于产品质量监督具有重要的作用。

1.促进社会主义市场经济的平稳运行

政府对产品质量问题进行监督检查，政府由于自身的权威性，对经营者、企业形成了一种外部的压力，使得有关质量的法律和标准有效的实施。同时，将产品质量的监督情况予以公布，使广大用户和消费者对产品的质量有一定的了解，增强质量好的产品的市场竞争力，促进公平、有序的市场竞争环境的形成，规范了市场行为，督促企业在市场竞争中重视质量，促进市场竞争机制的建立和完善。

2.促进企业加强自身产品的质量管理

政府认真履行产品质量监督检查工作，将产品质量监督情况及时通报，各级有关部门根据法律。法规对违法行为分别采取法律、经济、行政的处罚措施，停止产品质量不合格的企业继续生产和销售。通过这种行为督促企业进行整改和复查工作，帮助企业增强质量意识，改进生产技术，提高产品的质量。

3.向社会公众提供可信赖的产品信息

政府认真履行产品质量监督检查责任，可以对检查的产品质量的数据进行分析并向决策部门报告质量状况和发展趋势，以及标准的实施情况。为有关部门对经济的宏观调控以及政策的制定提供参考。同时通过掌握的各行和各类企业的质量动态提供权威的、有价值的信息，为广大消费者购物提供一份产品质量指南。

二十二、为什么政府预算要受到法律的规制？

预算是政府的基本财政收支计划，同时也是国家宏观调控的重要方式之一，是国家筹措、分配、使用和管理国家财政资金的主要工具。《预算法》是以规范政府收支行为，加强对预算的监督和管理，保障经济社会的管理和监督为目的。政府预算受到法律的规制具有重要意义。

（一）健全预算透明制度，完善预算体系

《预算法》规定，除涉及国家秘密的事项外，经本级人大代表或其常委会的批准，预算、预算调整、决算、决算执行情况的报告及报表，应当在批准后20日内由政府财政部门向社会公开，并对本级政府财政转移支付的安排、执行情况以及举借致债务的情况等重要事项作出说明。各部门预算。决算及报表应当在本级政府财政部门批复后20日内由各部门向社会公开，并对其中的机关运行经费的安排、使用情况等重要事项作出说明。该规定将现代财政逐渐向公开透明化，权力在阳光下行驶，是建设服务型、廉洁性政府的需要，同时，也会促进剂财政预算的效率。

（二）规范债务管理，防范债务风险

《预算法》规定，地方政府拥有了适度举债权限，对地方债务从债务的主体、目的、规模、方法，以及风险等五个角度作出了明确的规定：经国务院批准的省、自治区、直辖市可以举借债务；只能用于公益性资本支出，不得用于经常性支出；并由国务院建立地方政府债务风险评估和预警机制、应急处置机制以及责任追究制度，国务院财政部门对地方政府债务实施监督；预算法的这一规定一方面为部分地方债务提供了制度保障，另一方面还将如何借、如何还债管理问题规范化了，这可以有效地化解地方债务的风险。

（三）是坚持勤俭节约的需要

自2012年中共中央政治局会议通过了关于改进工作作风、密切联系群众的八项规定的决定起，有关部门厉行节约，建设廉洁政府，全国铺张浪费现象已得到一定的遏制，而作为主管财政的经济宪法，预算法明确规定"各级预算支出的编制，应当贯彻勤俭节约的原则，严格控制各部门、各单位的机关运行经费和楼堂馆所等基本建设支出"。各种违法行为的相应的法律责任在《预算法》第九十二至九十六条中得到了体现。将现实中存在的奢侈浪费问题提到法律层面来，用法制来遏制违法行为。

二十三、政府在采购活动中，能否大规模采购外国物品？

政府在采购活动中，不能大规模采购外国物品。根据《政府采购法》第十条规定，政府采购应当采购本国货物、工程和服务，但是有下列情形之一的除外：（1）需要采购的货物、工程或者服务在中国境内无法获取或者无法以合理的商业条件获取的；（2）为在中国境外使用而进行采购的；（3）其他法律、行政法规另有规定的。

政府采购是国家宏观调控的手段之一，是指国家机关、事业单位和组织团体，使用财政性资金采购依法制定的集中采购目录以内的或者采购限额标准以上的货物、工程和服务的行为。政府采购的基本功能是为了满足政府履行公共职能的需要。购买国货是政府采购制度的内在要求，政府采购资金来源于民，也应当用之于民，即通过采购本国货物、工程和服务，支持国内企业的发展，维护公共利益和国家利益。政府采购分为集中采购和分散采购相结合的方式，政府采购应当遵循公开透明原则、公平竞争原则、公正原则和诚信原则，且应当以有助于国家的经基金和社会发展政策为目标，包括驰援不发达地区和少数民族地区，促进中小企业的发展，因此，政府采购原则上应当购买国内产品，不得大规模采购国外物品。

二十四、政府购置物品能否购置豪华轿车？

政府购置物品不能购置豪华轿车。根据《机关事务管理条例》第十四条规定：政府各部门应当依照有关政府采购的法律、法规和规定采购机关运行所需货物和服务；需要招标投标的，应当遵守有关招标投标的法律、法规和规定。政府各部门应当采购经济适用的货物，不得采购奢侈品、超标准的服务或者构建豪华办公室。

政府采购是指各级政府为了开展日常活动或为公众提供服务，根据法律规定的程序购买货物、工程和服务的行为。政府采购的内容应当是依法制定的《政府集中采购目录》以内的货物、工程和服务，或者虽未列入

《政府集中采购目录》，但采购金额超过了规定的限额标准的货物、工程以及服务。《政府集中采购目录》中的采购内容一般是各采购单位通用的货物、工程和服务，例如计算机、打印机、复印机、传真机、公务车、电梯等货物。国务院财政部门应当根据经济和社会的发展政策，会同国务院有关部门制定政策采购政策，通过制定采购需求标准、价格评审优惠等措施，实现节约能源、保护环境、扶持不发达地区和少数民族地区、促进中小企业发展等目标。政府采购应当坚持节约财政支出，提高采购资金使用效益为出发点。因此，政府购置物品不得购置豪华轿车。

二十五、地方政府财政预算能否超出人大常委会的批准范围?

原则上以人大批准为准，如在实践中有突发事件以及紧急性需求时须经财政部同意。作为国家宏观调控重要方式之一的预算，是国家筹措、分配、使用、管理资金的主要工具，在国家财政中的作用不容小觑，因此对于预算的支出以及使用都有法律明确的规定。根据《预算法》第六十条、第六十八条规定，各级政府、各部门、各单位应当加强对预算支出的管理，严格执行预算，遵守财政制度，强化预算约束，不得擅自扩大支出范围、提高开支标准；严格按照预算规定的支出用途使用资金，合理安排支出进度。在预算执行过程中，地方政府必须严格按照预算调整的程序调整预算方案，县级以上地方政府的预算调整案应当提请本级人民代表大会常务委员会审查和批准。未经批准，不得调整整顿。地方政府应按照程序规范执行经过批准的预算。《预算法》对预算的使用范围以及支出予以严格规定，强化预算约束，加强对预算的管理以及监督，有利于健全公开透明的预算制度，保障社会主义市场经济的健康发展。

但是在执行预算过程中由于发生自然灾害等一系列突发事件，必须及时增加预算之出的，应当先行预支预备费，预备费不足支付的，各级政府可以先行安排支出，属于预算调整的，应列入预算调整范围。

二十六、政府加强金融监管对市场运行有什么重要意义？

金融在市场经济发展中居于非常重要的地位，是商品经济的产物，同样也是现代经济的核心。金融在市场经济活动中发挥着越来越重要的作用，市场经济的平稳健康运行离不开政府对金融市场的监管，政府对金融的监管具有重要意义。

1.有利于防范和化解系统性风险

金融具有外部性的特征，没有办法借助市场机制使责任转为"内部化"，政府介入可以避免风险外溢带来的市场危机，现代金融体系具有传导性、交叉性的特点，宏观的金融风险不再是个体风险的简单累加。风险往往集中在金融体系中防护最弱的一环爆发，并通过体系中固有的杠杆机制逐步放大和强化，殃及整个金融市场和所有金融机构，导致出现系统性金融风险，严重威胁到社会经济生活的各个方面。由于金融机构只对自身负责，而不对市场整体风险负责，因此，其自身扩张行为就易埋下产生系统性风险的隐患。而政府的介入在一定程度可以避免这种风险的发生，促进市场的健康平稳运行。

2.有利于规制金融产品交易，净化市场环境

金融具有跨越时空价值交换的特殊性，这中间价值交换面临着较高的信息不对称风险，时空错位容易造成交易时信息的严重不对称，从而导致市场交易主体之间难以像以物易物那样进行更好地自我管理。这种与商品交易的付现持有或物钱两讫不同，金融交易涉及价值的跨期交换。由于这种价值交换存在跨时空的特点，欺诈者行为在被发现之前就已经无影无踪了，消费者合法权益保护、市场交易环境等问题日渐突出。此时需要政府的介入，通过政府对金融领域的监管，虚假收益承诺、其他的不公平或欺骗性的金融交易行为困扰都得到了一定程度的遏制，规制金融领域的交易行为，净化市场环境，提高市场的运行效益。

3.有利于维持金融业的健康运行，激发市场活力

最大限度地减少银行业的风险，保险投资者的利益，促进银行业和经

济的健康发展，同时还能在一定程度上避免资金过度集中在某一行业，使金融领域的资金资源使用效益最大化，刺激并激发市场活力，促进市场经济的繁荣发展。

二十七、税务工作人员并无相关证明能否开展突击检查？

税务工作人员无相关证明不能展开突击检查。

税务检查工作具有政策性强、专业性高的特点，是目的性非常强的执法活动。为了促进税务征收管理工作的进行以及保障国家税收收入，保护纳税人和扣缴义务人的合法权益，规范税收检查行为，确保税务检查的质量和效率，税务检查工作必须严格按照法律的规定。税收法定是税务征收时所应遵守的一项重要的原则，税收法定不仅仅指实体层面根据法律规定，在程序方面也要遵守法律的规定。而根据《税务征收管理法》第五十九条的规定：税务机关派出的人员进行税务检查时，应当出示税务检查证和税务检查通知书，并有责任为被检查人保守秘密；未出示检查证和税务检查通知书的，被检查人有权拒绝检查。《税务征管法实施细则》第九十八条规定：税务机关和税务人员应当按照税收征管法及本细则的规定行使税务检查职权。

税务检查人员必须按照税务检查证或者税务检查通知书上所载明的检查范围和期限，行使税务检查权。如果税务人员未出示相关证件，纳税人可以拒绝提供相应的账簿等资料。

第六章　　　预防职务犯罪篇

一、什么是犯罪？

《刑法》第十三条规定，一切危害国家主权、领土完整和安全，分裂国家、颠覆人民民主专政的政权和推翻社会主义制度，破坏社会秩序和经济秩序，侵犯国有财产或者劳动群众集体所有的财产，侵犯公民私人所有的财产，侵犯公民的人身权利、民主权利和其他权利，以及其他危害社会的行为，依照法律应当受刑罚处罚的，都是犯罪，但是情节显著轻微危害不大的，不认为是犯罪。本条规定了两层意思：

首先，规定了哪些行为是犯罪。根据本条的规定，犯罪必须是同时具备以下特征的行为：（1）具有社会危害性，即行为人通过作为或者不作为的行为对社会造成一定危害。根据本条规定，具有社会危害性的行为包括：危害国家主权、领土完整和安全的行为；分裂国家、颠覆人民民主专政的政权和推翻社会主义制度的行为；破坏社会秩序和经济秩序的行为；侵犯国有财产或者劳动群众集体所有财产的行为；侵犯公民私人所有财产的行为；侵犯公民的人身权利、民主权利和其他权利，以及其他危害社会的行为。这一规定要求，构成犯罪必须是具有危害社会的行为，没有危害社会的行为，不能认为是犯罪。（2）具有刑事违法性，即犯罪行为应当是刑法中禁止的行为。危害社会的行为多种多样，不仅包括各种违法行为，而且包括违纪、违反社会道德的行为。由于各种危害行为违反的社会规范不同，其社会危害程度也不同，不是所有危害社会的行为都是犯罪，只有其社会危害性达到一定程度，刑法才规定为犯罪。因此，刑法规定的危害行为都是比较严重危害社会的行为。（3）具有应受刑罚惩罚性，即犯罪是依照刑法规定应当受到刑罚处罚的行为。违法行为，不一定都构成犯罪，只有依照刑法规定应当受刑事处罚的行为才是犯罪。刑法中没有规定给予刑事处罚的行为，只能通过行政处罚、党纪、政纪、批评教育处理。危害行为应受刑罚处罚性，是犯罪行为与其他违法行为的基本区别。以上三点是犯罪缺一不可的基本特征。

其次，规定了《刑法》不认为是犯罪的例外情况。这是对犯罪定义的重要补充。它是从不认为是犯罪的例外情况说明什么是犯罪，进一步划清了罪与非罪的界限。根据本条规定，"情节显著轻微危害不大的，不认为是犯罪"，即行为人的危害行为虽属于刑法规定禁止的行为，但情节显著轻微，其社会危害尚未达到应当受刑罚处罚的程度，法律不认为是犯罪。

二、什么是职务犯罪？

我国《刑法》所规定的职务犯罪行为是指：国家工作人员利用职务之便，实施贪污贿赂、玩忽职守、滥用职权、徇私舞弊以及侵犯公民人身权利、民主权利，破坏国家对公务活动的管理职能。依照刑法应当受到刑罚处罚的行为是职务犯罪。通常我们也称之为公务犯罪。所谓公务犯罪，要严格限制在刑法意义上的公务之内。我国《刑法》第九十三条对适用刑法从事公务的人员进行了限定。包括四类：一是国家机关中的公务活动；二是国有公司、企业、事业单位、人民团体中的公务活动；三是国家机关、国有公司、企业、事业单位、委派到非国有公司、企业、事业单位、社会团体的人员所从事的公务活动；四是依照法律从事的公务活动。

根据我国《刑法》九十三条规定，"国家工作人员"的范围包括但不限于公务员，而是指国家机关中从事公务的人员以及国有公司、企业、事业单位、人民团体中从事公务的人员和国家机关、国有公司、企业、事业单位委派到非国有公司、企业、事业单位、社会团体从事公务的人员，此外还将其他依照法律从事公务的人员，等同于"国家工作人员"。如此规定是由我国在订立《刑法》之时的社会基础决定的。所谓"其他依照法律从事公务的人员"，根据全国人民代表大会常务委员会《关于〈中华人民共和国刑法〉第九十三条第二款的解释》，村民委员会等村基层组织人员协助人民政府从事下列行政管理工作，属于刑法第九十三条第二款规定的"其他依照法律从事公务的人员"：1.救灾、抢险、防汛、优抚、扶贫、移民、救济款物的管理；2.社会捐助公益事业的款物的管理；3.国有土地的经营和管理；4.土地征收、征用补偿费用的管理；5.代征、代缴税款；6.有关计划生育、户籍、征兵工作；7.协助人民政府从事其他行政管理工作。村民委员会等村基层组织人员从事前款规定的公务，利用职务上的便利，非法占有公共财物、挪用公款、索取他人财物或者非法收受他人财物，构成犯罪的，适用《刑法》第三百八十二条和第三百八十三条贪污罪、第三百八十四条挪用公款罪、第三百八十五条和第三百八十六条受贿罪的规定。

三、什么是正当防卫？

根据《刑法》第二十条规定，为使国家、公共利益、本人或者他人的人身、财产和其他权利免受正在进行中的不法侵害，而采取的制止不法侵害的行为，对不法侵害人造成损害的，属于正当防卫，不负刑事责任。

正当防卫的具体适用包括以下六点。

1.正当防卫的前提是存在不法侵害。不法侵害既包括侵犯生命、健康权利的行为，也包括侵犯人身自由、公私财产等权利的行为。

2.正当防卫必须是针对正在进行的不法侵害。

3.正当防卫必须针对不法侵害人进行。

4.正当防卫必须是为了使国家、公共利益、本人或者他人的人身、财产和其他权利免受不法侵害。

5.对于显著轻微的不法侵害，行为人在可以辨识的情况下，直接使用足以致人重伤或者死亡的方式进行制止的，不应认定为防卫行为，而是防卫过当。

四、什么是紧急避险？

根据我国《刑法》第二十一条规定："为了使国家、公共利益、本人或者他人的人身、财产和其他权利免受正在发生的危险，不得已采取的紧急避险行为，造成损害的，不负刑事责任。"

紧急避险的目的是为了使更多、更大的合法权益免于危险。紧急避险对社会的有益性体现在，其行为损害的合法权益小于被保护的合法权益。这也说明紧急避险的正当化根据在于其保护了较大的合法权益，是有益于社会的。

五、什么是自首？什么是累犯？

（一）自首

自首是指犯罪分子犯罪以后自动投案，如实供述自己罪行的行为。自首必须具备下列条件：犯罪以后自动投案，如实供述自己的罪行。

对于自首的犯罪分子可以在法定刑的幅度内从轻或者减轻处罚。如果是犯罪较轻的，也可以免除处罚。我国法律这样规定主要是为了鼓励犯罪分子犯罪后自首，不仅自己可以得到从宽处理，同时也为司法机关侦破案件提供了有利的条件。

（二）累犯

累犯是指被判处有期徒刑以上刑罚的犯罪分子，刑罚执行完毕或者赦免以后，在5年以内再犯应当判处有期徒刑以上刑罚的罪行的。构成累犯，应当具备以下几个条件。

1.犯罪分子所犯的前罪和后罪必须都是被判处有期徒刑以上刑罚的，包括被判处有期徒刑、无期徒刑或者死刑的犯罪分子。

2.犯罪分子后一个犯罪行为发生的时间，必须在前罪的刑罚执行完毕或者赦免以后5年以内。这是构成累犯时间上的要求，如果后罪发生在前罪刑罚执行过程中，或者发生在前罪刑罚执行完毕5年以后或服刑人员被赦免5年以后，都不能构成累犯，不按累犯处罚。在刑罚执行期间再犯罪的，不按累犯处罚，应当依照我国法律关于数罪并罚的规定处罚。

3.犯罪分子所实施的前罪和后罪必须都是故意犯罪。如果其中有一个罪是过失犯罪，就不符合累犯的条件。累犯不包括过失犯罪。

对累犯的处罚，我国法律规定，累犯应当在法定刑的幅度内从重处罚。

六、什么是国家的监察制度？制定《监察法》的意义何在？

我国历来非常重视发挥监察制度职能，早在秦朝就开始确立了监察御史制度。我国古代监察制度在提高国家治理效能、加强官员监督等方面，发挥了重要作用，包含有不少权力监督的科学举措。以唐朝为例，唐代形成"一台三院"的监察体制，其中御史台是独立于一切机构之外的监察机关，既是中央监察机关，又是三大司法机关之一，掌管纠察、弹劾百官违法之事，同时负责监督大理寺和刑部的司法审判活动。对此，德国前总统、法学博士罗曼·赫尔佐克在其《古代的国家——起源和统治形式》一书中指出，中国历代国家比任何一个其他国家都更多地对自己的官员进行监督，这样一种监察在所有的国家都是必要的。

深化国家监察体制改革是以习近平同志为核心的党中央作出的事关全局的重大政治体制改革，是强化党和国家自我监督的重大决策部署。制定监察法是对党的十八大以来反腐败实践经验的理性总结，是对我国历史上监察制度的有益借鉴，为国际反腐败提供中国智慧和中国方案，意义重大、影响深远。

（一）制定监察法是对党的十八大以来反腐败实践经验的理性总结

党的十八大以来，以习近平同志为核心的党中央坚持反腐败无禁区、坚定不移将党风廉政建设和反腐败斗争进行到底，持续深化不敢腐、不能腐、不想腐一体推进，惩治震慑、制度约束、提高觉悟一体发力。

因此，通过制定《监察法》，把党的十八大以来在推进党风廉政建设和反腐败斗争中形成的新理念新举措新经验以法律形式固定下来，有助于巩固国家监察体制改革成果，保障反腐败工作在法治轨道上行稳致远。

（二）制定监察法为国际反腐败提供中国智慧和中国方案

腐败是当今世界各国都无法绕开的一个共同问题，反腐败是当今全球治理重要议题之一，也是世界性难题。

我国的领导干部大多是共产党员，党内监督和国家监察既具有高度内在一致性，又具有高度互补性。党的十八大以来，党内监督得到有效加强，监督对象覆盖了所有党组织和党员。党中央部署在各地开展深化国家监察体制改革试点，成立省、市、县三级监察委员会，并与党的纪律检查机关合署办公，代表党和国家行使监督权和监察权。接着，通过宪法修正案，对监察委员会作出专门规定。随后，审议通过监察法，将行使国家监察职能的专责机关纳入国家机构体系，明确监察委员会由同级人大产生，对其负责，受其监督。通过"三步走"的战略部署，在反腐败斗争中，实现了坚持党的领导、人民当家作主、依法治国三者的有机统一，展现了高超的政治智慧。

七、我国的刑罚种类分为几种？分别在哪些部门执行？

刑事处罚是违反刑法，应当受到的刑法制裁，简称刑罚。根据我国《刑法》的规定，刑事处罚包括主刑和附加刑两部分。

（一）主刑

1.管制，是指对犯罪分子不实行关押，但限制其一定自由，依法由社区矫正的刑罚方法。是我国刑罚种类之一，属于主刑的一种。管制是最轻的主刑，是我国独创的一种刑罚。

2.拘役，是指剥夺犯罪人短期人身自由，就近实行强制劳动改造的刑罚方法。在我国刑罚体系中，拘役是介于管制与有期徒刑之间的一种主刑，它具有以下特征：（1）拘役是一种短期自由刑。拘役的刑期最短不少于1个月，最长不超过6个月。所以，拘役是我国对罪犯予以关押、实行强制劳动改造的三种自由刑中最轻的一种。（2）拘役适用于罪行较轻但需要短期关押改造的罪犯。

3.有期徒刑，是指剥夺犯罪分子一定期限的人身自由，实行强制劳动改造的刑罚方法。有期徒刑是剥夺自由刑的主刑，其刑罚幅度变化较大，从较轻犯罪到较重犯罪都可以适用。所以，在我国刑罚体系中，有期徒刑居于中心地位。

4.无期徒刑，是指剥夺犯罪分子终身自由，并强制劳动改造的刑罚方法。

5.死刑，是指剥夺犯罪人生命的刑罚方法，包括死刑立即执行和死刑缓期执行两种。死刑是我国刑罚中最重的一种，是由最高人民法院判决，执行的剥夺犯罪分子生命权和政治权的刑法，因此，死刑是严格控制的。

（二）附加刑

1.罚金，它是指由人民法院判决的、强制犯罪分子向国家缴纳一定数额的金钱，从经济上对犯罪分子实行制裁的刑事处罚。罚金的适用对象是经济犯罪，财产犯罪和某些故意犯罪。

2.剥夺政治权利，根据《刑法》第三章第七节各该条之规定，该附加刑对于犯危害国家安全罪的犯罪分子，以及对故意杀人、强奸、放火、爆炸、投毒、抢劫等严重破坏社会秩序的犯罪分子适用；若独立适用则应当依照《刑法》分则的规定。同时，对于被判处死刑、无期徒刑的犯罪分子应当剥夺政治权利终身，但在死刑缓期执行减为有期徒刑或者无期徒刑的时候，应当把附加剥夺政治权利终身的期限改为3年以上10年以下。除此之外，附加剥夺政治权利的刑期，从徒刑、拘役执行完毕之日或者被假释之日起计算，剥夺政治权利的效力当然适用于主刑执行期间。

3.没收财产，根据《刑法》第三章第八节，以及分则的相关规定，没收财产主要适用于犯罪所得巨大或者特别巨大的犯罪，是没收犯罪分子个人所有财产的一部分或者全部的刑罚，但没收全部财产的，应当对犯罪分子及其扶养的家属保留必需的生活费用。与此同时，在判处没收财产的时候，不得没收属于犯罪分子家属所有的或者应有的财产。另外，没收财产前犯罪分子所负的正当债务，需要以没收的财产偿还的，经债权人请求，应当偿还。

4.驱逐出境，驱逐出境是指强迫犯罪的外国人离开中国国（边）境的刑罚方法，对于犯罪的外国人，可以独立适用或者附加适用驱逐出境。

另外，军事法院在审理军人犯罪时，还可以依法作出剥夺荣誉称号或勋章的处罚。

我国刑罚只能由《刑法》加以规定，除《刑法》以外，其他任何法律都无权规定刑罚体系。而且，刑种按照由轻到重的顺序加以排列，人民法院必须依法按照这些刑罚方法及条件、幅度、方式来判处刑罚。

八、什么是减刑？什么是假释？假释需要具备哪些条件？

（一）减刑

减刑，是指对原判刑期适当减轻的一种刑法执行活动。狭义的减刑是指依法被判处管制、拘役、有期徒刑、无期徒刑的罪犯在具有法定的减刑情节时，由负责执行刑罚的机关报送材料，人民法院依法予以减轻原判刑罚的刑事司法活动；广义的减刑是指凡受刑事处罚的人，在具备法定的减刑情节时，由负责执行刑罚的机关报送材料，人民法院依法予以减轻原判刑罚的刑事司法活动，不仅包括狭义减刑的范围，还涵盖了死刑缓期二年执行、罚金、缓刑及因主刑减刑后附加剥夺政治权利的减刑。

（二）假释

假释，是对被判处有期徒刑、无期徒刑的犯罪分子，在执行一定刑期之后，因其遵守监规，接受教育和改造，确有悔改表现，不致再危害社会，而附条件地将其予以提前释放的制度。被假释的犯罪分子，在假释考验期间再犯新罪的，不构成累犯应当撤销假释。假释在我国刑法中是一项重要的刑罚执行制度，正确地使用假释，把那些经过一定服刑期间确有悔改表现、没有必要继续关押改造的罪犯放到社会上进行改造，可以有效地鼓励犯罪分子服从教育和改造，使之早日复归社会、有利于化消极因素为积极因素。

九、什么是逮捕

逮捕是检察院批准或决定，法院决定，公安机关执行的，对犯有证据证明有犯罪事实，可能判处徒刑以上刑罚的犯罪嫌疑人、被告人在一定时间内完全剥夺人身自由的强制措施。

逮捕是刑事诉讼强制措施中最严厉的一种，它不仅剥夺了犯罪嫌疑人、被告人的人身自由，而且逮捕后除发现不应当追究刑事责任和符合变更强制措施条件的以外，对被逮捕人的羁押期间一般要到人民法院判决生效为止。正确、及时地适用逮捕措施，可以发挥其打击犯罪、维护社会秩序的重要作用，有效地防止犯罪嫌疑人或者被告人串供、毁灭或者伪造证据、自杀、逃跑或继续犯罪，有助于全面搜集证据、查明案情、证实犯罪，保证侦查、起诉、审判活动的顺利进行。所以逮捕是同犯罪作斗争的重要手段。但是如果过量使用逮捕，错捕滥捕，就会伤害无辜，侵犯公民的人身权利和民主权利，破坏社会主义法制的尊严和权威，损害公安司法机关的威信。因此，必须坚持"少捕"和"慎捕"的刑事政策，切实做到不枉不纵，既不能该捕不捕，也不能以捕代侦，任意逮捕。对无罪而错捕的，要依照国家赔偿法的规定对受害人予以赔偿。

关于逮捕的适用机关，我国《宪法》以及《刑事诉讼法》都有明确的规定，我国《宪法》第三十七条规定，任何公民，非经人民检察院批准或者决定或者人民法院决定，并由公安机关执行，不受逮捕。《刑事诉讼法》第五十九条规定：逮捕犯罪嫌疑人、被告人，必须经过人民检察院批准或者人民法院决定，由公安机关执行。

据此，逮捕犯罪嫌疑人、被告人的批准权或者决定权属于人民检察院和人民法院。对于公安机关移送要求审查批准逮捕的案件，人民检察院有批准权。人民检察院在侦查及审查起诉中，认为犯罪嫌疑人符合法律规定的逮捕条件，应予逮捕的，依法有权自行决定逮捕。人民法院直接受理的自诉案件中，对被告人需要逮捕的，人民法院有决定权。对于人民检察院提起公诉的案件，人民法院在审判阶段发现需要逮捕被告人的，有权决定逮捕。公安机关无权自行决定逮捕。逮捕的执行权属于公安机关，人民检察院和人民法院决定逮捕的都必须交付公安机关执行。

所有国家监委没有直接逮捕的权力，监察机关如果在监察工作中需要协助，可以要求有关单位依法给予协助。

十、为他人谋取非法利益，但未亲自收取贿赂，构成犯罪吗？

在明确这个问题之前，我们应该首先明确受贿罪的犯罪构成以及什么样的行为构成受贿罪。《刑法》关于受贿罪有以下规定。

根据第三百八十五条，国家工作人员利用职务上的便利，索取他人财物的，或者非法收受他人财物，为他人谋取利益的，是受贿罪。

国家工作人员在经济往来中，违反国家规定，收受各种名义的回扣、手续费，归个人所有的，以受贿论处。

根据第三百八十六条，对犯受贿罪的处罚规定对犯受贿罪的，根据受贿所得数额及情节，依照本法第三百八十三条的规定处罚。索贿的从重处罚。

普通受贿罪的本质是权钱交易，其成立要件是通过自己的职务行为，利用职务便利，结成不正当的对价关系，收取他人财物的行为。只有国家工作人员能构成受贿罪，但是如果一般公民与国家工作人员相勾结，伙同受贿的，以受贿罪的共犯论处。

这里的收受贿赂是指在行贿人主动提供贿赂时，国家工作人员予以接受。需要注意的是，收受贿赂并不限于国家工作人员将贿赂直接据为己有，还包括行贿的人向第三人提供贿赂，第三人如果明知行贿人提供的是贿赂，这里的第三人就成立受贿罪的共犯，如果第三人不明知，则不成立共犯。关于贿赂的最终去向并不重要，受贿人让第三人转交给自己或受贿人让第三人自己留用，他都构成受贿罪。

十一、收取他人钱财，但未实际为他人谋取非法利益，构成犯罪吗？

对于本人收取他人钱财，但未实际为他人谋取非法利益是否构成犯罪，分为两种情况：

第一种情况是国家工作人员利用职务上的便利，索取他人财物，但未实际为他人谋取非法利益的，应当构成受贿罪。关于索取贿赂包括要求、索要与勒索贿赂。勒索贿赂的，不以敲诈勒索罪论处，仍定受贿罪。并且索取贿赂时不要求为他人谋取利益。

第二种情况是国家工作人员利用职务上的便利，收受他人贿赂，为他人谋取利益的，是受贿罪。这里的为他人谋取利益，不要求为他人实际谋取，不要求为他人实现利益，只要求许诺为他人谋取利益，也即将"为他人谋取利益"作为筹码，收受贿赂。这里的许诺既可以是明示的，也可以是暗示的。明知他人有具体的请托事项，给予财物时不拒绝，就是暗示许诺为他人谋取利益。许诺可以是真实的，真心实意的，也可以是虚假的，虚情假意的，也即并不打算帮请托人办事。虚假许诺要构成受贿罪是有条件的，也就是行为人有办成事的可能性，如果行为人根本不可能办成事，不具有办成事的条件，甚至自己没有相关职权，以非法占有为目的，欺骗请托人，虚假许诺，则构成诈骗罪。

例如，甲向教育局局长乙提供财物，请求乙为丙（甲的儿子）提供高中入学的便利，乙并未拒绝，并让甲将财物留下。这里乙还未实际为甲谋取非法利益，但是仍然构成受贿罪。

十二、国家监委的职能是什么？

监察委员会是国家的监察机关，是行使国家监察职能的专责机关，依据《监察法》对所有行使公权力的公职人员进行监察，调查职务违法和职务犯罪，开展廉政建设和反腐败工作，维护宪法和法律的尊严。中华人民共和国国家监察委员会是最高监察机关，领导地方各级监察委员会的工作。中华人民共和国国家监察委员会由全国人民代表大会产生，负责全国监察工作。对全国人民代表大会及其常务委员会负责，并接受监督。

各级监察委员会是行使国家监察职能的专责机关，依照《监察法》对所有行使公权力的公职人员（以下称公职人员）进行监察，调查职务违法和职务犯罪，开展廉政建设和反腐败工作，维护宪法和法律的尊严。监察委员会依照法律规定独立行使监察权，不受行政机关、社会团体和个人的干涉。监察机关办理职务违法和职务犯罪案件，应当与审判机关、检察机关、执法部门互相配合，互相制约。监察机关在工作中需要协助的，有关机关和单位应当根据监察机关的要求依法予以协助。监察委员会依照《监察法》和有关法律规定履行监督、调查、处置职责：（一）对公职人员开展廉政教育，对其依法履职、秉公用权、廉洁从政从业以及道德操守情况进行监督检查；（二）对涉嫌贪污贿赂、滥用职权、玩忽职守、权力寻租、利益输送、徇私舞弊以及浪费国家资财等职务违法和职务犯罪进行调查；（三）对违法的公职人员依法作出政务处分决定；对履行职责不力、失职失责的领导人员进行问责；对涉嫌职务犯罪的，将调查结果移送人民检察院依法审查、提起公诉；向监察对象所在单位提出监察建议。

监察机关对下列公职人员和有关人员进行监察：（一）中国共产党机关、人民代表大会及其常务委员会机关、人民政府、监察委员会、人民法院、人民检察院、中国人民政治协商会议各级委员会机关、民主党派机关和工商业联合会机关的公务员，以及参照《公务员法》管理的人员；（二）法律、法规授权或者受国家机关依法委托管理公共事务的组织中从事公务的人员；（三）国有企业管理人员；（四）公办的教育、科研、文化、医疗卫生、体育等单位中从事管理的人员；（五）基层群众性自治组织中从事管理的人员；（六）其他依法履行公职的人员。各级监察机关按照管理权限管辖本辖区内公职人员所涉监察事项。

十三、积极退赃的意义是什么？

《刑法》第六十二条规定，犯罪分子具有本法规定的从重处罚、从轻处罚情节的，应当在法定刑的限度以内判处刑罚。

《刑法》第六十三条规定，犯罪分子具有本法规定的减轻处罚情节的，应当在法定刑以下判处刑罚；本法规定有数个量刑幅度的，应当在法定量刑幅度的下一个量刑幅度内判处刑罚。

在刑法分则当中，积极退赃属于法定的量刑情节，比如《刑法》第三百八十三条规定，犯贪污罪的，在提起公诉前如实供述自己罪行、真诚悔罪、积极退赃，避免、减少损害结果的发生，有第一项规定情形的，可以从轻、减轻或者免除处罚。

十四、什么是没收个人财产？

（一）没收个人财产的范围

没收个人财产是《刑法》中规定的附加刑的一种，没收财产是将罪犯个人财产的全部或者部分强制，无偿收归国有，是一种严厉的财产刑。

关于没收财产的范围，是犯罪分子个人合法所有并且没有用于犯罪的财产。应当注意严格区分个人所有财产和家属所有财产的界限。不得没收属于犯罪分子家属所有或者应有的财产；应有的财产，是指家庭共有中应属于家属的财产。没收全部财产时，应当给犯罪分子个人及其扶养的家属保留必要的生活费用。这里的被扶养的家属，既包括未成年子女，也包括成年人。

（二）没收财产的执行

1.执行机构：财产刑由一审法院执行。

2.执行顺序，第一位：赔偿被害人，包括人身损害赔偿以及其他损失；第二位是民事债务，这里的民事债务要求正当债务，且是经债权人请求的正当债务。第三位的执行顺序则为财产刑，包括罚金和没收财产。

（三）没收财产的适用方式

1.选科式，在罚金和没收财产中选择其一。例如，《刑法》第二百六十七条规定，犯抢夺罪的，"数额特别巨大或者有其他特别严重情节的，处十年以上有期徒刑或者无期徒刑，并处罚金或者没收财产"。

2.并科式。一是必须并科，在判处主刑的同时必须附加没收财产。例如，在《刑法》第三百八十三条规定中，犯贪污罪，数额特别巨大，并使国家和人民利益遭受特别重大损失的，处无期徒刑或者死刑，犯贪污罪，数额特别巨大。在此必须附加适用没收财产。二是可以并科，在判处主刑同时可以附加没收财产。例如，《刑法》第二百七十一条规定，犯职务侵占罪的，"数额巨大的，处五年以上有期徒刑，可以并处没收财产"。在此可以并处，也可以不并处没收财产。

第七章　　诉讼知识篇

一、诉讼法是什么？它包含哪些内容？

诉讼法指规定诉讼活动的法律规范的总称，主要用于调整诉讼活动中产生的各种社会关系。诉讼法主要包括《刑事诉讼法》《民事诉讼法》《行政诉讼法》《仲裁法》《律师法》，等等。其中，《刑事诉讼法》是指国家制定或认可的调整刑事诉讼活动的法律规范的总称。《民事诉讼法》是国家制定的规定民事审判程序制度，以规范诉讼法律关系主体的活动并调整他们之间法律关系的法律规范的总和。行政法是规定国家行政机关的组织、职责权限、活动原则、管理制度和工作程序的，用以调整各种国家行政机关之间，国家行政机关同其他国家机关之间，以及国家行政机关与企业事业单位、社会团体和公民之间行政法律关系的各种法律规范的总和。

《刑事诉讼法》《民事诉讼法》和《行政诉讼法》都属于程序法，都是诉讼法，它们是我国审判程序中最主要的法律形式，因此它们在一些基本制度方面存在着相同或相似的情况。例如，它们都实行回避、两审终审、公开审判以及合议制等基本制度。在实践中，有时会同时适用某两类诉讼法，在行政诉讼案件的审理的时候常常还会适用民事诉讼法。这三大诉讼法联系紧密，相互补充，共同构建了一个完整的国家审判制度体系。

但是作为不同的法律部门，它们之间也有所区别。第一，他们各自的调整对象不同，《刑事诉讼法》调整的是刑事诉讼法律关系，《民事诉讼法》和《行政诉讼法》调整的也是它们相关领域内的法律关系。第二，他们的任务不同。《民事诉讼法》主要为了解决民事，经济纠纷，维护民事往来的正常秩序。《刑事诉讼法》主要是为了确认被告人是否犯罪以及适用何种刑罚，维护社会的正常秩序，《行政诉讼法》主要是为了通过行政审判对国家行政机关的行政行为实施监督，维护国家行政管理秩序，保障行政行为的合法性。第三，它们具体的审判程序制度不同。比如起诉制度、证据制度和诉讼主体制度方面都不同。

二、诉讼法的基本原则有哪些？

诉讼法的基本原则是指在诉讼活动中必须遵守的基本准则。在刑事诉讼、民事诉讼和行政诉讼活动中，它们既有需要共同遵守的原则，又由于各自的特点有着不同的原则。

诉讼法的基本原则贯穿于整个诉讼过程，对诉讼活动具有指导和补充的功能。具体而言，《刑事诉讼法》的基本原则有如下十四项：（1）侦查权、检察权、审判权由专门机关依法行使；（2）人民法院、人民检察院依法独立行使职权；（3）依靠群众；（4）以事实为根据，以法律为准绳；（5）对一切公民在适用法律上一律平等；（6）分工负责，互相配合，互相制约；（7）人民检察院依法对刑事诉讼实行法律监督；（8）各民族公民有权使用本民族语言文字进行诉讼；（9）审判公开；（10）犯罪嫌疑人、被告人有权获得辩护；（11）未经人民法院依法判决，不得确定有罪；（12）保障诉讼参与人的诉讼权利；（13）依照法定情形不予追究刑事责任；（14）追究外国人刑事责任适用我国《刑事诉讼法》。

《民事诉讼法》的基本原则反映了民事诉讼活动的精神实质。其具体内容为：（1）民事案件的审判权由人民法院行使原则；（2）人民法院依照法律规定对民事案件独立进行审判原则；（3）以事实为根据、以法律为准绳原则；（4）诉讼当事人在适用法律上一律平等原则；（5）当事人诉讼权利平等原则；（6）辩论原则；（7）调解原则；（8）诚实信用原则；（9）处分原则；（10）同等原则；（11）对等原则；（12）民族语言文字原则；（13）检察监督原则；（14）支持起诉原则。

《行政诉讼法》的基本原则是规范和指导行政诉讼活动的基础性规范。其具体内容如下：（1）人民法院独立行使审判权原则；（2）以事实为依据，以法律为准绳原则；（3）公民在适用法律上一律平等原则；（4）合议，回避，公开审判和两审终审原则；（5）当事人诉讼法律地位平等原则；（6）使用本民族语言文字进行诉讼原则；（6）辩论原则；（7）人民检察院对行政诉讼进行法律监督原则；（8）行政诉讼的客体限于具体的行政行为；（9）法院审查具体行政行为限于审查其合法性。

三、如何确定诉讼中的当事人？

在刑事诉讼中，当事人是指对刑事诉讼的过程发挥重要影响对案件结局有直接利害关系的诉讼参与人。成为刑事诉讼当事人必须符合两个条件。第一，实体条件：刑事诉讼活动过程和结局会直接影响当事人的合法权益。第二，程序条件：当事人在刑事诉讼活动中拥有较广泛的诉讼权利，可以对诉讼过程和结局发挥比其他诉讼参与人更重要的影响。依据《刑事诉讼法》第一百零六条第二项规定，当事人是指被害人、自诉人、犯罪嫌疑人、被告人、附带民事诉讼的原告人和被告人。

民事诉讼当事人，是指因与他人发生民事纠纷，而以自己的名义参加诉讼，并受法院裁判约束的利害关系人。狭义的当事人包括提起诉讼的原告和原告诉称的被告。广义上的当事人除了原告和被告外还包括了与案件有直接的法律上的利害关系的有独立请求权的第三人。民事诉讼当事人具有三种特征：第一，当事人与案件在法律上有直接的利害关系。第二，当事人以自己的名义参加诉讼，并由自己承担诉讼结果。第三，民事诉讼的主体应当服从人民法院作出的裁判，根据裁判文书来行使自己的权利，履行相应的义务。

在行政诉讼中，广义的当事人包括原告、被告、共同诉讼人和诉讼中的第三人。狭义的当事人，指原告和被告。在行政诉讼的阶段不同，当事人的称谓也不同：在第一审程序中，当事人称为原告和被告；在第二审程序中，当事人称为上诉人和被上诉人；在审判监督程序中，当事人称为申诉人和被申诉人；在执行程序中，当事人称为申请执行人和被申请执行人。当事人的称谓不仅表明了当事人在行政诉讼中的诉讼地位，还说明了其所享有的诉讼权利和所承担的诉讼义务。在行政诉讼中，作为当事人必须符合如下特征：第一，行政诉讼当事人以自己的名义参与行政诉讼，如诉讼代理人等不能以自己的名义参与行政诉讼的不属于行政诉讼当事人；第二，与行政案件有着直接或者间接的利害关系；第三，法院的裁判对行政诉讼的当事人有拘束力。

四、三大诉讼法的证据证明有何不同？

刑事诉讼法、民事诉讼法、行政诉讼法中的证据必须具备"三性"，即合法性、客观性、关联性。合法性是指证据的形式以及证据的收集或审查都合乎法律规定；客观性，即证据是客观存在的，不以人的意志为转移；关联性是证据进入诉讼的第一道"门槛"，指的是证据内容的事实与案件的事实之间存在某种联系，关联性只侧重于证据与证明对象之间的形式关系。在实务中，强调和确认证据的"三性"，对于理论实践和法制建设都有着重要的意义。

虽然三大诉讼法对证据"三性"有着共同的要求，但在某些方面也有着明确的界限，如下表所示。

不同点	刑事诉讼法	民事诉讼法	行政诉讼法
证据种类	1.物证； 2.书证； 3.证人证言； 4.被害人陈述； 5.犯罪嫌疑人、被告人的供述和辩解； 6.鉴定意见； 7.勘验、检查、辨认、侦查实验等笔录； 8.视听资料，电子数据。 其中被害人陈述、犯罪嫌疑人、被告人供述和辩解是刑事诉讼法特有的证据分类	1.书证； 2.物证； 3.视听资料； 4.电子数据； 5.证人证言； 6.当事人的陈述； 7.鉴定意见； 8.勘验笔录	1.书证； 2.物证； 3.视听资料； 4.电子数据； 5.证人证言； 6.当事人的陈述； 7.鉴定意见； 8.勘验笔录、现场笔录。 其中现场笔录是行政诉讼法特有的证据分类

不同点	刑事诉讼法	民事诉讼法	行政诉讼法
证明责任分配	证明犯罪嫌疑人、被告人犯罪行为及其应承担的刑事责任的轻重由审判机关、检察机关、侦查机关承担，犯罪嫌疑人、被告人原则上不承担证明自己无罪的责任	除法律规定的特殊情形，一般根据当事人的主张，分别由当事人承担相应的证明责任，即"谁主张，谁举证"	由作为被告的行政机关承担
证明对象	主要为有关犯罪行为构成要件和量刑情节的事实	主要为民事纠纷产生和发展的事实和民事法律关系构成要素的事实	主要为被诉具体行政行为合法性的有关事实
证明程序规则（特有）	侦查、审查起诉中的证明规则	处分原则和辩论原则	在诉讼过程中被告及其诉讼代理人不得自行向原告、第三人和证人收集证据

　　行政诉讼证据分类中的书证是指以文字、符号所记录或表示的、以证明待证事实的文书，例如罚款单等；物证是指用物品的外形、特征、质量等说明待证事实的一部或全部的物品，例如达不到国家质量标准的药品等；视听资料是指用录音、录像的方法记录下来的有关案件的事实材料，例如用录音笔录制的音频；电子数据是以数字化的信息编码的形式出现的，能准确地储存并反映有关案件的情况，是对案件具有较强证明力的独立的证据，例如微信聊天记录；证人证言是指证人以口头或书面方式向人民法院制作的对案件事实的陈述；当事人的陈述是指案件的直接利害关系人向人民法院提出的关于案件事实和证明这些事实情况的叙述；鉴定意见是指人民法院指定的专门机关对行政案件中出现的专门性问题，通过技术鉴定作出的结论，例如卫生监督机构对药品质量的检验证书；勘验笔录是指人民法院对能够证明案件事实的现场或者对不能、不便拿到人民法院的物证，就地进行分析、检验、勘查后作出的记录；现场笔录，是指行政机关工作人员在现场当场实施行政处罚或其他处理决定所做的现场情况的笔录。

五、如何正确适用认罪认罚从宽制度？

认罪认罚指的是被告人、犯罪嫌疑人能够对自己所犯罪行进行如实供述，并且承认所指控的犯罪事实，自愿接受公诉机关提出的量刑建议，主动签署具结书。针对该类被告人和犯罪嫌疑人可酌情从宽。认罪认罚从宽制度可以简化诉讼程序，提升诉讼效率，它同时具有实体性和程序性。认罪认罚从宽制度被2018年修改的《刑事诉讼法》纳入，正式成为一项刑事诉讼制度。为了更好地适用该项制度，2019年10月，"两高三部"共同下发《关于适用认罪认罚从宽制度的指导意见》，最高人民检察院于2019年12月颁布了《人民检察院刑事诉讼规则》明确规定了认罪认罚从宽制度的基本原则，适用范围等问题。

认罪认罚从宽制度的适用标准主要是看被告人对自己所犯罪行的态度，且该制度对案件有分流作用，对诉讼程序具有简化功能。所以认罪认罚从宽制度适用于所有的犯罪类型，其中从宽制度是"可以从宽"而不是"必须从宽"，具体是否从宽以及从宽幅度多少需要由司法机关根据个案具体情况具体分析。

认罪认罚从宽制度适用于侦查，起诉，审判各个阶段。其中，审查起诉阶段是适用认罪认罚从宽制度的重要环节。检察机关在核实案情形成基本意见后，确认被追诉人是否具有认罪认罚的意愿，在此基础上召集辩护人或值班律师协商。如果意见一致，则以书面形式签订《认罪认罚具结书》。审判阶段适用认罪认罚从宽制度时，法院要在庭审过程中对被告人的认罪认罚的自愿性以及《认罪认罚具结书》的真实合法性进行确认，保证审判案件的公正性。

认罪认罚从宽制度是我国刑事诉讼的一项基本制度，不仅适用于侦察，起诉，审判各个阶段，在刑事速裁程序，简易程序以及和解程序中均有所体现。认罪认罚从宽制度体现了宽严相济的刑事政策的价值取向，优化了司法资源配置，还是对非对抗性诉讼格局的有益追求。

典型案例

某市中级人民法院审理某市人民检察院指控原审被告人何某犯故意伤害

罪。何某与其表兄因为财产问题发生口角，并抓扯扭打。期间，何某拿出菜刀恐吓其表兄，表兄夺下菜刀后，将何某推按至厨房洗碗池边，何某遂拿起放在水池旁的尖刀，刺中其表兄左后腰部，造成重伤的后果。何某在其家中被民警抓获。案发后，何某向被害人亲属支付1万元，并在归案后如实供述了犯罪事实。被告人认罪认罚，如实供述，有悔罪表现，依法可从轻处罚。

六、在被告缺席的情况下应该如何进行审判?

（一）刑事诉讼中的缺席审判

刑事缺席审判指的是在刑事诉讼案件开庭之日，作为辩方的被告人没有参加庭审，法官在充分调查取证之后依法作出判决的特殊刑事审判程序。刑事缺席审判作为刑事审判制度的一种特殊形态，和普通形式审理程序相比既有相同之处也有不同之处，其特殊性决定了刑事缺席审判制度本身所具有的价值。

我国刑事缺席审判案件的主要类型有被告人在境外的贪污贿赂犯罪，需要核准的严重危害国家安全犯罪，恐怖活动犯罪案件，被告人患有严重疾病无法出庭的案件，审理过程中被告人死亡的无罪案件以及按照审判监督程序重新审判的被告人死亡的案件。

（二）民事诉讼中的缺席审判

在民事诉讼过程中，缺席审判制度渐渐地发展成为一项不可或缺的重要制度。它主要基于辩论原则，处分原则和当事人平等原则产生。民事诉讼缺席审判制度的功能主要有如下几个方面：第一，保障诉讼活动的程序公正。只有保障双方当事人诉讼权利平等才能实现程序公正，缺席审判制度保证了诉讼程序的顺利进行，设置的异议救济制度也可以保障缺席的当事人的诉讼权益。第二，提高民事诉讼的程序效率。缺席审判制度可以避免案件审理程序的拖延，减缓法官压力。

我国《民事诉讼法》规定，原告经传票传唤，无正当理由拒不到庭的，或者未经法庭许可中途退庭的，可以按撤诉处理；被告反诉的，可以缺席判决。被告经传票传唤，无正当理由拒不到庭的，或者未经法庭许可中途退庭的，可以缺席判决。宣判前，原告申请撤诉的，是否准许，由人民法院裁定。人民法院裁定不准许撤诉的，原告经传票传唤，无正当理由拒不到庭的，可以缺席判决。这构成了我国民事缺席审判制度的基本内容。

（三）行政诉讼中的缺席审判

我国的行政诉讼缺席审判制度特点如下：第一，尊重当事人的处分权，如原告缺席的可以按照撤诉处理，若撤诉后原告有新的正当理由或证据事实可以重新起诉。第二，有较重的法院职权干预色彩。若法院未批准被告缺席庭审或审判前原告申请撤诉，则可以缺席判决。第三，缺席审判使得庭审程序简化，无法很好体现法院的辩论原则。第四，若当事人对判决结果不服，可以向上一级法院上诉。

根据我国《行政诉讼法》规定，原告在经法院传票传唤后无正当理由拒不到庭，或未经法院许可中途退庭，法院可以对其裁定按撤诉处理；而被告如果出现以上情况时可以作出缺席判决。同时，现行司法解释规定，在法院裁定不予准许原告或上诉人的撤诉申请，并决定正常开庭的情况下，若此时原告出现了缺席的情况，法院可以对其适用缺席判决。被告如果出现上述情况，法院可以决定按期开庭或继续审理，并在对到庭的当事人诉讼请求和证据材料进行审查认定后依法作出缺席判决。若此时当事人缺席，案件的审理不会受到影响，可以继续进行。

七、如果案件之外的第三人对案件的审理有意见应当如何处理？

第三人制度一般存在于行政诉讼和民事诉讼中，刑事诉讼中没有第三人。
行政诉讼第三人是指在行政诉讼中，除原被告之外，为了维护其合法权益，申请或被通知参与到即将开始或者是已经开始的行政诉讼之中的公民、法人或者其他组织。行政诉讼人包含四个要件：第一，主体要件。第三人可以是除原被告以外的，存在利害关系的任何人。第二，行为要件。行为人是申请或被通知参加正在进行或即将进行的行政诉讼。第三，目的要件。第三人是为了维护自身的合法权益而参与诉讼。第四，结果要件。第三人参与行政诉讼对其权利义务可能会产生影响。

行政诉讼第三人如果对案件的审理有意见，可以向人民法院申请，经法院批准可参与诉讼。在行政诉讼中，第三人的法律地位与原告，被告类似。第三人在诉讼中有权利提出与本案有关的诉讼主张，也有权利对人民法院的一审判决不服提起上诉。因为行政诉讼的被告不得反诉及不能在行政诉讼期间向原告和证人自行搜集证据，因此法律地位与被告类似的第三人也有类似的限制。类似于原告地位的第三人则无此限制。

民事诉讼第三人是指对他人争议的诉讼标的有独立请求权，或者虽无独立的请求权，但案件的处理结果与其有法律上的利害关系，而参加到原告、被告已经开始的诉讼中进行诉讼的人。依据案件诉讼与第三人的关系，可以将第三人分为两种类型。第一种是有独立请求权的第三人，这类第三人与案件的诉讼标的有直接利害关系，可以对案件的诉讼标的直接提出独立请求权。第二类是无独立请求权的第三人，该类第三人与案件的诉讼标的无直接利害关系，但可能与案件结果有法律上的利害关系，因此为避免承担责任而参加诉讼。

有独立请求权的第三人可以以起诉的方式提出独立的请求，他在诉讼中处于原告的诉讼地位，享有原告的诉讼权利承担相应的义务。有独立请求权的第三人提出的诉讼为参加之诉，而最初的原告与被告之间的诉讼成为本诉讼。由于它们的标的一致，因此法院必须将两个诉讼合并审理，合一判决。无独立请求权人参加的诉讼中存在着两个诉，一个是原告与被告之间的本诉讼，另一个是第三人与原被告某一方之间的参加之诉。无独立请求权第三人是参加之诉的当事人。

八、如何处理管辖权异议？

管辖权异议，是指当事人认为受诉法院对案件无管辖权而向法院提出的不服管辖的意见或主张。明确、合理地确定管辖权对诉讼活动的顺利进行以及实现诉讼任务有着十分重要的意义。管辖权异议的相关规定作为当事人诉讼权利的重要组成部分，我国在《民事诉讼法》和《行政诉讼法》中作出了相应规定。而《刑事诉讼法》有关管辖异议的规定只存在于审判管辖，并且集中在地域管辖方面。

我国《民事诉讼法》第一百二十七条和相关司法解释对管辖权异议进行了规定，根据这些规定，管辖权异议成立的条件有三个：第一个是主体要件，提出管辖权异议的主体只能是案件的被告。第二个是时间要件，管辖权异议一般应当在被告提交答辩状期间提出，法院不予受理审查超过受理答辩期的管辖权异议。但是答辩期满后，如果原告增加诉讼请求金额致使案件标的额超过受诉人民法院级别管辖标准的，被告就级别管辖提出管辖权异议的法院应当受理。第三个是管辖权异议对象必须是第一审民事案件的管辖权。

对被告提出的管辖权异议，人民法院应当予以审查，并根据法律的规定和案件的实际情况，对被告的管辖权异议作出裁定。在针对管辖权异议的裁定作出前，原告申请撤回起诉，受诉人民法院作出准予撤回起诉裁定的，对管辖权异议不再审查，并在裁定书中一并写明。被告以受诉人民法院同时违反级别管辖和地域管辖规定为由提出管辖权异议的，受诉人民法院应当一并作出裁定。

在《行政诉讼法》中，存在管辖权异议是较为普遍的现象。管辖权异议成立的条件有两个，第一个是提出管辖权异议的主体必须是当事人，即行政诉讼中的原告、被告和第三人。第二个提出管辖权异议的条件是提出管辖异议的期限。当事人提出管辖异议，应当在接到人民法院应诉通知之日起10日内以书面形式提出，并且只能是向受理案件的一审法院提出，不能向二审法院提出。

对当事人提出的管辖异议，人民法院应当在案件实体审理之前先行审查管辖权问题，经过审查后，如果当事人管辖异议成立的，裁定将案件移送有管辖权的人民法院。当事人管辖异议不成立的，裁定驳回。当事人对驳回管辖异议的裁定不服的，根据《行政诉讼法司法解释》第六十三条的规定，可以上诉，上诉法院应当在法定期限内，对上诉进行审查，并作出最终裁定。当事人应当按照最终裁定所确定的管辖法院参加诉讼，否则视为自动撤诉或不应诉。

九、三大诉讼法对调解制度有何规定?

和解是双方当事人之间通过信息的交换和沟通，就产生纠纷的事项达成共识和就纠纷的解决作出一致的决定的过程和结果。和解主要依靠双方的信赖基础进行协商。这里区别于调解，调解是指纠纷的当事人在中立的第三方的介入下，通过谈判达成和解、解决纠纷的过程和结果。和解与调解的最显著区别是参加主体不同。和解一般就是双方的主体参加，在和解过程中可以申请人民法院对和解活动进行协调，人民法院可以委派审判辅助人员或者是邀请、委托有关单位和个人从事协调活动，而在调解过程中必须有审判员或者是合议庭的成员参加。

在《刑事诉讼法》及相关司法解释中，虽然没有对刑事和解的概念做出明确界定，但从相关的规定可以看出，和解的适用条件主要包括以下两点：第一，当事人自愿，即当事人是在平等与自愿的基础上，包括是否和解、和解采取何种形式在内的所有与和解相关的事项都是必须有双方自主决定的，与对方达成和解；第二，加害人真诚悔罪，积极赔偿并取得被害人谅解。《刑事诉讼法》将公诉案件纳入刑事和解的适用范围，明确规定判处七年以下有期徒刑的过失犯罪案件可以适用刑事和解制度，这已经是刑事和解制度的较大突破，为今后和解范围的进一步扩大奠定了基础。刑事和解可以发生在案件处理的各个阶段，公检法均可作为刑事和解的主持机关。

《民事诉讼法》第五十条规定："双方当事人可以自行和解。"最高人民法院出台的司法解释，明确了当事人在二审程序中可以进行民事诉讼和解并申请制作调解书。民事诉讼和解的构成主要包括四点：第一，在法院判决过程中（包括上诉审理中），诉讼和解都应被允许，上诉案件和解协议生效后，原审判决自然时效；第二，和解的参与人可以是诉讼双方当事人，也可以是第三人；第三，明确双方权利义务后，可以就诉讼请求的全部或部分或与案件无关的内容达成和解；第四，和解可以在法院主持下达成或双方私下协商，但需要法院确认和解协议。

行政诉讼和解的特征主要体现在以下几点：一是和解发生在诉讼过程中，而非行政诉讼外和解；二是双方对自己的权利享有相应的处分权，例如行政主体在不违反强制性法律规范的情况下，变更、放弃行政行为；三是双方为解决争议而共同达成的合意；四是协议若经法院审查，与判决有相同法律效力，否则仅具有契约效力。

和解制度本身的自由度，更好地保障了双方当事人的合法权益，并提高司法工作部门的工作效率，减少司法资源的浪费，同时减低矛盾激化，有利于为与社会稳定，为社会向和谐美丽的方向发展起到了推进作用。

十、当事人已经受到刑事处罚后，还能再追加行政处罚吗？

当刑事处罚和行政处罚在适用上出现竞合时到底该怎么适用，是应该在这二者中择一适用还是两个同时适用，现行的法律并没有全面的规定，只是在个别的条款中对个别种类的处罚如何进行折抵作出了相应的规定。例如，根据《行政处罚法》第三十五条之规定，是关于行政处罚中的罚款、行政拘留怎么折抵刑罚的规定，但是违法行为是复杂多变的，出现竞合时进行处罚的种类也是多种多样的。

处罚的目的在于恢复被破坏的社会秩序，并不是为了"报复"而进行处罚。刑罚处罚相较行政处罚而言，处罚的严厉程度和强度是行政处罚不可比拟的。所以在对某一类违法行为进行处罚时，且在行政法律规范和刑事法律规范中规定的是同种处罚措施，如果法院已经先行审查并判处被告人某种刑罚措施以后，那么行政机关就无须也无权在对行为人进行行政处罚。因此，当刑事处罚的内容包括了行政处罚时，并且刑事处罚先于行政处罚的，行政机关无须再另行处罚。否则，不仅违背法理精神对行为人作出双重处罚，还浪费了公共权力资源。举例来说，关于人身罚方面，《治安管理处罚法》第四十八条和《刑法》第二百五十二条都有关于隐匿、毁弃或者非法开拆他人信件的规定。行政处罚的措施是"处五日以下拘留或者五百元以下罚款"，刑罚的措施是"处一年以下有期徒刑或者拘役"，其惩罚的严厉程度已经远超行政处罚，所以在这种情况下，可以只进行刑罚处罚而不再进行行政处罚。同样在财产罚方面，《治安管理处罚法》第六十八条和《刑法》第三百六十四条中都有关于制作、复制淫秽的物品等的规定。行政处罚的措施是"处十日以上十五日以下拘留，可以并处三千元以下的罚款，情节较轻的，处五日以下拘留或者五百元以下罚款"，刑事处罚的措施是"处三年以下有期徒刑、拘役或者管制，并处罚金"。因为在行政处罚法中有关于罚款折抵罚金的规定，所以在理论上来说，罚金数额的下限应该高于罚款金额的上限，如若不然，就会出现折抵不过来的问题。罚金应该是必罚款更严厉的处罚措施，所以当司法机关判处罚金以后，行政机关无权再作出罚款这样的行政处罚。

如前所述，现行法律中虽然没有明文规定先刑后行原则，但应当把它作为一个一般原则来遵守。然而，现实情况的复杂性，可能会导致并非所有的行政机关都严格按照这样的原则处理问题。有时可能先行作出了行政处罚在移送司法机关进行刑事处理。在很大程度上会出现行政处罚与刑事处罚相竞合的情况发生，应当具体问题具体分析。

之所以说追究刑罚后一般不再行政处罚，包括以下三方面含义。

（1）以同一行政机关对行为人同一违法行为不得给予两次及上处罚；（2）不同机关依据不同法律规范对行为人同一违法行为不得给予两次及以上同种类的行政处罚；（3）违法行为已受到刑罚后，除法律规定或特殊情况外，不得再给予行为人行政处罚。

《行政处罚法》第二十九条，对当事人的同一个违法行为，不得给予两次以上罚款的行政处罚。同一个违法行为违反多个法律规范应当给予罚款处罚的，按照罚款数额高的规定处罚。从字面上理解，行为人的一个行为违反某一规范或数个规范，如果行政处罚的内容是罚款，则只能处罚一次。

简言之，根据"一事不再罚"原则，对行为人先行追究刑事责任后，不得再针对同一行为进行行政处罚，确有必要进行行政处罚的，应当具体问题具体我分析。[①]

第一种情形是法院判处相应的刑罚，行政处罚与刑罚在内容上并不是完全包容的，比如刑罚中没有吊销行政许可或营业执照的内容，但是对行为人进行能力限制足以预防行为人再次利用该资格进行违法活动。比如，因严重违反交通规则而被吊销驾驶执照的，或许比单纯的处以财产刑更有利于保护人民群众的生命安全。因此，当法院判处管制、拘役、有期徒刑或者罚金后，行政机关仍然可以对其进行能力罚，如责令停产停业、暂扣或者吊销许可证或者执照等。

第二种情形，法院免除相应刑罚。根据刑事优先原则，当行政机关认为某一违法行为可能构成犯罪时会移送司法机关，但是移送并不是一定会作出刑事处罚的决定。人民检察院在审查后可能会作出不起诉的决定，人民检察院起诉后，人民法院可能会判处免除刑罚。在这种情况下，行政机关仍然可以对违法行为进行行政处罚，这样的处罚方式在《刑法》中也可以找到依据。例如，《刑法》第三十七条之规定，对于犯罪情节轻微不需要判处刑罚的，可以免予刑事处罚，但是可以根据案件的不同情况，予以训诫或者责令具结悔过、赔礼道歉、赔偿损失，或者由主管部门予以行政处罚或者行政处分。

十一、哪些是不可诉的行政行为？

《行政诉讼法》第十三条规定了人民法院不受理公民、法人或者其他组织事项：（1）国防、外交等国家行为；（2）行政法规、规章或者行政机关制定、发布的具有普遍约束力的决定、命令；（3）行政机关对行政机关工

[①] 张雨露：《行政处罚与刑罚衔接问题研究》，天津师范大学2020年硕士论文。

作人员的奖惩、任免等决定；（4）法律规定由行政机关最终裁决的行政行为。针对法律对不受理的范围限定，我们可以通过以下几个方面来理解。

国家行为，亦是国家行使自主权的行为，具体指国务院、中央军事委员会、国防部、外交部等部门根据宪法或法律的授权，以国家的名义实施的有关国防和外交事务的行为，以及经宪法和法律授权的国家机关宣布紧急状态和总动员等行为。行政诉讼的范围不包括国家行为，已经得到各国的共识。

行政法规、规章或者行政机关制定、发布的具有普遍约束力的决定、命令是指行政机关颁布的针对不特定的对象发布的能够反复适用的规范性文件。

对行政机关工作人员的奖惩、任免等决定属于纯粹的内部行政行为，具有工作和人事性质，不涉及具体的行政相对人，是对行政机关工作人员公务员权利义务的决定。

法律规定由行政机关最终裁决的行政行为，是指全国人民代表大会及其常务委员会制定、通过的规范性文件中明确由行政机关最终裁决的行政行为。例如《行政复议法》第十四条规定："对国务院部门或者省、自治区、直辖市人民政府的具体行政行为不服的，向作出该具体行政行为的国务院部门或者省、自治区、直辖市人民政府申请行政复议。对行政复议决定不服的，可以向人民法院提起行政诉讼；也可以向国务院申请裁决，国务院依照本法的规定作出最终裁决。"

在《最高人民法院关于适用〈中华人民共和国行政诉讼法〉的解释》中补充了不属于人民法院行政诉讼的受案范围，无论是法律规定还是司法解释，对于不可诉的行为，我们要着重关注的是行为是否为具体的行政行为。具体行政行为是指国家行政机关和行政机关工作人员、法律法规授权的组织、行政机关委托的组织，或者个人在行政管理活动中行使行政职权，针对特定的公民、法人或者其他组织，就特定的具体事项，作出的有关该公民、法人或者其他组织权利义务的单方行为。简单来说，是指行政机关行使人民赋予的权力，对特定的对象作出有关设定或改变其权利义务的行为。当然即使是具体的行政行为，也未必一定属于法院受案范围，例如重复处理行为。

十二、如何对诉讼程序进行审判监督？

审判监督程序即再审程序是指为了保证法院裁判的公正，对人民法院作出的已发生法律效力的判决、裁定、调解书，人民法院认为确有错误，对案件再进行审理的程序。审判监督程序发起主体包括人民法院、人民检察院和当事人。

最高人民法院对地方各级人民法院已经发生法律效力的判决、裁定，上级人民法院对下级人民法院已经生效的判决、裁定，发现有错误的，有权提审或者指令下级人民法院再审。各级人民法院院长对人民法院已经发生法律效力的判决、裁定发现确有错误的，认为需要再审的，应当提交审判委员会讨论决定。

最高人民检察院对各级人民法院已经发生法律效力的判决、裁定，上级人民检察院对下级人民法院已经发生法律效力的判决、裁定，发现有违反相关法律规定的，或者发现有损害国家利益、社会公共利益的，应当提出抗诉。地方各级人民检察院对同级人民法院已经发生法律效力的判决、裁定属于法定情形之一，或者发现有损害国家利益、社会公共利益的，可以向同级人民法院提出检察建议，并报请上级人民检察院备案；也可以上提请上级人民检察院向同级人民法院提出抗诉。

当事人对已经发生法律效力的判决、裁定，认为有错误的，可以向上一级人民法院申请再审；当事人一方人数众多或者当事人双方均为公民的案件也可以向原审人民法院申请再审。

审判监督程序吸收一审、二审的基本程序，针对已生效的法律文书，突破其既判力，体现审判监督的重要特性。虽其目的在于贯彻"有错必究"的原则，但为保障一审二审的权威性，法律规定提起审判监督的条件和运行更加严格。三大诉讼法规定申请再审的情形如下表所示。

	刑事诉讼法	民事诉讼法	行政诉讼法
申请再审的条件	1.有新的证据证明原判决、裁定认定的事实确有错误,可能影响定罪量刑的; 2.据以定罪量刑的证据不确实、不充分、依法应当予以排除,或者证明案件事实的主要证据之间存在矛盾的; 3.原判决、裁定适用法律确有错误的; 4.违反法律规定的诉讼程序,可能影响公正审判的; 5.审判人员在审理该案件的时候,有贪污受贿,徇私舞弊,枉法裁判行为的	1.有新的证据,足以推翻原判决、裁定的; 2.原判决、裁定认定的基本事实缺乏证据证明的; 3.原判决、裁定认定事实的主要证据是伪造的; 4.原判决、裁定认定事实的主要证据未经质证的; 5.对审理案件需要的主要证据,当事人因客观原因不能自行收集,书面申请人民法院调查收集,人民法院未调查收集的; 6.原判决、裁定适用法律确有错误的; 7.审判组织的组成不合法或者依法应当回避的审判人员没有回避的; 8.无诉讼行为能力人未经法定代理人代为诉讼或者应当参加诉讼的当事人,因不能归责于本人或者其诉讼代理人的事由,未参加诉讼的; 9.违反法律规定,剥夺当事人辩论权利的; 10.未经传票传唤,缺席判决的; 11.原判决、裁定遗漏或者超出诉讼请求的; 12.据以作出原判决、裁定的法律文书被撤销或者变更的; 13.审判人员审理该案件时有贪污受贿,徇私舞弊,枉法裁判行为的; 14.当事人对已经发生法律效力的调解书,提出证据证明调解违反自愿原则或者调解协议的内容违反法律的,可以申请再审。经人民法院审查属实的,应当再审	1.不予立案或者驳回起诉确有错误的; 2.有新的证据,足以推翻原判决、裁定的; 3.原判决、裁定认定事实的主要证据不足、未经质证或者系伪造的; 4.原判决、裁定适用法律、法规确有错误的; 5.违反法律规定的诉讼程序,可能影响公正审判的; 6.原判决、裁定遗漏诉讼请求的; 7.据以作出原判决、裁定的法律文书被撤销或者变更的; 8.审判人员在审理该案件时有贪污受贿、徇私舞弊、枉法裁判行为的

	刑事诉讼法	民事诉讼法	行政诉讼法
不得申请再审的条件	申诉人对驳回申诉不服的，可以向上一级人民法院申诉。上一级人民法院经审查认为申诉不符合《刑事诉讼法》第二百四十二条和司法解释第三百七十五条第二款规定的，应当说服申诉人撤回申诉；对仍然坚持申诉的，应当驳回或者通知不予重新审判	1.发生法律效力的解除婚姻关系的判决、调解书，但财产部分的判决可以申请再审；2.适用特别程序审结的案件不得申请再审	1.再审申请被驳回后再次提出申请的；2.对再审判决、裁定提出申请的；3.在人民检察院对当事人的申请作出不予提出检察建议或者抗诉决定后又提出申请的。有上述1、2情形人民法院应当告知当事人可以向人民检察院申请检察建议或者抗诉

十二、对于附带民事诉讼的行政诉讼应当如何处理？

行政附带民事诉讼，是指人民法院在审理行政案件的同时附带审理与行政案件相关联的民事案件，并作出裁判的诉讼活动。行政诉讼附带的民事诉讼是由行政诉讼派生的。附带民事诉讼的裁判以行政诉讼的裁判为前提。行政附带民事诉讼是两个诉的合并，当原告的行政附带民事诉讼的请求被法院受理后，在审理过程中发现民事诉讼与行政诉讼并无关联，人民法院应当作出驳回附带民事诉讼的裁定。法院审理行政附带民事诉讼，对其中的民事诉讼部分，可以调解。

行政附带民事诉讼有如下特征。

第一，只有当事人的民事诉讼请求与行政诉讼所指向的具体行政行为的合法与否相关联，当事人才可以在提起行政诉讼的同时附带提起民事诉讼。第二，附带民事诉讼能否成立取决于行政诉讼能否成立。第三，行政附带民事诉讼不同于行政诉讼中的原告。行政赔偿诉讼发生在法律地位不平等的相对人与国家行政机关之间，受国家赔偿法的调整。而行政附带的民事诉讼则是发生在平等主体之间，涉及的是民事法律关系，由民事法律调整。第四，附带民事诉讼中的第三人是与民事争议有利害关系的人。行政诉讼中，第三人是与被诉具体行政行为有法律上利害关系的人，这些人可能是公民、法人或者其他组织，也可能是处于行政相对人地位的国家行政机关。附带民事诉讼中的第三人则是与民事争议有利害关系的人，一切民事法律关系的主体都可能成为附带民事诉讼中的第三人。

行政附带民事诉讼制度是为了减少诉讼，降低当事人的诉讼成本，提高审判效率。因此，行政附带民事诉讼原则上应当一并作出裁判。如果民事诉讼部分涉及案情复杂，一并作出裁判可能超过法律规定的审结期限时，法院可就主诉行政诉讼部分先行判决，待民事诉讼案情查明后，再作出民事判决。行政附带民事诉讼中的民事诉讼判决应以行政判决为前提。

十三、行政诉讼法中关于回避的制度有哪些？

回避制度是指在诉讼过程中，审判人员及其他相关人员遇有法律规定的事由，依法定程序，退出案件审理程序的制度。即审判人员、检察人员、侦查人员以及其他有关人员，不得参加与本人有利害关系或其他关系案件的审判、检查、侦查。通过回避，可以把存在影响司法公正的人员排除在审判之外，保证审判的公正。

行政诉讼中的回避制度一般参照民事诉讼。根据民事诉讼法的规定，审判人员、书记员、翻译人员、鉴定人、勘验人有下列情形之一的，应当自行回避，当事人有权用口头或者书面方式申请回避：（1）是本案当事人或者当事人、诉讼代理人近亲属的；（2）与本案有利害关系的；（3）与本案当事人、诉讼代理人有其他关系，可能影响对案件公正审理的；（4）审判人员违反规定会见当事人、诉讼代理人，接受当事人、诉讼代理人请客送礼，或者有贪污受贿、徇私舞弊、枉法裁判行为的。

行政诉讼的回避制度规定当事人认为即当事人认为审判人员与本案有

利害关系或者有其他关系可能影响公正审判，有权申请审判人员回避。审判人员认为自己与本案有利害关系或者有其他关系，应当申请回避。院长担任审判长时的回避，由审判委员会决定；审判人员的回避，由院长决定；其他人员的回避，由审判长决定。当事人对决定不服的，可以申请复议一次。而适用回避制度的具体规定一般是适用于书记员、翻译人员、鉴定人、勘验人。

实行回避制度，可以有效地防止司法人员滥用权力、徇私枉法，从而保证公平正义在每一个案件中都得以体现。回避制度的实行也提高了当事人对司法工作人员的信赖程度，充分体现我国诉讼程序的民主性和公开性，进而提高我国的司法公信力。

十四、我国对国家赔偿制度有何规定？

（一）什么是国家赔偿？

国家赔偿是由国家对于行使公权力的侵权行为造成的损害后果承担赔偿责任的活动。国家赔偿制度的建立可以追溯到1954年《宪法》，其中第九十七条规定："由于国家机关工作人员侵犯公民权利而受到损失的人，有取得赔偿的权利。"1986年4月12日，第六届全国人大四次会议审议通过《民法通则》，该法第一百二十一条规定："国家机关或者国家机关工作人员在执行职务中，侵犯公民、法人的合法权益造成损害的，应当承担民事责任。"这是我国法律层面对国家责任的最初规定。1994年5月12日第八届全国人大常委会第七次会议通过了《国家赔偿法》，该法采用了行政赔偿和刑事赔偿合一的体例，涉及了民法、刑法、行政法、刑事诉讼法、民事诉讼法、行政诉讼法等多个部门法。《国家赔偿法》经过两次修正，不断修改完善，推动国家赔偿制度的发展和适用。

行政赔偿是指行政机关及其工作人员违法行使行政职权，侵犯公民，法人和其他组织的合法权益造成损害的，由国家承担赔偿责任的赔偿。行政赔偿是国家赔偿的主要组成部分。

《国家赔偿法》第三条、第四条规定了行政赔偿的条件：（1）违法拘留或者违法采取限制公民人身自由的行政强制措施的；（2）非法拘禁或以其他方法非法剥夺公民人身自由的；（3）以殴打等暴力行为或者唆使他人以殴打等暴力行为造成公民身体伤害或者死亡的；（4）违法使用武器、警械造成公民身体伤害或者死亡的；（5）造成公民身体伤害或者死亡的其他违法行为；（6）违法实施罚款、吊销许可证和执照、责令停产停业，没收财物等行政处罚的；（7）违法对财产采取查封、扣押、冻结等行政强制措施的；（8）违反国家规定征收财物，摊派费用的；（9）造成财产损害的其他违法行为。《国家赔偿法》第五条同时规定了国家不承担行政赔偿责任的三种特殊情形：（1）行政机关工作人员与行使职权无关的个人行为；（2）因公民、法人和其他组织自己的行为致使损害发生的；（3）法律规定的其他情形。《国家赔偿法》对赔偿的义务机关也有明确的规定。

刑事赔偿是指司法机关错拘、错捕、错判而引起的国家赔偿。

《国家赔偿法》第十五条、十六条规定了刑事赔偿的范围：（1）对没有犯罪事实或者没有事实证明有犯罪重大嫌疑的人错误拘留的；（2）对没有犯罪事实的人错误逮捕的；（3）依照审判监督程序再审改判无罪，原判刑罚已经执行的；（4）刑讯逼供或者以殴打等暴力行为或者唆使他人以殴打等暴力行为造成公民身体伤害或者死亡的；（5）违法使用武器、警械造成公民身体伤害或者死亡的；（6）违法对财产采取查封、扣押、冻结、追缴等措施的；（7）依照审判监督程序再审改判无罪，原判罚金、没收财产已经执行的。《国家赔偿法》第十八条同时规定了国家不承担刑事赔偿责任的六种情形：（1）因公民自己故意作虚伪供述，或者伪造其他有罪证据被羁押或者被判处刑罚的；（2）依照刑法第十四条、第十五条规定不负刑事责任的人被羁押的；（3）依照刑事诉讼法第十一条规定不追究刑事责任的人被羁押的；（4）行使国家侦查、检察、审判、监狱管理职权的机关的工作人员与行使职权无关的个人行为；（5）因公民自伤、自残等故意行为致使损害发生的；（6）法律规定的其他情形。《国家赔偿法》对刑事赔偿的义务机关也有明确的规定。

（二）国家赔偿如何具体实现？

国家赔偿以支付赔偿金为主要方式。能够返还财产或恢复原状的，予以返还财产或者恢复原状。国家赔偿的计算标准如下。

（1）侵犯公民人身自由的，每日的赔偿金按照国家上年度职工日平均工资计算。

（2）侵犯公民生命健康权的，赔偿金按照下列规定计算：造成身体伤害的，应当支付医疗费，以及赔偿因误工减少的收入。减少的收入每日的赔偿金按照国家上年度职工日平均工资计算，最高额为国家上年度职工年平均工资的五倍；造成部分或者全部丧失劳动能力的，应当支付医疗费，以及残疾赔偿金，残疾赔偿金根据丧失劳动能力的程度确定，部分丧失劳动能力的最高额为国家上年度职工年平均工资的十倍，全部丧失劳动能力的为国家上年度职工年平均工资的二十倍。造成全部丧失劳动能力的，对其抚养的无劳动能力的人，还应当支付生活费；造成死亡的，应当支付死亡赔偿金、丧葬费，总额为国家上年度职工年平均工资的二十倍。对死者生前抚养的无劳动能力的人，还应当支付生活费。

（3）侵犯公民、法人和其他组织的财产权造成损害的按照下列规定处理：处罚款，罚金，追缴、没收财产或者违反国家规定征收财物，摊派费用的，返还财产；查封、扣押、冻结财产的，解除对财产的查封、扣押、冻结，造成财产损坏或者灭失的，能恢复原状的恢复原状，不能恢复原状的，按照损害程度给付相应的赔偿金；应当返还的财产损坏的，能够恢复原状的恢复原状，不能恢复的，按照损害程度给付相应的赔偿金；应当返还的财产灭失的，给付相应的赔偿金；财产已经拍卖的，给付拍卖所得的价款；吊销许可证和执照、责令停产停业的，赔偿停产停业期间必要的经常性费用开支；对财产权造成其他损害的，按照直接损失给予赔偿。国家赔偿的费用，列入各级财政预算，由各级财政按照财政管理体制分级负担。

《国家赔偿法》第三十九条规定了国家赔偿的时效："赔偿请求人请求国家赔偿的时效为两年，自国家机关及其工作人员行使职权时的行为被依法确认为违法之日起计算，但被羁押期间不计算在内。"

除了上述列举，《国家赔偿法》在归责原则、具体程序等方面皆有详细的规定。《国家赔偿法》的历史发展进程中，赔偿范围不断扩大、赔偿程序愈加便利、精神损害赔偿加入都体现了我国法律加强人权司法保障的发展趋势。同时为了更好地保障人民利益的实现，也需要国家赔偿功能的切实实现。

十五、谁有资格对环境公益案件提起诉讼？

环境公益案件属于民事公益诉讼中的一种，即对损害社会公共利益或对社会公共利益有重大损害风险的破坏环境的行为提起诉讼。根据我国《民事诉讼法》第五十五条规定："对污染环境，侵害众多消费者合法权益等损害社会公共利益的行为，法律规定的机关和有关组织可以向人民法院提起诉讼。"环境公益案件有两个特点。第一，它以维护公共利益为目的。第二，环境公益诉讼的诉讼主体不要求与案件有直接利害关系。第三，环境公益诉讼既有惩罚性又有预防性。

由《民事诉讼法》和相关司法解释可知，有资格对环境公益案件提起诉讼的主体有：1检察机关：我国《民事诉讼法》在对检察机关进行一定条件限制的情况下赋予其公益诉讼的权利，将其定位为提起环境公益诉讼的预备队。2政府机关：在司法实践中存在政府作为环境公益案件的诉讼主体的情况，在《民事诉讼法》和相关司法解释中没有具体明确的解释。行政机关代表国家进行行政管理，应该将公益纠纷进行及时的处理和解决，避免环境公益案件诉讼的发生。3社会团体：规定符合下列条件的社会组织可以向人民法院提起诉讼：（1）依法在设区的市级以上人民政府民政部门登记；（2）专门从事环境保护公益活动连续5年以上且无违法记录。

在环境公益案件诉讼中，因为诉讼主体具有多元性，所以可能出现一案多诉的情况。如果法院接受案件不仅违反民事诉讼的基本原则，还会造成司法资源的浪费。为此，2016年实施的《人民法院审理人民检察院提起公益诉讼案件试点工作实施办法》第一条规定，检察院在没有适格诉讼主体无法提起诉讼的时候，可以向人民法院提起民事公益诉讼。即法律规定的其他机关或组织诉权的行使优先于检察机关的公益诉权。

第八章　社会安全与保障制度篇

一、什么是国家秘密，范围包括什么？

国家秘密是指关系国家的安全和利益，依照法定程序确定，在一定时间内只限一定范围的人员知悉的事项。《保守国家秘密法》对有关的问题做了规定。国家秘密的密级分为"绝密""机密""秘密"。"绝密"是最重要的国家秘密，泄露会使国家的安全和利益遭受特别严重的损害。"机密"是重要的国家秘密，泄露会使国家的安全和利益遭受到严重损害。"秘密"是一般的国家秘密，泄露会使国家的安全和利益遭受损害。

国家秘密的范围，立法机关在《保守国家秘密法》中做了相应的列举，《保守国家秘密法》第九条规定，涉及国家安全和利益的事项，泄露后可能损害国家在政治、经济、国防、外交等领域的安全和利益的，包括国家事务重大决策中的秘密事项，国防建设和武装力量活动中的秘密事项，外交和外事活动中的秘密事项以及对外承担保密义务的秘密事项，国民经济和社会发展中的秘密事项，科学技术中的秘密事项，维护国家安全活动和追查刑事犯罪中的秘密事项，经国家保密行政管理部门确定的其他秘密事项。政党的秘密事项中符合前款规定的，属于国家秘密。

二、保密法的基本原则是什么？

保密法的基本原则，是指贯穿于保密法律规范之中，体现保密法的根本价值基础性的法律原理和准则，对保密立法、执法和司法以及法律文化建设有着重要作用。

安全优先原则。安全优先原则是指确保国家秘密安全、维护国家安全和利益是保密法的首要考虑，当国家秘密安全与政府行政效率、信息资源利用、社会局部利益或者公民个人利益发生冲突时，应当首先维护国家秘密安全。安全优先原则是由保密法的立法宗旨和保密法的性质决定的，体现了保密法的核心价值，奠定了保密法的立法基础。

法定原则是指国家履行保密职责、行使保密权力必须依法进行。为防止保密权力滥用，侵犯公民合法权利，也必须对保密行为进行法律规制，保密法定原则是确保保密权力健康运行不可或缺的重要保障。

均衡原则是指行政机关行使保密权力不仅应当在合法的范围之内，还应当在维护公民知情权、促进信息资源合理利用之间保持平衡。均衡原则是法定原则的一个重要补充，即政府行使保密权力不仅要合法，还要合理，在国家安全和利益、社会利益和公民个人利益之间找到一个合适的平衡点。

三、违反保密法的行为有哪些？

《保守国家秘密法》第四十八条规定，违反本法规定，有下列行为之一的，依法给予处分；构成犯罪的，依法追究刑事责任：非法获取、持有国家秘密载体的；买卖、转送或者私自销毁国家秘密载体的；通过普通邮政、快递等无保密措施的渠道传递国家秘密载体的；邮寄、托运国家秘密载体出境，或者未经有关主管部门批准，携带、传递国家秘密载体出境的；非法复制、记录、存储国家秘密的；在私人交往和通信中涉及国家秘密的；在互联网及其他公共信息网络或者未采取保密措施的有线和无线通信中传递国家秘密的；将涉密计算机、涉密存储设备接入互联网及其他公共信息网络的；在未采取防护措施的情况下，在涉密信息系统与互联网及其他公共信息网络之间进行信息交换的；使用非涉密计算机、非涉密存储设备存储、处理国家秘密信息的；擅自卸载、修改涉密信息系统的安全技术程序、管理程序的；将未经安全技术处理的退出使用的涉密计算机、涉密存储设备赠送、出售、丢弃或者改作其他用途的。有前款行为尚不构成犯罪，且不适用处分的人员，由保密行政管理部门督促其所在机关、单位予以处理。

在政府部门日常工作中，常见的"国家秘密载体"包括U盘、移动硬盘、储存卡、手机、平板电脑以及台式计算机中的硬件设施等。在以往的泄密案件中，小型的数据存储工具通常蕴含较大的国家秘密泄露风险，稍有不慎就会因过失被遗失、盗窃，从而导致国家秘密载体落入不法分子手中。许多故意泄露国家秘密的犯罪分子也往往通过小型的移动存储设备进行国家秘密的转移。

除个人泄露国家秘密应受法律责任追究外，《保守国家秘密法》第四十九条规定，机关、单位违反本法规定，发生重大泄密案件的，由有关机关、单位依法对直接负责的主管人员和其他直接责任人员给予处分；不适用处分的人员，由保密行政管理部门督促其主管部门予以处理。

机关、单位违反本法规定，对应当定密的事项不定密，或者对不应当定密的事项定密，造成严重后果的，由有关机关、单位依法对直接负责的主管人员和其他直接责任人员给予处分。

第五十条规定，互联网及其他公共信息网络运营商、服务商违反本法第二十八条规定的，由公安机关或者国家安全机关、信息产业主管部门按照各自职责分工依法予以处罚。

第五十一条规定，保密行政管理部门的工作人员在履行保密管理职责中滥用职权、玩忽职守、徇私舞弊的，依法给予处分；构成犯罪的，依法追究刑事责任。

若违反以上规定，相关单位、机关、部门以及网络运营服务商都要依法承担相关行政乃至刑事责任，并且其主管人员和直接责任人员也会被直接追究相关责任。

因此，国家保密无小事，在进行有关国家秘密的行政工作时，一定要注意谨慎使用计算机网络设备、移动通信设备，确保所在的计算机网络环境进行过加密等措施。同时，相关国家网络安全部门要对网络运营商、服务商做好指导和监督工作，并提前制定国家秘密泄露的应急预案。

四、什么是正确的网络安全观?

网络安全观,是人们对网络安全这一重大问题的基本观点和看法。正确的网络安全观对维护我国安全、促进我国发展,起着不容忽视的作用。习近平总书记所指出,没有网络安全就没有国家安全。安全才是发展的前提,才是发展的保障,没有网络安全,信息社会将成为海洋中的废墟。基础设施和智慧城市,都是在传感器和智慧设备的基础上,但是一旦受到网络攻击,基础设施就不起作用了。树立科学、正确的网络安全观,需要从以下几个方面来把握。

第一,承认和尊重各国网络主权是维护网络安全的前提。网络主权或网络空间主权是国家主权在网络空间的自然延伸和体现,对内国家独立自主地发展、管理、监督本国互联网事物,不受外部干涉;对外平等参与国际互联网治理,防止本国互联网受到外部入侵和攻击。树立正确的网络安全观,不得利用网络技术优势搞网络霸权,不得借口网络自由干涉他国内政。

第二,网络安全不仅仅是网络本身的安全,还关涉国家安全和社会稳定,是国家安全在网络空间中的具体体现,是我国安全体系的重要组成部分。要充分意识到网络安全与国家安全的关系,从国家安全的整体格局中理解网络安全的含义。

第三,网络安全为人民,网络安全靠人民。维护网络安全是全社会共同责任,需要政府、企业、社会组织、广大网民共同参与,共筑网络安全防线。公众应了解、感知身边的网络安全风险,增强网络安全意识,提高网络安全防护技能,保障用户合法权益,共同维护国家网络安全。

第四,让互联网在法治轨道上健康运行。伴随着互联网的飞速发展,利用网络实施的攻击、恐怖、淫秽、贩毒、洗钱、赌博、窃密、诈骗等犯罪活动时有发生,网络谣言、网络低俗信息等屡见不鲜,已经成为影响国家安全、社会公共利益的突出问题。习近平总书记指出,网络空间不是"法外之地";要坚持依法治网、依法办网、依法上网,让互联网在法治轨道上健康运行。

总之，树立正确的网络安全观，实现网络空间的天朗气清、长治久安。

五、《网络安全法》关于个人信息保护的规定有哪些？

我国《网络安全法》第七章中规定了个人信息的概念，个人信息，是指以电子或者其他方式记录的能够单独或者与其他信息结合识别自然人个人身份的各种信息，包括但不限于自然人的姓名、出生日期、身份证件号码、个人生物识别信息、住址、电话号码等。

《网络安全法》第四章还规定了网络信息安全的相关内容，涉及个人信息主体权益保护方面的规定，比如要求网络运营者要严格保密用户的信息，建立健全涉及用户个人的信息保护制度；在收集信息的时候，要将收集信息的范围、目的以明示的、简单易懂的方式告知被收集者，并要取得其明示的同意；赋予信息主体有权要求网络运营者更正错误的信息、删除违法收集的信息，要求网络运营者强化个人信息的管理，当发现违法违规的信息时，要立即停止其传播、采取消除措施以减轻侵害个人信息主体的合法权益。通过加大涉及个人信息主体权益犯罪的惩罚力度和处罚标准，进一步将网络监测预警制度化，逐步实现了全天候全方位感知网络安全态势。

六、什么是生物安全？

生物安全，是指国家有效防范和应对危险生物因子及相关因素威胁，生物技术能够稳定健康发展，人民生命健康和生态系统相对处于没有危险和不受威胁的状态，生物领域具备维护国家安全和持续发展的能力。生物安全是国家安全的重要组成部分，依法保护生物安全，有利于维护国家安全，防范和应对生物安全风险，保障人民生命健康，保护生物资源和生态环境，促进生物技术健康发展，推动构建人类命运共同体，实现人与自然和谐共生。

根据《生物安全法》规定，从事下列活动，适用本法：防控重大新发突发传染病、动植物疫情；生物技术研究、开发与应用；病原微生物实验室生物安全管理；人类遗传资源与生物资源安全管理；防范外来物种入侵与保护生物多样性；应对微生物耐药；防范生物恐怖袭击与防御生物武器威胁；其他与生物安全相关的活动。

七、我国当前面临的生物安全问题有哪些?

生物安全是国家安全的重要组成部分。维护生物安全应当贯彻总体国家安全观，统筹发展和安全，坚持以人为本、风险预防、分类管理、协同配合的原则。

现阶段，我国所面临的主要生物安全问题如下。

一是防控重大新发突发传染病、动植物疫情。例如，2003年的"非典"疫情、2009年的"猪流感"甲型H1N1疫情、2020年以来的新冠肺炎疫情等。地方政府应根据《生物安全法》做好相应的传染病疫情防治工作，为突发传染病疫情防治制定应急预案。

二是生物技术研究、开发与应用。生物技术的创新发展有利于推动人类生物科技进步、提高人类医学生水平，同时也会带来一定的生物安全隐患。"基因编辑婴儿"中的3名被告人因共同非法实施以生殖为目的的人类胚胎基因编辑和生殖医疗活动，构成非法行医罪，分别被依法追究刑事责任。因此，各级政府应高度重视生物技术研究开发所带来的生物安全隐患，在鼓励生物技术发展的同时，做好相关问题的监督管理工作。

三是病原微生物实验室生物安全管理。在生物技术实验室中存储一些供研究使用的病原体微生物，需要各级有关部门做好对其监管防控工作，防止其泄露至公众领域中造成生物安全风险。1979年苏联位于斯维洛夫斯克市西南郊的生物武器生产基地发生爆炸，致使大量炭疽杆菌气溶胶逸出到空气中，造成该市肺炭疽流行，直接死亡1000余人，并且该地区疫病流行达10年之久。这仅仅是一次泄漏事件造成的严重后果。

四是人类遗传资源与生物资源安全管理。采集、保藏、利用、运输出境我国珍贵、濒危、特有物种及其可用于再生或者繁殖传代的个体、器官、组织、细胞、基因等遗传资源，应当遵守有关法律法规。从事下列活动，应当经国务院科学技术主管部门批准：采集我国重要遗传家系、特定地区人类遗传资源或者采集国务院科学技术主管部门规定的种类、数量的人类遗传资源；保藏我国人类遗传资源；利用我国人类遗传资源开展国际科学研究合作；将我国人类遗传资源材料运送、邮寄、携带出境。

五是防范外来物种入侵与保护生物多样性。根据世界自然保护联盟定义，外来物种是在自然和半自然的生态系统和生境中建立的种群，当其改变和危害本地生物多样性时，就是一个外来入侵物种，其造成的危害就是外来生物入侵。近年来。我国海关也查处了多起外来物种入境的案件，各部门要严加管理，发现对当地危害严重的外来物种要及时采取相关措施、保护当地生态系统多样性。

六是应对微生物耐药。病原体与药物多次接触后，对药物的敏感性下降甚至消失，致使药物对该病原体的疗效降低或无效。微生物、寄生虫及癌细胞都可以产生抗药性。

七是防范生物恐怖袭击与防御生物武器威胁。生物武器是以生物战剂杀伤有生力量和破坏植物生长的各种武器、器材的总称。生物战剂包括立克次体、病毒、毒素、衣原体、真菌等。生物战剂是军事行动中用以杀死人、牲畜和破坏农作物的致命微生物、毒素和其他生物活性物质的统称。旧称细菌战剂。生物战剂是构成生物武器杀伤威力的决定因素。致病微生物一旦进入机体（人、牲畜等）便能大量繁殖，导致破坏机体功能、发病甚至死亡。它还能大面积毁坏植物和农作物等。

八、关于生物安全风险防控体制的相关法律规定

2020年2月14日，习近平总书记在中央全面深化改革委员会第十二次会议上指出，要把生物安全纳入国家安全体系，系统规划国家生物安全风险防控和治理体系建设，全面提高国家生物安全治理能力。要尽快推动出

台生物安全法，加快构建国家生物安全法律法规体系、制度保障体系。

中央国家安全领导机构负责国家生物安全工作的决策和议事协调，研究制定、指导实施国家生物安全战略和有关重大方针政策，统筹协调国家生物安全的重大事项和重要工作，建立国家生物安全工作协调机制。省、自治区、直辖市建立生物安全工作协调机制，组织协调、督促推进本行政区域内生物安全相关工作。

国家生物安全工作协调机制由国务院卫生健康、农业农村、科学技术、外交等主管部门和有关军事机关组成，分析研判国家生物安全形势，组织协调、督促推进国家生物安全相关工作。国家生物安全工作协调机制设立办公室，负责协调机制的日常工作。国家生物安全工作协调机制成员单位和国务院其他有关部门根据职责分工，负责生物安全相关工作。

国家生物安全工作协调机制设立专家委员会，为国家生物安全战略研究、政策制定及实施提供决策咨询。国务院有关部门组织建立相关领域、行业的生物安全技术咨询专家委员会，为生物安全工作提供咨询、评估、论证等技术支撑。

地方各级人民政府对本行政区域内生物安全工作负责。县级以上地方人民政府有关部门根据职责分工，负责生物安全相关工作。基层群众性自治组织应当协助地方人民政府以及有关部门做好生物安全风险防控、应急处置和宣传教育等工作。有关单位和个人应当配合做好生物安全风险防控和应急处置等工作。

九、国家秘密与商业秘密的关系是怎样的？

《反不正当竞争法》中规定："商业秘密是指不为公众所知悉，能为权利人带来经济利益，具有实用性并经权利人采取保密措施的技术信息和经营信息。"商业秘密具有新颖性、实用性、秘密性这三个特征，总体上可以分为两大类，一类是技术信息，另一类是经营信息。技术信息必须是非专利技术信息，通常有生产配方、工艺流程、技术诀窍、设计图纸等；经营信息则主要有管理方法、产品策略、客户名单、货源情况等。

但实践中的难点是，国家秘密和商业秘密会有交叉或混杂。比如在我国，能源、交通、通信等重要行业企业，这些企业的商业秘密通常就是国家秘密。例如，力拓间谍案中上海市国家安全机关对其采用了"涉嫌窃取中国国家机密"的表述，这也表明当商业秘密达到一定程度后就可能成为国家机密。

国家秘密与商业秘密具有一定范围的重合性。性质具有一定的相似性，国家秘密和商业秘密都是只限于特定范围的人知悉的事项，都能为权利人带来积极的利益而且都必须由权利人采取合理的保密措施予以保护。但是国家秘密和商业秘密又有着严格的区分，但国家秘密是一种公权，其权利主体是国家，体现了国家意志，立法本意是规范一切组织和公民保守国家秘密的行为；而商业秘密是一种私权，其权利主体是不特定的民事主体，体现权利人或个别意志，立法本意在于规范经营者在商品市场交易中的经济行为。在界定程序方面，商业秘密的确定则没有法律明确规定的程序，权利人可自行明确规定；国家秘密则要经过法定程序来确定。在内容方面，如果一项秘密涉及国家重大决策、国家安全、国防外交、国民经济和科学技术等重大领域，则该项秘密可以界定为国家秘密；如果一项秘密仅仅是涉及某个企业的经济利益或竞争优势的技术、经营信息，则该项秘密按企业商业秘密进行认定。

十、如何更好落实《网络安全法》?

《网络安全法》自实施以来，推动我国网络安全工作不断取得新成效、成为我国贯彻落实网络强国战略的基础性法律，络信息安全等方面的基本制度，奠定了网络空间安全和秩序的基本框架，为实现网络强国目标提供了重要法律保障。

因此，在全面理解《网络安全法》的地位与作用下，推动《网络安全法》严格实施。坚持党管互联网与全面深化改革有机结合，与网络强国战略相适应的体制机制逐步建立，网信部门的统筹协调作用和各部门的职能作用不断得到发挥。此外。最高人民法院、最高人民检察院出台《关于办理非法利用信息网络帮助信息网络犯罪活动等刑事案件适用法律若干问题的解释》，进一步明确了《刑法修正案（九）》规定的拒不履行网络安全管理义务罪等罪名的定罪量刑标准和有关法律适用，为《网络安全法》规定的管理要求提供了更有力的刑罚保障。

与此同时，把握网络安全治理规律，推动网络强国建设。进一步把握好互联网思维，不断创新网络安全管理方式，不断提升网络安全治理的效能。跟踪掌握技术应用发展态势，不断更新监管理念、思路和手段，牢牢把握网络安全的主导权。进一步把握好法治思维，健全管理程序，确保权力依法行使。有关主管部门在履行网络安全保护职责过程中，应当加强业务培训和队伍建设，不断健全权力约束和监督机制，严格保护相对人的商业秘密、知识产权、个人隐私和个人信息权益，防止和避免权力滥用。把握好底线思维，严守网络运行安全和网络信息安全底线。有关主管部门要在《网络安全法》确定的制度框架里，依法划清网络安全的底线、红线，让网络运营者、参与者有更加明确的遵循，让触碰红线、突破底线的行为受到相应的处罚。

十一、如何构建国家生物安全法治体系？

习近平总书记在 2020 年 2 月 14 日主持召开的中央全面深化改革委员会第十二次会议所发表的重要讲话中指出，加快构建国家生物安全法律法规体系、制度保障体系。这给生物安全工作提出了新目标新任务新要求。

第一，构建维护国家生物安全的理论和价值体系。对大多数社会公众而言，对于生物安全对自身的重要性还不是十分了解，这是因为生物安全问题是由生物技术带来的，有一定的超前性、风险性，且在理论上和思想认识上还存在各种各样的分歧。这就要求在法律上制定科学有效的法律规范来规制生物安全秩序，对于生物安全问题的性质、判定标准等在理论上形成共识。要对由生物安全引发的法律问题进行比较全面深入和系统的研究，要克服传统法理的局限和短板，在生物安全的确定性上提出更加有说服力和符合时代特征以及社会发展要求、并能为广大社会公众所接受的生物安全标准。

第二，构建国家生物安全法律法规体系。首先，要统筹国际立法与国内立法两大领域，保证生物安全国内立法标准与国际立法标准相协调和相一致。其次，构建国家生物安全法律法规体系需要在法律规范形式体系和内容体系两个方面双向发力。从完善中国特色社会主义法律体系的角度归纳目前我国业已制定和出台的国家生物安全方面的法律规范形式体系，为国家生物安全领域做到"有法可依"提供了法律依据。在未来，国家机关要致力于以结合不同的适用领域和不同部门的工作职责作出不同性质和类型的分类，以更好地推动国家生物安全工作和活动法治化，提升生物安全领域的国家治理能力。

第三，构建国家生物安全的制度保障体系。首先，要把国家生物安全制度保障体系有机地纳入国家安全制度体系，形成更加科学和完整的维护国家安全的法律制度体系。其次，围绕要建立的体系和解决的问题，建立奖励制度、规划制度等相关制度。为全面提高国家生物安全的治理能力奠定规范体系基础。

十二、政府机关如何依法防控重大新发突发传染病、动植物疫情？

（1）国务院卫生健康、农业农村、林业草原、海关、生态环境主管部门应当建立新发突发传染病、动植物疫情、进出境检疫、生物技术环境安全监测网络，组织监测站点布局、建设，完善监测信息报告系统，开展主动监测和病原检测，并纳入国家生物安全风险监测预警体系。

（2）疾病预防控制机构、动物疫病预防控制机构、植物病虫害预防控制机构（以下统称专业机构）应当对传染病、动植物疫病和列入监测范围的不明原因疾病开展主动监测，收集、分析、报告监测信息，预测新发突发传染病、动植物疫病的发生、流行趋势。

（3）国务院有关部门、县级以上地方人民政府及其有关部门应当根据预测和职责权限及时发布预警，并采取相应的防控措施。

（4）国家建立重大新发突发传染病、动植物疫情联防联控机制。发生重大新发突发传染病、动植物疫情，应当依照有关法律法规和应急预案的规定及时采取控制措施；国务院卫生健康、农业农村、林业草原主管部门应当立即组织疫情会商研判，将会商研判结论向中央国家安全领导机构和国务院报告，并通报国家生物安全工作协调机制其他成员单位和国务院其他有关部门。

（5）发生重大新发突发传染病、动植物疫情，地方各级人民政府统一履行本行政区域内疫情防控职责，加强组织领导，开展群防群控、医疗救治，动员和鼓励社会力量依法有序参与疫情防控工作。

（6）县级以上人民政府卫生健康主管部门应当加强对医疗机构合理用药的指导和监督，采取措施防止抗微生物药物的不合理使用。县级以上人民政府农业农村、林业草原主管部门应当加强对农业生产中合理用药的指导和监督，采取措施防止抗微生物药物的不合理使用，降低在农业生产环境中的残留。

（7）国务院卫生健康、农业农村、林业草原、生态环境等主管部门和药品监督管理部门应当根据职责分工，评估抗微生物药物残留对人体健康、环境的危害，建立抗微生物药物污染物指标评价体系。

（8）任何单位和个人发现传染病、动植物疫病的，应当及时向医疗机构、有关专业机构或者部门报告。医疗机构、专业机构及其工作人员发现传染病、动植物疫病或者不明原因的聚集性疾病的，应当及时报告，并采取保护性措施。依法应当报告的，任何单位和个人不得瞒报、谎报、缓报、漏报，不得授意他人瞒报、谎报、缓报，不得阻碍他人报告。

十三、我国社会保障的构成部分是什么？

我国的社会保障重要由如下组成部分构成。

1.社会保险

社会保障是指国家在老年、疾病、生育、失业、职业伤害等情况下，依法为劳动者提供必要的物质援助的制度。这是社会保障体系的核心内容。对社会保险项目的内容而言，其前提是经济保障。各国社会保障制度无论是否完善，都具有强制性、社会性、福利性等特征。根据《劳动法》的规定，社会保障项目分为养老保险、失业保险、医疗保险、工伤保险和生育保险。社会保障对象为全体劳动者，资金来源主要为用人单位和劳动者个人缴纳。社会保障制度一直在不断地变革中，为了适应老龄化和人口结构变化，相应的配套制度也在不断地完善之中，任重道远。

2.社会救济

社会救济又称社会救助，是政府对生活在基本生活水平以下的贫困地区和贫困居民的基本生活保障。它是一种基本的、最低层次的社会保障制度，旨在保障公民的最低生活水平，支付标准低于社会保险。自然灾害救助、失业救济、孤寡病残救济、城乡贫困家庭救济等内容。

3.社会福利

社会福利是政府为社会成员举办的各种公益事业和为各类残疾人、生活无保障人员提供生活保障的事业。它所包含的内容非常广泛，不仅包括生活、教育、医疗等福利，还包括交通、娱乐、体育等方面的待遇。社会福利是一种服务政策和服务措施，旨在提高广大社会成员的物质和精神生活水平。

4.抚恤安置

抚恤安置是政府对军属、烈属、复员、转业军人、残疾军人的优待安置。目前我国抚恤安置的主要内容为烈属、复员、残疾军人及家属；抚恤的内容主要包括提供抚恤金、优待金、补助金、军人疗养院、光荣院、退伍军人安置等。

5.社会互助

相互帮助是指在政府的鼓励和支持下，社会团体和社会成员自愿组织和参与的扶弱济困活动。它具有自愿、非营利的特征，其主要形式是：工会、妇联等团体组织的群众性互助；由民间公益团体组织的慈善救助；城乡居民自发组成的各种形式的互助组织等。

十四、如何落实农村残疾人基本生活保障？

从中国目前的经济发展水平和所处的阶段、社会主要矛盾变化的现实背景以及乡村振兴战略推进的重大战略环境出发，树立和落实"以人为本"的科学发展观，统筹城乡协调发展，以经济发展为先导，以建设社会主义新农村和乡村振兴为契机，以"广泛覆盖、多支柱、多种层次"的社会保障体系为目标，构建富有中国特色的社会主义新农村残疾人社会保障体系。逐步建立起以最低生活保障制度、基本医疗救助制度、城乡居民养老保险制度、教育、就业促进制度、住房、司法等特殊救助制度、社会互助制度、无障碍环境建设制度、社区服务保障机制为配套、以危房改造、精准脱贫为有力手段的农村残疾人社会保障体系建设。

1.完善农村残疾人医疗保险制度

第一，地方政府应从医疗保险基金筹措的角度，加大对农村残疾人医疗救助基金的扶持力度，加大对参保农村残疾人参保费用的补贴力度，鼓励社会力量发挥公益精神，积极参与农村残疾人医疗保障基金的筹集，以促进其资金来源多元化。

第二，尝试按残疾程度、家庭经济状况给予不同补贴，在有条件的地方，针对农村残疾人的特殊困难，可以探索对农村残疾人基本医疗保险由补缺型向体制型转变，对参加基本医疗保险的农村残疾人给予补贴或由政府购买基本医疗保险服务，从多方面促进农村残疾人基本医疗保险的覆盖。

第三，根据经济和社会发展情况，尽可能有计划地将农村残疾人的特殊医疗需求纳入基本医疗保险补偿范围。加大康复医疗项目的覆盖面，第四，推进基本医疗保险制度城乡一体化，逐步缩小城乡居民基本医疗保险和职工医保之间的待遇差距。

2.完善农村残疾人就业保障体系

根据《人力资源社会保障部办公厅、中国残联办公厅关于开展农村贫困残疾人就业帮扶活动的通知》，有如下举措：

第一，完善农村残疾人就业信息服务平台。为了保证农村残疾人的充分就业，地方政府可发挥公共就业服务网络和残疾人就业服务网络平台的作用，通过平台及时发布职业供求、行业动态等信息。

第二，加强分类技能培训。为农村残疾人提供培训服务，使他们掌握一定的就业技能，提高他们的就业能力，是保障他们就业的主要手段。

第三，健全农村残疾人法律援助机构。

第四，健全农村残疾人就业资料库。

十五、生态文明建设的原则是什么？有何重要意义？

建设生态文明是关系中华民族永续发展的基本大计。习近平总书记在全国生态环境保护大会上提出了新时代推进生态文明建设必须坚持的六个原则。党的十九届五中全会提出，坚持绿水青山就是金山银山理念，坚持尊重自然、顺应自然、保护自然，坚持节约优先、保护优先、自然恢复为主，守住自然生态安全边界。

（一）坚持人与自然和谐共生

要坚持节约优先、保护优先、自然恢复为主的方针，让自然生态之美永在人间。推动生态文明建设，实现人与自然的和谐共生，是前所未有的重要和迫切。习近平总书记强调，生态兴则文明兴，生态衰则文明衰。支持可持续发展，可以改善人类和地球的福祉。在人类社会长盛不衰的今天，充分发挥循环发展模式的优越性，从根本上解决人与自然的矛盾，抛弃工业文明的弊端。

（二）绿水青山就是金山银山

"绿水青山就是金山银山"是时任浙江省委书记习近平同志于2005年8月在浙江湖州安吉考察时提出的科学论断。

经济发展与保护环境并非两个矛盾的命题，但是由于近几十年来，人们过于重视高速的经济发展，导致在一段时间里两者处于相对矛盾的阶段。习近平总书记指出，"我们追求人与自然的和谐，经济与社会的和谐，通俗地讲，就是既要绿水青山，又要金山银山"。并强调，"绝不以牺牲生态环境为代价去换取一时的经济发展"。只有认识到绿水青山可以源源不断地带来金山银山，绿水青山本身就是金山银山，我们种的常青树就是摇钱树，生态优势变成经济优势，形成了浑然一体、和谐统一的关系。

（三）良好生态环境是最普惠的民生福祉

伴随着经济和社会的不断发展，人们对美好的期望并不仅限于富裕，而是希望生活在一个美丽的家园，没有污染，空气清新，河流清澈。党的十九大报告指出："既要创造更多物质财富和精神财富以满足人民日益增长的美好生活需要，也要提供更多优质生态产品以满足人民日益增长的优美生态环境需要。"习近平总书记强调："生态环境是关系党的使命宗旨的重大政治问题，也是关系民生的重大社会问题。"

中央高度重视生态文明建设，从理念规划、整体布局、具体行动、制度设计等方面加强生态环境保护，坚持生态惠民、生态利民、生态为民，重点解决损害群众健康的突出环境问题，不断满足人民群众日益增长的优美生态环境需求。

（四）山水林田湖草沙是生命共同体

2020年8月31日，习近平总书记主持召开中共中央政治局会议，审议了《黄河流域生态保护和高质量发展规划纲要》，并指出要贯彻新发展理念，遵循自然规律和客观规律，统筹推进山水林田湖草沙综合治理、系统治理、源头治理。

山水林田湖草沙是生命共同体，无论哪个环节的生态保护出了问题，都会对整个生态系统产生影响。所以，我们要认清事物之间的客观联系，强调各个生态要素是不可分割的整体，要树立全局观念，综合治理。

自然，我们尽可能地把"山水林田湖草沙"概括为生态系统的所有元素，但生命共同体并不局限于山水林田湖草本身，而是指更广阔的自然环境。环境治理是一项系统工程，必须把它作为一项重大民生实事紧紧抓住。要按照系统工程的思路，抓好生态文明建设重点任务的落实，把能源资源保障好，把环境污染治理好，把生态环境建设好，为人民群众创造良好的生产生活环境。要全面地开展生态文明建设，要全面、全过程地推进，不断增强"山水林田湖草沙"一体化保护和系统治理。

（五）用最严格制度最严密法治保护生态环境

习近平总书记指出："只有实行最严格的制度、最严密的法治，才能为生态文明建设提供可靠保障。"在党的十八届五中全会上，我国提出了实施最严格的耕地保护制度，完善环境治理体系。党的十九大报告指出，要改革生态环境监管体制，加强对生态文明建设的总体设计和组织领导，设立国有自然资源资产管理和自然生态监管机构，完善生态环境管理体系，统一行使所有人的所有自然资源资产所有者的职责，统一行使所有国土空间用途管制和生态保护修复职责，统一监管城乡各类污染排放和行政执法职责。

党的十八大以来，在以习近平同志为核心的党中央领导下，我国生态文明建设取得了显著成绩，推进了美丽中国建设。但是，不可忽视的是，我国在生态环境保护方面还存在一些问题。要加快制度创新，加强制度执行，使制度成为严格的约束和不可触碰的底线。

（六）共谋全球生态文明建设

我国的生态文明建设取得了举世瞩目的成就。然而人类只有一个地球，各国共处一个世界，生态文明建设更重要的是国际环保合作。人类已经成为你中有我、我中有你的命运共同体，利益高度融合，彼此相互依存。任何一个国家都不能逃避承担保护环境的责任，任何国家也不可能独自承担全球性环境问题所带来的灾难，国家之间因此连成了一条纽带。因此，加强环境治理的国际交流与合作是人类解决环境问题的必然选择。

保护生态环境，应对气候变化，维护能源资源安全，是全球面临的共同挑战。在生态文明领域，中国将继续承担应尽的国际义务，同世界各国深入开展生态文明领域的交流合作，推动成果分享，携手共建生态良好的地球美好家园。自党的十八大以来，我国在解决国内环境问题的同时，积极承担大国责任，深入参与全球生态环境治理，引导应对气候变化的国际合作，为解决世界环境保护可持续发展提供了中国智慧。

第九章　国际法治和国际法篇

一、国际法治主要包括哪些内容?

国际法并不仅仅只是静态的条约，习惯以及法律原则的归集，它还通过一系列的实践形成相互影响的进程。就发展而言，国际法治是法治理念和国际关系的法治化，意味着法律规范在国际事务中得到良好的遵守和实施。国际法治不是一个简单通俗的概念，而是一个经久不衰的具有深刻内涵和现实意义的主题。

国际社会正在经历着从大国霸权走向不断组织化和法治化的过程。在全球化的时代背景下，国际法治是各国之间矛盾的有效途径。它主要体现在如下方面：第一，构建安全的国际秩序。对于一些国家在国际事务中实行国际法适用的双重标准，包括中国在内的广大第三世界的国家在国际法治的建设中努力推进互利合作的国际法治格局的构建。第二，促进公正的国际秩序。全球化进程为国家的发展带来了许多新的挑战，而国际法治的目标在于划定权力的范围，明确行为边界。第三，推动国际秩序的发展。当今世界既要国家拓展自己的实力，又要约束国家滥用自己的国际地位，走向政治强权。而国际法治有利于凝聚全球共识，促进各国多元化发展。

国际法治的发展对中国而言也有着重要意义。中国作为负责任的大国形象需要以法治的途径予以确立。党的中共十九大报告提出要倡导构建人类命运共同体，促进全球治理体系变革。中国经过数十年来的努力，在各个方面取得了骄人的成就，这种成就在国际上除了带来积极正面的因素还带来了一些诸如"中国威胁论"等负面舆论。为了防范这些论调带来的不利后果，应积极推进国际法治的发展。

二、国际法治有哪些实践路径？

建设和完善国际法治是一项需要长期努力的历史任务，通过深入的追问和探寻去不断发展，健全才能逐步接近目标。国际法治意味着在国际关系中以法律为依据分配行为、主体、权利、义务，构建一套可预期的价值体系，符合各国人民的共同利益。

国际法治的目标是多层次且复杂的，具有多样的主体、领域，多重层面、多种方式等。在这样复杂的系统中，需要找到关键环节，多头并进，让国际法治真正有效运行。在影响国际法治实行的众多因素中，国家行为具有重要意义。国家行为是国际组织的正常运作以及国际组织运作效率的重要决定因素。所以，约束和指导国家行为是国际法治的基石。

首先，以国家利益作为国际法治的原动力。清晰地界定国家利益是国际法治的原动力，重新塑造国家利益的观念。国际协调意味着主体间利益的调和与再分配，没有明确的规范，就会以权力为主导，导致强权政治。因而，国际法治进程中，国家利益需要通过伦理和规范来重新界定。其次，理念导向引领国际法治。这一理论将为国际法治指明方向，确立一系列的原则和价值目标，从而促进国家行为的变革和国家利益的重建。国家的发展理念是一个国家崇尚的理念，理念能够透过繁杂的现象理清规律指出问题和发展方向，主要可以着眼于人本主义、文明间和谐共存以及可持续发展这几个方面。只有将上述理念贯穿到整个国际关系中，才能建立良好的国际法治秩序。

实现国际法治，不仅需要完善理念，更需要制度的塑造。由于国家行为可能存在非理性的情形，因而需要外部制度来对国际法治进行保障。首先可以根据新发展观制定和完善国际规范。其次强化国际规范的运行。最后，在制度运行中的行动者进行多元互动。制度体系形成了对于国家的外在制约，其目标在于通过制度的运行对国家的利益进行更清晰的确定。

三、如何规范、指引与约束国家行为？国家行为对国际法治有什么意义？

国家行为决定着国际关系的形态。在国际法治中，国家行为需要长期受到约束和规范。对国家行为的约束从主体上看，应当从两个方面进行：一是内在约束，即国家进行自我控制。二是外部约束，即充分发挥现有的国家监督制约机制，形成一种积极主动的国际法治社会网络。就国家行为的约束方式而言，可分为软约束和硬约束。软约束是国家的观念导向，硬约束由规制的维度由国家进行指引。与影响国际法治的其他行动相比，国家行为在国际关系中的范围更广，行为方式更全面。在法治方面，如果各国都积极参与制定国际法律，并真诚地遵守法律的准则和原则，那么法律的权威和尊严就会被保障。

因此，国家行为代表着国际法治的现状与发展前景。约束与规范国家行为，将其引向支持，遵守法律规范的体系是国际法治实现的核心问题。

四、国际法治的目标是什么？

国际法治是一个不断完善的历史过程，国际法治追求的终极理想是理想价值的实现状态。国际法治的目标总的来说是完善全球治理、维护国际秩序。

第一，和平。人类社会历史上经历了很多次战争，国际法治首要解决的是战争的合法性问题和如何避免武装冲突的问题。维护世界和平安全是国际法治首要的追求目标。第二，安全。国际法治对于安全的价值追求包括人类的和平和安全的生存环境。只有在和平安全的环境下人类才能够安居乐业，追求更高的价值目标。第三，发展。和平与发展已经成为时代的主旋律，不仅是发达国家，发展中国家更需要在和平安全的环境里让国力得到长足的发展。第四，人权。人权是一个人作为人所享有或应享有的基本权利。人权可以分为公民权利和政治权利，经济、社会和文化权利，集体人权。国际法治也将是否符合人权标准作为国际法治追求的目标之一。

五、国际法治在发展过程中还存在哪些问题？

在百年未有之大变局中，国家间的博弈处于复杂状态，国际秩序和国际法治体系处于深刻变革之中。当前国际形势处于过渡转型期，中国处于发展机遇期。今天发展中国家在与发达国家的博弈中逐渐崭露头角，但发达国家依然在国际关系中处于主导地位。在复杂的国际形势下，国际法治面临着各种挑战。

第一，逆全球化趋势逐渐显现。随着全球化带来的挑战和负面影响越来越大，全球经济的不确定性风险越来越强，各国家之间卷起了逆全球化的浪潮，经济贸易领域保护主义抬头。第二，当前国际法治无法应对复杂的国际形势。随着国际法体系发展迅速，出现了"国际法碎片化"的问题。即由于国际间法治意识的增强，国际法体系发展迅速，各种国际条约层出不穷，出现了国际规则缺乏一致性的情况。由于美国等发达国家在全球治理体系中占主导地位，因此会出现由于片面强调本国利益而出现损害他国利益的情况。

除上述因素外，国际司法中存在着不确定因素，也是法治发展中的问题。不确定主要体现在事实和法律两方面。在国际司法过程中，根据双方提供的证据，在事实认定上可以根据证据推断出多重事实。相反，同一事实在法律适用中可以作出多种不同的法律解释，不同的事实认定和法律解释也会产生不同的判决结果。国际司法的不确定性主要取决于两个因素：一是非中心化立法模式。各国主权国家享有国际法上的平等立法权，同时，不同国家和国家集团之间也存在着国家利益的冲突，使国际法作为一个整体，其背后存在着多元化的立法意志。二是专门化与相对自治的国际规范缺乏协调。从气候变化到国际贸易，从外层空间到国际海底区域，国际合作客观上推动了国际法的扩展，其调整范围随着时间的推移而不断扩大。因此造成了国际法不同类别的规则之间的不相协调甚至相互矛盾。

六、国际法有哪些内容？

国际法（international law），或称为国际公法（public international law），是指调整国际法主体之间、主要是国家间关系、具有法律约束力的原则、规则和制度的总体。其包括了相互尊重主权和领土完整的原则，互不侵犯原则，不干涉内政原则，平等和互利原则，和平共存原则等。

在更广泛的意义上来说，国际法还包括国际私法和国际商法。国际私法（international private law）一般指冲突法，用来解决对含有涉外因素的民法和商法关系中应当适用哪国的法律规定，也包含解决这些涉外法律问题中特殊性的规则。国际商法（international private law），作为调整国际商事关系的法律规范的总称，涉及不同法系下以营利为目的的国际商事主体参与的商业交易关系。涉及具有跨国因素的公司法、合伙法、合同法、金融法、票据法、国际贸易法、外商投资法、商事仲裁法等商事规定的适用。

七、和平解决国际争端的方法有哪些？

一般包括仲裁和司法裁决。

（一）仲裁

仲裁（arbitration）是一种国际争端解决方式，即争端当事方同意将其争议交由其所选择的仲裁员审理，并承诺服从裁决。在形式上，仲裁与司法判决相似，但实际上与司法判决不同：仲裁属于"自愿管辖"性质，由争端当事国自愿将争端转交给其选择的仲裁人，后者在争端当事国协议规定的范围内根据争端当事国选择的法律作出裁决。与此同时，仲裁也有别于政治解决国际争端的方式，其根本区别是仲裁裁决对争端当事国具有约束力。

适用于提交仲裁解决的国际争端一般有：法律性质的争议，尤其是有关条约或国际公约的解释或适用的争端；争端当事国认为可提交仲裁解决的其他争端。除了涉及国家重大利益、独立、荣誉或第三国利益的争议，在国际实践中被认为不宜提交仲裁解决之外，被视为不宜提交仲裁的争端，还涉及一国国内管辖事项、过去的争端、特殊的领土争端和政治利益等。

争议当事方可事先商定适用仲裁的法律。争议当事各方共同商定的法律可以是国际法原则和规则，可以是争端当事国根据"公平和善意"原则所商定的公平原则，也可以是争端当事国就具体案件所规定的其他规则。在争端当事国没有达成协议的情况下，仲裁程序可以是争端当事国的协议，也可以是仲裁庭在没有达成协议的情况下由仲裁庭制定的全部或部分规则。仲裁人还可就仲裁过程中出现的程序问题作出决定。

仲裁裁决以书面形式，经仲裁庭秘密讨论后由仲裁员多数作出，须经庭长签字，并注明作出裁决的具体时间。除非争议当事国另有约定，仲裁员可对仲裁裁决附有单独的意见或异议。仲裁一经正式宣布并通知争端当事方国家或代理人后，仲裁裁决为最后裁决，不得上诉。争议一方如对仲裁裁决的解释或执行产生争议，除非有相反的约定，应提交作出裁决的仲裁庭处理。仲裁庭对提交仲裁的争议当事国具有约束力，每一争议当事国都应真诚地履行和履行仲裁裁决。

通常，仲裁条约或协定规定仲裁的地点，如果条约或协议没有规定，则仲裁庭庭长可确定仲裁地点。在仲裁费用中，律师费、专家费、取证费、翻译费用应由争议当事国分别承担；仲裁庭的公共支出，包括仲裁员的工资、登记员等人员的工资和其他设备，应由争议当事国共同分担。

（二）司法解决

司法解决（judicial settlement）是一种和平解决国际争端的法律方法，指的是，争端当事国将其之间的争端提交给一个事先成立的、独立的国际法院或国际法庭，根据国际法对争端当事国作出具有法律约束力的判决。

1907年第二次海牙和平会议上，与会国家第一次正式讨论了建立世界法院来解决国际争端的问题，但最终只是国际仲裁法院的框架。第二次世界大战后，联合国设立了国际法院，一些国际公约建立了自己的公约法院或法庭，如国际劳工组织行政法庭、联合国行政法庭、国际海洋法法庭。

　　这些国际法院或法庭一般按照国际公约或国际组织基本文件建立；奉行司法独立，根据公约作出对争端当事国具有法律约束力的判决；管辖权完全取决于当事国同意；争端当事国在适用法律和诉讼程序方面一律平等；法律适用问题通常在设立国际法院或法庭的基本文件中加以规定；存在着固定的程序规则，可以列入设立国际法院或法庭的基本文件，也可以是代表国际法院或法庭拟订和颁布的单独文件。

第十章　　网络法治与数据合规篇

一、为了建设网络强国，中央指明了怎样的方向？

互联网技术的应用与普及，深刻影响了每个人生活的方方面面。信息技术的高速发展也深深影响着国际政治、国家安全以及经济、军事、文化、社会的发展。信息化事关国家安全保障和发展建设，事关广大人民群众的工作和日常生活。党的十八大以来，习近平总书记围绕网络强国建设发表一系列论述，提出一系列建设性的思想观点，为新时代互联网建设发展提供了根本遵循。

新时代网络强国战略的部署实施体现着中国特色社会主义之路，它包含了丰富的内涵，具有很强的现实性和指导意义，其具体有如下的内容。

第一，政治上要坚持党的统一领导。党政军民学，东南西北中，中国共产党是中国特色社会主义事业的领导核心。必须旗帜鲜明，毫不动摇坚持党管互联网，加强党中央对网信工作的集中统一领导，确保网信事业始终沿着正确方向前进；党员干部要自觉学网、懂网、用网，不断提高对互联网规律的把握能力，对网络舆论的引导能力，对信息化发展的驾驭能力，对网络安全的保障能力。网络强国的实施必须坚持中国共产党的集中统一领导才能解决各种挑战。在实际工作中，我们要以党的政治建设为统领，坚定政治方向，提高政治站位，保持政治定力，坚决维护习近平总书记党中央的核心地位，坚决维护党中央权威和集中统一领导。

第二，经济上要大力发展数字经济，数字经济的范围很广，凡是直接或间接利用数据来引导资源发挥作用，推动生产力发展的经济形态都可纳入其中。数字经济的本质是以使用数字化的知识和信息作为关键生产要素，以现代信息网络作为重要载体，以信息通信技术的有效使用作为效率提升和经济结构优化重要推动力的一系列经济活动。手机移动支付，网络购物，共享单车等都是数字经济在民生领域应用的优秀成果。

此外，要为数字经济营造有利发展环境，加强数据安全合作，加强数字基础设施建设，为各国科技企业创造公平竞争环境。同时，要解决数字经济给就业、税收以及社会弱势群体带来的挑战，弥合数字鸿沟。在互联网的浪潮中，我们要牢牢把握机遇，将数字技术与实体经济的发展相融合，加快建设数字经济，促进经济健康发展。

第三，文化上要建立先进网络文化。网络文化是互联网生活的产物，互联网的发展让网络空间变成了文化交流、文化创新、文化发展的场所。网络文化有开放性、多元性、集群性和参与性等特点。良好的网络文化有利于繁荣文化事业和文化产业，发扬中华民族传统美德，提高国家软实力。但互联网也是一把双刃剑，因为网络文化具有群体差异，不同的网络群体和其不同的认知差异容易造成新的文化冲突。

对于网络文化发展过程中出现的种种问题，一是要充分继承优秀传统文化的基因；二是要不断提高青少年的网络文化素质；三是要大力促进网络文化产业的积极健康发展。这为建设先进的网络文化指明了方向。

第四，国际上要构建网络安全防线。世界主要国家都把互联网作为经济发展、技术创新的重点，把互联网作为谋求竞争新优势的战略方向。与此同时，没有网络安全就没有国家安全，就没有经济社会稳定运行，广大人民群众利益也难以得到保障。

党的十九大报告指出："坚持正确舆论导向，高度重视传播手段建设和创新，提高新闻舆论传播力、引导力、影响力、公信力。"信息时代的到来，互联网的发展开始渗透到人们生产、生活的各个领域，发展信息化产业无疑成为实现我国经济转型发展和社会进步的重要方面。信息化产业对经济资源的整合和融合，不仅能够拓宽经济发展领域，而且能够激发经济发展动力。党的十八大以来，党和政府要求网络领域的建设要在步步为营的同时加大融合创新，以将最大变量转化为最大增量。要实现这一要求，就必须深入推进网络强国建设。习近平总书记提出了实施网络强国战略，推进网络强国建设，为新时代的互联网建设工作提供了根本指引。

二、什么是人工智能？什么是大数据？

人工智能是研究，开发用于模拟，延伸和扩展人的智能的理论，方法，技术以及应用系统的一门新的技术科学。

人工智能以机器学习为核心，在各行业不断发展，为其注入新的能量和动力。人工智能不仅深入改变我们日常社会生活的方方面面，它对国家安全建设和未来发展也有着重大而深远的影响。我国以及其他各个国家都针对人工智能推出了一系列的发展政策，将其当作未来的核心战略方向。

人工智能的应用方式非常灵活。横向来看，人工智能可以和信息科学、生物制药、生命健康、航天科技等重点科技领域相互结合、协同发展，强化国家战略科技力量，有助于国家在新一轮的科技变革创新调整中抢占未来制高点，在国际竞争中赢得优势地位。纵向来看，人工智能可以和产业链的各个阶段相结合。在产业链端，人工智能可以带动各项产业发展。一方面，人工智能本身的发展会影响集成电路、通信运营、电子设备等产业的发展；另一方面，人工智能的应用可以帮助企业更好地适应市场环境，捕捉消费者的需求，创新产品提升服务，带动企业发展。在消费端，人工智能会对传统行业和场景进行智慧改造和数字化转型，为人们生活所带来便利，继而带动消费需求的增长。

大数据可以从狭义、广义两个方面来理解。狭义大数据仅关注大数据的技术层面，即对大量、多格式的数据进行并行处理，以及实现对大规模数据的分块处理的技术。广义的大数据实际上就是信息技术。它是指一种服务的交付和使用模式，指从底层的网络，到物理服务器、存储、集群、操作系统、运营商，直到整个数据中心，由这各个环节串联起来，最终提供的数据服务。

三、为什么需要对于人工智能和大数据技术进行法律规制？

大数据蓬勃发展的同时也带来了许多问题，比如个人隐私安全、企业信息安全乃至国家安全等方面的安全隐患。

（1）个人隐私安全问题。在大数据时代，各社交网站均不同程度地开放其用户所产生的实时数据，这为一些数据商收集数据提供了方便。此外还有监测数据的市场分析机构，通过人们在不同的网站留下的多种数据组合，以精准地挖掘出个人信息，用户隐私。大数据对个人信息获取渠道拓宽的需求引发了另一个重要问题：安全、隐私和便利性之间的冲突。消费者因为海量的数据收获了更低的价格和更符合自己消费习惯的商品推荐，但同时，随着个人喜好与习惯的各种数据被收集，人们对个人隐私泄露的担忧也在增加。

（2）企业在大数据时代面临的信息安全挑战。在大数据高速发展的今天，企业不仅要学习如何适应大潮流，站在大数据的风口将自己的企业价值最大化，还要做好网络安全防范措施，考虑如何应对数据泄露，计算机病毒等网络安全风险，并且建立相关的解决方案。当企业用数据挖掘和数据分析来做商业决策，获取商业价值的时候，黑客也可以利用大数据分析对企业的网络安全发起攻击。

（3）国家安全在大数据时代面临的安全风险。在信息时代，安全环境发生了根本性的变化。一国的各种信息设施和重要机构等都可能成为网络攻击的目标，而且对它们的保护超出了军事职权和能力的范围。决策的不可靠性、信息自身的不安全性、网络的脆弱性等都使国家安全受到了严峻的挑战。此外，网络化的今天，各个国家在石油和天然气、水、电、交通、金融、商业等重要资源方面都依赖信息网络，这导致国家安全更加容易遭受信息武器的攻击。此外，海量的大数据涉及的方面之广，将有可能使网络恐怖主义的势力侵入人们生活的方方面面。

科技是一把双刃剑，人工智能和大数据在快速发展的过程中也存在着许多问题需要关注，比如人工智能安全技术问题，隐私权问题以及伦理问题。大数据时代，所有的人类社会行为都被各种传感器和互联网记录下来，数据记录了一切，人类社会的行为都变成了数据，政府在大力发展人工智能和大数据的同时也要注意网络安全防卫，保护公民的隐私权，坚守科技伦理的底线。

四、区块链技术指的是什么？

工信部指导发布的《中国区块链技术和应用发展白皮书（2016）》是这样解释的：广义来讲，区块链技术是利用块链式数据结构来验证与存储数据、利用分布式节点共识算法来生成和更新数据、利用密码学的方式保证数据传输和访问的安全、利用由自动化脚本代码组成的智能合约来编程和操作数据的一种全新的分布式基础架构与计算范式。简单地说，区块链就是一种去中心化的分布式账本数据库。

从本质上来说，区块链技术是一种数据库技术，是一种账本技术，账本记录着一个或多个账户的资产变动、交易情况，也就是一种结构最为简单的数据库。我们日常在本子上记录的财务信息、银行发过来的对账单，都是典型的账本。热门的比特币就是基于区块链技术发展起来的，而区块链上智能合约的支持，使比特币以外的数字资产的点对点转移变成现实，这也是区块链引人注目的重要原因。

区块链技术最大的特点就是安全，它主要体现在两方面：一是分布式的存储架构，节点越多，数据存储的安全性越高；二是其防篡改和去中心化的设计，任何人都很难按规则修改数据。但区块链也不是万能的，也有很多适用条件。比如，区块链技术去中心化的特点适合多方参与的场景，如果是单边或双边，参与价值就不大。同时，因为需要对每个节点都进行核对，所以区块链技术也不能被运用于高频交易的活动；区块链强调的是公开透明，不适合运用于对数据隐私要求高的场景。

要实现以上需求，区块链技术落地应该遵循四大原则：（1）多信任主体。区块链是一种信任机制，特别适合应用于相互之间没有天然信任关系，需要通过区块链来搭建信任机制的各方主体。如果双方是一种强信任关系，或已有完善的制度保障，那区块链就无处发挥作用了。（2）多方协作。如果该场景的协作方很多、成本较高，在区块链底层的共享账本上搭建智能合约，就能降低对账运作成本，从而可以大幅度提升效率。（3）中低频交易。由于区块链的并发性和扩展性还无法应用于大规模的高频交易，比如股票交易所，所以它更适合于中低频的交易。（4）商业逻辑完备。完备的商业逻辑可以使区块链节点形成多赢局面，参与者才会产生使用整条区块链的动力。

在未来，深入使用区块链技术的应用场景可能包括金融服务、物联网、内容版权、资源共享、预测经济、权属及征信管理等。

五、"数字法治，智慧司法"信息化是什么？

为深入贯彻落实习近平总书记网络强国战略思想和全国网络安全和信息化工作会议精神，全面落实《国家网络强国战略纲要》《国家信息化发展战略纲要》，司法部决定运用云计算、大数据和人工智能等新的网络技术开展"数字法治、智慧司法"信息化体系建设，以信息化引领和带动司法事业发展，提升推进全面依法治国战略的能力和水平。

"数字法治，智慧司法"信息化着力搭建全国司法"一朵云""两平台""三入口"的新一代信息化体系结构，着重建设六大类业务系统，建成三大支撑体系。其中"一朵云"指全国统一建设"司法公有云"，构建覆盖司法系统标准统一的云架构体系，为"数字法治智慧司法"提供基础保障。"两平台"是指在"一朵云"的基础上建设司法数据资源平台，形成业务大数据，结合司法共享服务平台，为各类应用提供服务。"三入口"指建立并完善统一的司法地图服务入口、全国统一的公共法律服务入口（PC端和移动端）以及统一的司法移动办公入口。

六、什么是智慧政府？

智慧政府充分利用物联网、云计算、大数据分析、移动互联网等新一代信息技术，以用户创新、大众创新、开放创新、共同创新为特征，强调作为平台的政府架构，并以此为基础实现政府、市场、社会多方协同的公共价值塑造，实现政府管理与公共服务的精细化、智能化、社会化；进而实现政府和公民的双向互动。

一般来说，"智慧政府"包括智能办公、智能监管、智能服务、智能决策四大领域。

（一）智能办公

在智能办公方面，采用人工智能、知识管理、移动互联网等手段，将传统办公自动化（OA）系统改造成为智能办公系统。智能办公系统对工作人员的办公行为有记忆功能，能够根据工作人员的职责、偏好、使用频率等，对用户界面、系统功能等进行自动优化。智能办公系统有自动提醒功能，如代办件提醒、邮件提醒、会议通知提醒等，工作人员不需要去查询就知道哪些事情需要处理。智能办公系统可以对代办事项根据重要程度、紧急程度等进行排序。智能办公系统具有移动办公功能，工作人员随时随地可以进行办公。智能办公系统集成了政府知识库，使工作人员方便查询政策法规、办事流程等，分享他人的工作经验。

（二）智能监管

在智能监管方面，智能化的监管系统可以对监管对象的自动感知、自动识别、自动跟踪。例如，在主要路口安装具有人脸识别功能的监视器，就能够自动识别在逃犯等；在服刑人员等身上植入生物芯片，就可以对他们进行追踪。智能化的监管系统可以对突发性事件进行自动报警、自动处置等。例如，利用物联网技术对山体形变进行监测，可以对滑坡进行预警；当探测到火情，立即自动切断电源。智能化的监管系统可以自动比对企业数据，发现企业偷逃税等行为。智能化的移动执法系统可以根据执法人员需求自动调取有关材料，生成罚单，方便执法人员执行公务。

（三）智能服务

在智能服务方面，能够自动感知、预测民众所需的服务，为民众提供个性化的服务。例如，如果某个市民想去某地，智能交通系统可以根据交通情况选择一条最优线路，并给市民实时导航。在斑马线安装传感器，当老人、残疾人或小孩过马路时，智能交通系统就能感知，适当延长红灯时间，保证这些人顺利通过。政府网站为民众提供场景式服务，引导民众办理有关事项。

（四）智能决策

在智能决策方面，采用数据仓库、数据挖掘、知识库系统等技术手段建立智能决策系统，该系统能够根据工作人员需要自动生成统计报表；开发用于辅助政府工作人员决策的"仪表盘"系统，把经济运行情况、社会管理情况等形象地呈现在政府工作人员面前，使他们可以像开汽车一样驾驭所赋予的本地区、本部门职责。

因此，"智慧政府"不仅强调新一代信息技术应用，也强调以用户创新、大众创新、开放创新、共同创新为特征的创新2.0，将实现作为平台的政府架构，并以此为基础实现政府、市场、社会多方协同的公共价值塑造，实现从生产范式向服务范式的转变。

七、什么是智慧城市？

"智慧城市"起源于传媒领域，是指利用各种信息技术或创新概念，将城市的系统和服务打通、集成，以提升资源运用的效率，优化城市管理和服务，以及改善市民生活质量。

智慧城市是把新一代信息技术充分运用在城市中各行各业基于知识社会下一代创新的城市信息化高级形态，实现信息化、工业化与城镇化深度融合，有助于缓解"大城市病"，提高城镇化质量，实现精细化和动态管理，并提升城市管理成效和改善市民生活质量。智慧城市通过物联网基础设施、云计算基础设施、地理空间基础设施等新一代信息技术以及维基、社交网络、Fab Lab、Living Lab、综合集成法、网动全媒体融合通信终端等工具和方法的应用，实现全面透彻的感知、宽带泛在的互联、智能融合的应用以及以用户创新、开放创新、大众创新、协同创新为特征的可持续创新。

为规范和推动智慧城市的健康发展，住房和城乡建设部启动了国家智慧城市试点工作。经过地方城市申报、省级住房城乡建设主管部门初审、专家综合评审等程序，首批国家智慧城市试点共90个，其中地级市37个，区（县）50个，镇3个，试点城市将经过3~5年的创建期。2021年5月6日，住建部官网公布智慧城市基础设施与智能网联汽车（"双智"）协同发展首批示范城市，北京、上海、广州、武汉、长沙、无锡6市入选。

八、机器人是法律上的主体吗？

根据我国法律，机器人不是法律上的主体。

我国《民法典》中规定的民事主体包括自然人、法人、非法人组织。从目前的科学技术发展程度来看，尽管人工智能发展迅速，但"机器人"还无法做到真正实现如同人脑一样的独立思考，没有自己的独立意思表达能力；将来的科学技术是否可以实现机器人的独立思考、是否允许机器人具备如同人类独立思维的能力、具备这些能力后是否赋予机器人法律上的主体资格，不仅在现阶段是充满争议的问题，也是充满对于未来想象的问题。随着人类科技的进步发展，当科学水平进步到足够发达的程度，这些问题的讨论才具有更为现实的意义，也许如今一些充满争议的问题也会迎刃而解。现阶段，简单的一些类人型的机械，显然属于法律中"物"的范畴，不可能具备法律主体资格。

九、哪些属于个人信息？哪些是个人隐私？

个人信息是以电子或者其他方式记录的能够单独或者与其他信息结合识别特定自然人的各种信息，包括自然人的姓名、出生日期、身份证件号码、生物识别信息、住址、电话号码、电子邮箱、健康信息、行踪信息等。值得注意的是，只有可以单独或与其他信息结合后可以识别特定自然人的信息才是个人信息，单纯的身高、体重、性别、年龄、兴趣爱好等，一般不认为是法律中所规定的个人信息，除非他们可以结合其他信息识别特定自然人。

隐私是自然人的私人生活安宁和不愿为他人知晓的私密空间、私密活动、私密信息；如私人生活关系、个人生理缺陷、医疗记录、个人花销等。另外，隐私与公司企业中的商业秘密不同。

在当今的网络环境中，存在"人肉搜索"等严重侵犯个人信息、隐私的行为，甚至蕴含着网络暴力的风险。因此，相关部门要注意加大网络监管，注意保护公民的个人信息，及时打击侵犯他人个人信息和隐私的违法行为。

十、怎样看待技术进步与法律规制之间的关系？

一般来说，科学技术进步能够带来巨大的经济价值，推动科技发展。但是，科学技术是一把"双刃剑"，如果不对科学技术的发展方向进行一定的引导和立法规制，引发生物安全、道德、伦理等各方面的社会问题，危害人类社会甚至对人类的生存产生威胁。

近年来，因科学技术问题引起的案件引人注目。2018年11月26日，南方科技大学副教授贺建奎宣布一对名为露露和娜娜的基因编辑婴儿于11月在中国健康诞生，由于这对双胞胎的一个基因（CCR5）经过修改，她们出生后即能天然抵抗艾滋病病毒HIV。这一消息迅速激起轩然大波，震动了世界。2019年1月21日，从广东省"基因编辑婴儿事件"调查组获悉，现已初步查明，该事件系南方科技大学副教授贺建奎为追逐个人名利，自筹资金，蓄意逃避监管，私自组织有关人员，实施国家明令禁止的以生殖为目的的人类胚胎基因编辑活动。12月30日，"基因编辑婴儿"案在深圳市南山区人民法院一审公开宣判。3名被告人因共同非法实施以生殖为目的的人类胚胎基因编辑和生殖医疗活动，构成非法行医罪，分别被依法追究刑事责任。

我国部分科学家批评这次实验"使人类面临风险，因为被修改的基因将通过两个孩子最终融入人类的基因池"，"这次实验粗暴突破了科学应有的伦理程序，在程序上无法接受"。随后，2021年2月，《最高人民法院最高人民检察院关于执行〈中华人民共和国刑法〉确定罪名的补充规定（七）》规定了非法植入基因编辑、克隆胚胎罪罪名。

由此可见，科学实验、科学技术并不总是有利的；不正当的利用科学技术手段会产生不利的后果。因此，技术进步需要法律来进行规制，技术进步需要进行引导、监督。

十一、怎样理解"互联网不是法外之地"？

随着智能科技的飞速发展，互联网在人们的生活中扮演着越来越重要的角色，它以不可阻挡之势与现实生活的各个领域，各个行业融合。互联网在丰富人们生活的同时，许多弊端也逐渐浮现。比如网络消费者权益保护问题，公民个人信息保护问题，互联网新型不正当竞争行为的法律适用等问题。由于法律的滞后性和立法程序的慎重性及复杂性，在法律适用方面出现了一些困境。这些问题的出现对我们法治建设来说是一个重要挑战，也是一个有益的探索。

互联网不是法外之地，为了保障国家安全，社会公共利益，保护公民，法人和其他组织的合法权益，在依法治国的理念下我国针对互联网也颁布了相关法律。互联网法律法规主要包括《民法典》及《网络安全法》等。与此同时，国家部委有三十多个条件、决定以及答复对网络管理与安全发挥规范与调整作用。在网络信息服务和网络安全的保护两方面的基础上，我国开展了一系列网络管理立法活动，不断完善和补充整体网络法律体系。智能科技带来的变革要求立法技术与智能科技深度结合，实现科学立法，民主立法。习近平总书记强调：网络空间是虚拟的，但运用网络空间的主体是现实的，大家都应该遵守法律，明确各方权利义务。这给互联网治理提供了总的指导思想。

十二、怎样看待"大数据杀熟"

"大数据杀熟"是指网络平台经营者在消费者进行浏览和购买商品或服务时通过大数据分析手机消费者的消费习惯和消费偏好，利用这些信息侵犯消费者合法权益的行为。它主要利用了网络平台与用户之间的信息不透明和不对称，本质是一种价格歧视。例如两个不同的消费者在同一时间用某约车平台为同一段行程打车，看到的报价不同。

"大数据杀熟"的过程中涉及了数据的非法获取、数据垄断、数据滥用，个人信息泄露和算法歧视等道德问题，对消费者的合法权益造成侵害，对企业的长远发展会造成不良影响，对社会的公平体系造成冲击。

"大数据杀熟"是随着智能科技快速发展而产生的新问题，我国还未专门针对"大数据杀熟"制定相应的法律法规，现阶段对"大数据杀熟"起规制作用的法律法规有《价格法》《反垄断法》《消费者权益保护法》《电子商务法》《禁止价格欺诈行为的规定》等。由于"大数据杀熟"是新兴互联网技术的产物，其表现形式具有易变性和隐蔽性，因此除了现有的法律法规之外，还要加强其他方面的规制手段。

在现行法律体系下，我们可以从以下几个方面来规制"大数据杀熟"：第一，在运用大数据算法的过程中加强对个人信息的保护，在大数据的收集和运算环节进行规制，从根源上保护消费者的个人信息，避免被经营者非法利用。第二，对"大数据杀熟"进行进一步定义来明确经营者的责任。"大数据杀熟"最主要的表现是差异化定价，且这种差异化定价行为仅针对消费者个人。应该通过法律进一步明确定义，制定相关措施来规范经营者的责任。第三，不同的监管主体之间加强联合，进一步改善行业的自律管理。对电子商务进行监督的主体包括市场监督管理部门，消费者协会还有个人以及与互联网监督管理相关的工信部门、网络信息部门等。针对消费者协会以及个人反映的"大数据杀熟"的问题，各部门应当积极合作，做好对电商行业大数据运用的外部监管。

我们在追求大数据创新发展的同时还应当注重防范大数据可能带来的违法问题，在科技发展和权益维护方面实现平衡。马克思·韦伯曾经强调过社会的进步离不开先进技术的开拓者，更离不开基本价值的守望者。面对"大数据杀熟"，我们应该通过健全立法、改善加强监管体系以及塑造良好的大数据运用环境来保障公民的合法权益，维护社会的和谐秩序，促进企业走上良性发展的道路。

十三、怎样制约互联网企业的垄断行为？

互联网企业的垄断行为本质上是利用自己的市场支配地位来进行不正当竞争。在数字经济时代，头部互联网平台利用自己收集的大量数据信息和优势地位以不正当的竞争行为阻碍其他竞争对手发展，扰乱了市场秩序，破坏了公平竞争。2020年12月，"强化反垄断和防止资本无序扩张"被中央首次提出，并将其列为下一年的工作重点之一，这说明我国进入了严格监管互联网平台垄断的阶段。

互联网企业的垄断行为特征有：（1）滥用大数据信息和算法进行不正当竞争，头部互联网企业拥有海量的用户和庞大的互联网生态体系，因此在行业中获得支配地位。基于海量用户的优势，头部互联网企业可以利用相关数据阻止平台间的兼容与合作，造成消费者生活不便，权益受损。（2）恶意兼并行为规避未来竞争。互联网头部企业可能利用自己的市场优势和地位，通过业务包抄，免费定价，恶意挖人等方式对存在交叉领域业务竞争的中小企业进行收购和兼并。这些垄断行为对公平的竞争环境造成了负面影响。（3）资本驱动迅速扩张强化垄断势力。随着互联网平台竞争加剧，互联网企业之间的竞争逐渐由技术主导转变为资本驱动。头部互联网企业借助资本优势迅速扩张商业版图，进一步挤占了中小企业和市场新进入者的份额。

头部互联网企业滥用市场支配地位的垄断行为为市场的监管与规范带来了前所未有的挑战。只有加强对互联网企业垄断行为的制约，才能有效保护消费者的合法权益，构建有序的市场格局，促进互联网企业高质量发展。

互联网企业垄断行为的制约方式有如下几个方面：（1）政府主导促进数据信息共享。互联网平台发展运营的核心资产是其收集的用户数据，企业对收集的私人数据有支配优势。政府可以组织牵头互联网平台逐渐开放共享数据，提高信息透明度；（2）监管机构应当适应科技的快速变化。互联网平台的垄断形式伴随着智能科技的进步发展变化较快，这要求反垄断监管要及时准确。（3）对反垄断政策要有力执行。反垄断行为除了需要完善的法律保障之外，还需要对其有力执行，增加反垄断执行的措施，打击互联网垄断行为。

十四、我国的法定数字货币具有怎样的法律地位？

在我国，法定的数字货币仅为由中国人民银行发行的数字形式的法定货币——数字人民币。它由指定运营机构参与运营并向公众兑换，以广义账户体系为基础，支持银行账户松耦合（指不需要银行账户就可以开立数字人民币钱包）功能，与纸钞硬币等价，具有价值特征和法偿性，支持可控匿名。数字人民币的概念有两个重点，一个是数字人民币是数字形式的法定货币；另外一个点是和纸钞和硬币等价，数字人民币主要定位于M0，也就是流通中的现钞和硬币。

与比特币等私人数字货币相比，数字人民币是有国家信用背书、有法偿能力的法定货币，与传统的法定货币等值，其效力和安全性是最高的；而比特币等虚拟货币是一种虚拟资产，没有任何价值基础，也不享受任何主权信用担保，无法保证价值稳定。这是央行数字货币与比特币等加密资产的最根本区别。

十五、比特币等私人数字货币可以在我国自由流通吗？

比特币在我国被定义为一种特定的虚拟商品，它不依靠特定货币机构发行，依据特定算法，通过大量的计算产生。比特币使用整个 P2P 网络中众多节点构成的分布式数据库来确认并记录所有的交易行为，并使用密码学的设计来确保货币流通各个环节安全性。P2P 的去中心化特性与算法本身可以确保无法通过大量制造比特币来人为操控币值。基于密码学的设计可以使比特币只能被真实的拥有者转移或支付。这同样确保了货币所有权与流通交易的匿名性。比特币与其他虚拟货币最大的不同，是其总数量非常有限，具有的稀缺性。

2013 年 12 月 5 日，中国人民银行、工业和信息化部、中国银行业监督管理委员会、中国证券监督管理委员会、中国保险监督管理委员会联合发布《关于防范比特币风险的通知》，其中指出："比特币具有没有集中发行方、总量有限、使用不受地域限制和匿名性等四个主要特点。虽然比特币被称为'货币'，但由于其不是由货币当局发行，不具有法偿性与强制性等货币属性，并不是真正意义的货币。从性质上看，比特币应当是一种特定的虚拟商品，不具有与货币等同的法律地位，不能且不应作为货币在市场上流通使用。"

2017 年 9 月 4 日，中国人民银行、中央网信办、工业和信息化部、工商总局、银监会、证监会、保监会发布《关于防范代币发行融资风险的公告》，禁止从事代币发行融资活动；交易平台不得从事法定货币与代币、"虚拟货币"相互之间的兑换业务，不得买卖或作为中央对手方买卖代币或"虚拟货币"，不得为代币或"虚拟货币"提供定价、信息中介等服务。2021 年 6 月 21 日，中国人民银行有关部门就银行和支付机构为虚拟货币交易炒作提供服务问题，约谈了多家银行和支付机构，禁止使用机构服务开展虚拟货币交易。

因此，在我国比特币是一种特定的虚拟商品，但是不能作为货币在市场上流通使用；比特币交易作为一种互联网上的商品买卖行为，普通民众在自担风险的前提下，拥有参与的自由。

十六、为什么法律要规制人脸识别行为？

人脸识别，是基于人的脸部特征信息进行身份识别的一种生物识别技术。用摄像机或摄像头采集含有人脸的图像或视频流，并自动在图像中检测和跟踪人脸，进而对检测到的人脸进行脸部识别的一系列相关技术，通常也叫做人像识别、面部识别。现阶段，人脸识别技术广泛运用于金融支付、门禁出入等领域。

人脸识别技术给人们生活带来方便的同时，也收集了人们的面部生物特征，这些生物特征对个人来说都是独一无二的，并且对收集者来说是能够带来巨大的经济价值的。人脸技术提供者收集到生物信息后，极有可能为了追求更大的经济效益，造成公民个人信息的泄露，影响公民的财产安全、人身安全。同时，不加规制的使用人脸识别技术，会造成该技术的滥用，使广泛的不特定主体掌握公民的人脸生物特征，产生较大的安全隐患。

国内已经出现因不正当使用人脸识别技术引发的民事诉讼。2020年11月20日，被称为国内"人脸识别第一案"的杭州市民郭兵诉杭州野生动物世界有限公司一审宣判。杭州市富阳人民法院一审判决原告胜诉。

目前来看，人脸识别技术运用不合理、在不该或无须使用的场合使用，主体资格不明确、无监管、主体人脸识别技术未经授权使用，收集的人脸生物特征保管不善甚至根本没有安全防护的存储或买卖人脸生物特征等问题十分突出，需要对人脸识别进行法律规制。规制人脸识别行为，要从多角度、全方位进行。要规制能否使用人脸识别技术、是否需要使用人脸识别技术、是否允许收集者储存人脸生物特征、如何安全保护已收集的人脸特征以及要保护被收集者要求删除其人脸特征的权利。

十七、汽车自动驾驶会产生哪些法律问题？

自动驾驶汽车又称无人驾驶汽车、电脑驾驶汽车、或轮式移动机器人，是一种通过电脑系统实现无人驾驶的智能汽车。在20世纪已有数十年的历史，21世纪初呈现出接近实用化的趋势。自动驾驶汽车依靠人工智能、视觉计算、雷达、监控装置和全球定位系统协同合作，让电脑可以在没有任何人类主动的操作下，自动安全地操作机动车辆。

从行政管理角度来看，行政机关应当立法对自动驾驶汽车进行全方位的规制，如行政机关需要对自动驾驶汽车的行驶范围等进行正确的规划：是否存在不法分子利用自动驾驶技术制造安全隐患；如行政机关需要对自动驾驶汽车的云端操作安全问题进行监管：是否可能有不法分子操纵车辆进行刑事犯罪；如行政机关需要对公民个人出行云端信息进行相关的保护等。

从民事责任角度来看，自动驾驶汽车的致人损害的责任认定与传统的机动车引发的民事责任问题有所不同，需要新的事故责任认定标准。在自动驾驶汽车的责任认定中，车辆制造商、车辆自动驾驶系统提供和运营者、车辆销售者、车辆的所有人、车辆的乘客、第三人等都可能参与承担相应的责任，责任认定的主体更为广泛。因此，民事责任的认定将会成为自动驾驶汽车不能回避的问题，究竟是车辆本身的制造缺陷、自动驾驶系统的缺陷、车辆所有人养护车辆不善、乘客在车辆运行中进行危险行为还是与车辆无关第三人的责任，需要结合自动驾驶汽车技术确立新的事故责任认定标准。

目前来看，自动驾驶汽车技术既会为人民的生活带来巨大的便利，也会产生需要解决的法律问题，这就需要立法者结合实际充分考虑该技术可能带来的问题对自动驾驶汽车技术提供充足的法律支持。